【新世紀香港社會研究系列】

鄭燕祥 著

香港教改

三部變奏

中華書局

責任編輯：黎耀強
裝幀設計：Viann Chan
排　版：黎品先
印　務：劉漢舉
封面圖片：鄭燕祥

【新世紀香港社會研究系列】

香港教改：三部變奏

□
著者
鄭燕祥
□
出版
中華書局（香港）有限公司
香港北角英皇道 499 號北角工業大廈 1 樓 B
電話：（852）2137 2338　　傳真：（852）2713 8202
電子郵件：info@chunghwabook.com.hk
網址：http://www.chunghwabook.com.hk

□
發行
香港聯合書刊物流有限公司
香港新界大埔汀麗路 36 號 中華商務印刷大廈 3 字樓
電話：（852）2150 2100　　傳真：（852）2407 3062
電子郵件：info@suplogistics.com.hk

□
印刷
美雅印刷製本有限公司
香港觀塘榮業街 6 號海濱工業大廈 4 樓 A 室

□
版次
2017 年 2 月初版
2018 年 2 月第 2 次印刷
© 2017 2018 中華書局（香港）有限公司

□
規格
特 16 開（230mm x 170mm）

□
ISBN：978-988-8463-00-8

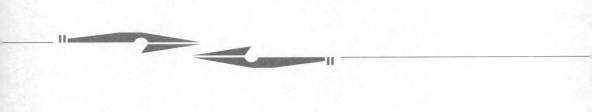

獻　給

香港教育大學

厚德日新　光輝未來

目錄

序言

新世紀初，回應全球化、國際競爭、經濟轉型及社會發展的衝擊和挑戰，世界各地都推行教育改革（以下簡稱「教改」），希望培育新一代可擁抱未來。過去十六年多，香港亦進行了翻天覆地的教改，到現在差不多所有重要改革項目都已落實推行，除龐大的政策資源外，教育工作者也付上了無盡的心血和代價。

我是研究教改的。我可以說，近二十多年來，世界上沒有教改的目標是不美好的。但是，不少滿懷理想的教改，終歸失敗。在香港教改十多年，家長及社會人士並沒有得應許的美滿教育，普遍失望，失去信心。教師校長多感到極大工作壓力而無奈，身心疲累。近年來，愈來愈多社會人士要求全面檢討教改。為什麼呢？

我看到的，是教改三部變奏：[1]**第一部，誠意的開始**：2000年教育統籌委員會發動群眾討論教改，盡陳教育各種弊病，傳統的教學幾乎一無是處，要全面改革，訂出世紀藍圖，應許最理想的教育目標，全民高興。加上時任行政長官說對教育投資毫不手軟，於是大眾熱切期待，美好教育很快到臨。

第二部，大躍進式推行：教改以大躍進方式推行，缺乏深思熟慮以及全盤系統知識和專業研究支持。更不幸的是，在短期內推出大量新舉措，形成「樽頸現象」，互相干擾，「倒瀉籮蟹」，增加難度，誤解校本創新，鼓吹「家家煉鋼」，大量虛耗教師精力。加上縮班殺校，人心惶恐，改變了整個教育生態環境，與教改原意背道而馳。

第三部，沉重的後果：學校系統受到大躍進的結構性及文化性損害，病態陸續浮現。不同調查報告都顯示出一幅沉重大圖像，教師身心及工作狀態陷入危機。教改十多年，沒有解決「拆牆鬆綁」、「拔尖補底」的問題，也沒有改變「高分低能」的考試操練文化，更看不到「樂善勇敢」的兌現，但教改本身引發出更大的師生壓力、教育異化。從「教育是否更有效能」、「教師隊伍是否

更能發揮」、「持份者對教育是否更滿意、更團結」及「教育施政是否更有認受性、一致性」等不同方面的指標來看，香港教育系統正處於多重失落。

作為教育學者，我希望香港教育雖然經歷了十多年的衝擊，仍有機會重新發展，故此，期待它會有第四部及第五部，繼續向前。**第四部，全面檢討：**好好分析、思考及總結過去教改各項新舉措和整體推行的成敗、果效及經驗，掌握其中珍貴的學問和知識，展望香港教改下一步的發展。第四部非常重要，沒有全盤客觀檢討，沒有理性學習精神，是很困難做到從過去經驗中作出有意義的改進，不免重犯錯誤。根據我過去多年的觀察，很少決策者願意承認挫敗，作全面檢討。**第五部，重新籌策起步：**基於第四部的檢討成果及香港的新發展形勢，重新全面整理香港教育的發展方向及可行的策略，讓香港教育可以更有信心、昂然上路。

在香港教改的過程中，我希望這本書的內容和分析，可以為第四部提供一個起點或切入點，雖然未必能全面反映教改，也可引發更多深入的討論和思考。當然，最好是能夠促成一個獨立、嚴謹而全面的正式檢討，[2] 幫助第五部開始。

這書內容分為四大部分：第一部分概論包含「亞太教改」和「香港教改」兩章，主要介紹亞太區教改在四大層面上的九大趨勢，以及香港教改自1997年以來各項主要改革新舉措。這部分為以後各篇章的分析和討論，提供了重要的背景說明，有助讀者整體地理解不同政策課題及改革的涵義，有利於對香港教改的整體檢討和反思。

第二部分的四篇文章，從不同角度分析香港學校系統的改革。「改革什麼」討論整體改革的方向及可行的策略。「教改圖像」說明整體教改推行時，大量改革項目並行，形成樽頸效應，產生巨大壓力，反過來妨礙教改。本章也分析紓解的方法。「學制改革」分析新學制改革的本質及成功所需的條件，指出

根本性地改革課程和考試，是「離地革命」，不顧現實，全面困擾師生，更不幸的是，已改的難再逆轉，有深遠影響。「教改成效」一章以教育系統的四大功能不同指標，來分析教改多年來的成效，作為全面檢討的重要起點。

第三部分有四篇文章，討論不同類別教育的政策改革和發展。「教學語言」以不同角度來分析教學語言政策應有的前景和認受性，檢討過去及現在的政策弊病，並提議長遠發展策略。「國民教育」提出廣義國民教育的理念，在政策和實踐上，應有更包容、更廣義的涵義和功能，在教學及管理上應與狹義的不同。「融合教育」分析融合教育與分流教育在目標、理念及實踐上的不同，指出要在政策和實踐上保證效率與公平兼得，就需要強調可融性。「高等教育」一章，分析香港高教發展面對的挑戰和機遇，提出要有新的思維、定位和方向，若要發展香港為教育樞紐，更要深入研究所需的條件及相關政策。

最後第四部分的總結文章，是「教改現象」，基於本書各章的分析，嘗試整體地探索教改作為一種複雜社會現象的發展，理解其中變化過程的制約、矛盾和特性，從而有助教改理論的建設、目前或未來教改的有效實踐。

在撰寫本書的過程中，感到非常慶幸，一是我當年就當局公佈的教改項目（例如，教學語言政策）或整體教改現象（例如，教改大圖象—樽頸現象），願意用很多時間作詳細研究和分析，然後連續數日在報章大篇幅公開論述，說明利害，並提建議。當年的分析論述，現在看來，正好「立此存案」，可作為印證及檢討教改在推行後的參照。當然，也可反過來驗證我的分析或理據的效用高低。無論怎樣，在學術研究或政策討論上，感到珍貴。

二是我承諾寫這本書。初時，我有些猶疑，因我已估計到並不容易，一方面要花大量時間去了解教改的最新發展情況及多年來的改變和成效，更要收集新的數據及資料，去驗證我以前做的分析和論點是否仍然有效，還是已經過去不必再提。這些工作都要一點一點用心去做。另一方面，我要花很大功夫思考如何將過去不同時期就不同課題分散而做的分析，重新連繫貫通起來，互相呼應，形成一本內容統一的著作。

真的，初時的估計沒錯，事實上很不容易，差不多日以繼夜忙了五個多月，才最終完成。我享受這思想煎熬的寫作過程。現在回想起來，我要多謝呂

大樂教授的邀請，讓我有機會重新檢視過去十多年來對香港教改的觀察、分析和思考，有機會作縱向及橫向的統整考量，從而更多地了解香港教育的可貴和脆弱。希望這書對讀者思考香港教育的再發展、再改革有些好處。無疑，這書只是提供一個起點，仍有不少限制和不足之處，等待讀者指教，但也希望有助變奏曲第四部開始，香港教育再有新的動力和方向，努力向前。

　　最後，我心懷敬意，與各界朋友、校長老師，分享這次寫作的成果，感謝學界這些年來對我的支持。想起教改十六年多，大家一起走過的歷程，難免有一點唏噓，但我心中依然充滿溫馨和希望……。

註釋

1　詳見本書第六章。
2　在2015年5月6日，香港中學校長會發表致教育統籌委員會的公開信「誰來擔起教改的歷史責任？」，要求教統會作全面的獨立檢討。

第一部　概論

第一章
亞太教改：九大趨勢

　　香港是亞洲太平洋地區（亞太區）的國際城市，要了解香港教改的背景，就需要認識這地區的教育發展趨勢。亞太區是當今世界發展最快的地區之一，自上世紀九十年代以來，幾乎區內每個國家或地區都在教育及相關改革投入大量資源，希望促使社會有實質性的發展，以面對愈來愈厲害的國際競爭及全球化衝擊（Cheng & Townsend, 2000）。考慮到新世紀的挑戰，不少國家或地區對自己的教育系統充滿憂慮和不滿，香港就是其中之一。

　　為解決教育系統中存在的問題，以應對未來，不論香港還是其他地方的人們，均提出了愈來愈多的改革，希望能盡快全面提高教育的實踐和效能。從九十年代到現在，亞太區已有無數教改新猷，值得香港人思考的一個重要問題是：如何從這些教改吸取教訓，反思香港教改，避免重蹈覆轍，更好推動本港教育發展？例如，台灣在九十年代的全面教改，早於香港教改五年多，有不少類似的目標和新猷，[1]其中的成敗得失經驗，正好是香港寶貴的借鏡。但可惜，看來我們沒有充分參考和學習台灣的經驗，在過程中重犯類似錯誤。

» 一、教改趨勢的探索

　　在1997年，我和一群學者為回應亞太區教育改革，組織了一次專題研究報告，分析中國大陸、香港、韓國、馬來西亞、新加坡、台灣和泰國的教育改革和發展。為推動國際社會在這方面的政策討論和研究，我將這些報告編錄成一專輯特刊，在國際學報[2]上發表（Cheng, 1999）。

　　在1999年，一群學者組織了規模更大、人數更多的研討，繼續探究亞太區教育改革和發展。日本、韓國、馬來西亞、中國大陸、香港特區、新加坡、

台灣、泰國、澳大利亞、新西蘭和太平洋西南岸群島提供了國家或地區報告。我和湯安遜教授將這些報告編輯成書[3]出版，進一步推廣這方面的國際討論。

亞太區的教育改革逐漸得到了不少國家和國際組織愈來愈大的關注。2000年10月，日本國家教育政策研究所（the National Institute for Education policy Research of Japan）和聯合國教科文組織（UNESCO）組織了一次國際研討會，主題是亞太區政策、實踐改進與教育研究。研討會上，來自不同國家和組織的與會者陳述本國的教育改革，討論當前教育研究和政策制定之間存在的問題。報告涵蓋了亞太區的不少國家和地區，包括澳大利亞、中國大陸、香港特區、印度、印尼、日本、老撾、馬來西亞、新西蘭、菲律賓、韓國、巴基斯坦、泰國和越南等。

2001年2月，在來自十六個國家及地區的代表支持下，香港教育學院（現為香港教育大學）組織了一次亞太區教育改革論壇。與會的國家報告，展示了亞太區各地教育改革的經驗和進展。教育工作者、決策者和研究者都熱烈討論新世紀全球化和科技化帶來的衝擊，以及在不斷增長的本地教育需求情境下，亞太區各地教育改革的方向和趨勢。[4]

不久，泰國國家教育委員會（the National Education Commission in Thailand）在2001年7月，組織了另一次教育改革國際論壇，得到了一些國家和國際組織的積極參與，再一次展示了亞太區的不懈努力，為迎接新世紀挑戰而繼續發展和改革教育。會上報告了各地制定、實施教育改革和相關策略的經歷。

1998年以來，我擔任主編的《亞太教師教育及發展學報》（Asia-Pacific Journal of Teacher Education and Development, APJTED），發表了許多篇關於亞太區教師教育發展和教育改革的論文和國家報告，其中有些是有關國家或地區的專輯特刊，[5]對理解這些國家教育改革的情境和面對的挑戰，都是非常有幫助的。

簡言之，上述國家報告和文件，是探究亞太區（包括香港）在九十年代末及新世紀初大規模教改趨勢和問題的重要資料來源，對當前香港教育發展的方向及實踐，有承前啓後的重要作用。

　　根據這些資料及其他研究分析，我們可將亞太區重要教改，分為四個層次及九大趨勢，如圖1.1所示。在頗大程度上，香港教改也沿着亞太區的教改趨勢，在宏觀、中觀、機構及操作等層面上，有頗類似的改革和發展。

» 二、重設教育目標和國家願景

　　亞太區很多國家和地區將教育改革視為支持社會、經濟、政治和文化發展的一種重要手段。面對經濟、文化、政治轉型帶來的急劇變化和全球挑戰，不少國家和地區對自身教育系統的成效感到不滿，他們要迅速將教育改革與新時代發展、繁榮的國家願景聯繫起來。他們提出了新的教育願景和長期發展目標，要為新一代在未來全球競爭環境中生存作出準備。

　　例如，馬來西亞政府提出《2020年願景》（Vision 2020）。該計劃於上世紀八十年代提出，到2020年，馬來西亞從一個原料輸出國轉變成工業化的發達國家。在《2020年願景》中，教育被認為是促進民族團結、增加社會公平和促進經濟發展的一個重要工具（Lee, 2000）。

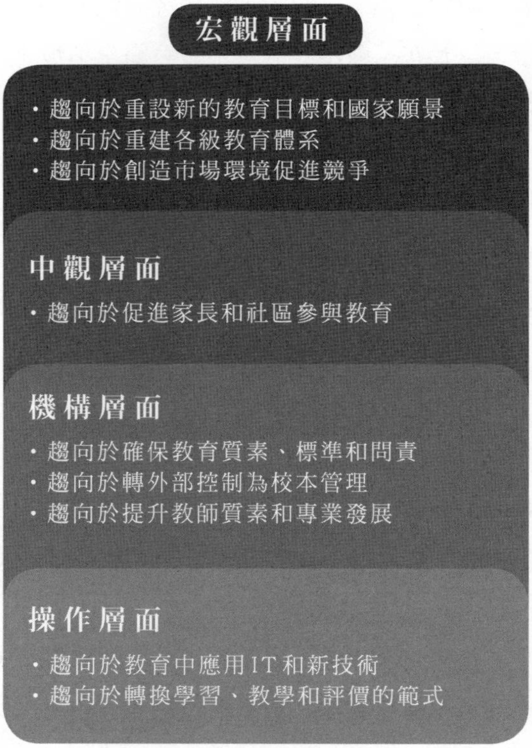

　　新加坡是另一個案例，其國家領導人在他們的國家建設計劃中，對教育採用類似的策略。事實上，他們接受了使學習成為國家文化的一部分這個挑戰。他們提出了「思考的學校—學習的國家」（thinking schools, a learning nation）口號，作為指導全國教育改革

宏觀層面
- 趨向於重設新的教育目標和國家願景
- 趨向於重建各級教育體系
- 趨向於創造市場環境促進競爭

中觀層面
- 趨向於促進家長和社區參與教育

機構層面
- 趨向於確保教育質素、標準和問責
- 趨向於轉外部控制為校本管理
- 趨向於提升教師質素和專業發展

操作層面
- 趨向於教育中應用IT和新技術
- 趨向於轉換學習、教學和評價的範式

圖 1.1 亞太區教改趨勢

的願景。在香港，教育統籌委員會在1999年先後發表的《廿一世紀教育藍圖：教育制度檢討—教育目標》（Education Commission, 1999 January）及《終身學習，自強不息：教育制度檢討：教育改革建議》（Education Commission, 1999 September），也是反思、檢討、重訂教育目標，以配合未來發展。

在澳大利亞、柬埔寨、中國大陸、印度、日本、韓國、馬來西亞、新西蘭、菲律賓、新加坡、台灣和泰國，到處可以發現反思教育目標、設定教育新目標的例子。雖然如此，教育如何在國家發展中扮演改革角色，成為教育工作者、領導者和實踐者的嚴峻挑戰。香港教育界和他們一樣，不得不考慮教育目標、內容、過程和實踐的改革，也正面臨着以下一些重要的挑戰：

- 如何有效計劃和處理不同層面上那麼多的必要改革；
- 如何領導教師、學生和其他公眾勇敢面對變化，追求與未來密切相關的新教育；
- 如何確保教育變化和改革，配合在全球競爭環境下的國家成長和發展；
- 如何拓寬教育目標和學校功能的知識基礎，以支持制定更適切的政策和教育規劃；
- 新世紀的教育機構在個人、制度、社區、社會和國際層面有多元的功能，如科技、經濟、人際、社會、政治、文化功能等（Cheng, 1996），問題是當前的教育改革在多大程度上體現了這些不同層面的功能；
- 改革和舉措既要實現這些功能和目標，又要在多種限制中體現國家或地區的優先發展，如何確保兩者的平衡。

這些都是亞太區教改面臨的重要問題和挑戰，需要決策者具有一種全面的知識架構，以開闊的視野反思、評價和發展教育目標。從目前香港教改的反思來看，這些問題正可提供重要方向和指引，來檢討過去十多年教改與教育目標的關係有何成敗。

» 三、重建各級教育體系

教育體系的發展，通常要適應國家經濟發展的需要（Chabbott & Ramirez, 2000）。亞太區很多國家或地區在教育發展中投入了愈來愈多的資源，例如發展中國家多發展製造業，努力將義務教育擴展到九年。一些發達國家例如澳大利亞、日本和新西蘭，多年前就完成了教育系統的擴充，很自然地就不會以義務教育或普及教育的擴充為重點（Baker, 2001; Suzuki, 2000; Townsend, 2000），他們更關注的是教育系統的問責（accountability）和質素（quality），而不是數量。

面對全球化、知識經濟和國際競爭的挑戰，韓國、中國大陸、馬來西亞、台灣和新加坡等地區非常關注教育系統的效能（effectiveness），以及教育對全球化高度競爭情境下本土發展的適切性（relevance）。他們已經開始檢討和改革從幼兒教育到公民教育和終身教育的整個教育體系。例如，他們更強調早期兒童教育，提高職業教育的質、量、多元性和實用性，反思每個教育階段之間的銜接。考試制度的改革也是反思的一個重要方面。例如，中國大陸、日本、韓國、新加坡和馬來西亞都推行了不同的政策反思和改革自己的考試系統。這都是圍繞新教育目標展開的改革，改進篩選、安置學生升學或就業的過程，重新指導教育實踐，矯正一些亞洲國家的考試取向文化的嚴重缺陷。

在香港，2005年教育人力統籌局（EMB，即現教育局）提出高中及專上學制的改革（Education and Manpower Bureau, 2005），自2009/2010年起實行，包含不單是學制年期的改革，也有課程內容及考試方式的根本性改革。這次變革，可說是亞太區教改趨勢其中一個顯見的案例。

在檢討和重構自己教育系統的過程中，亞太區的決策者、教育工作者和研究者不得不面對根本結構改革等重要課題。例如：

1. **未來的發展**。教育目標發生了變化，教育的擴充和學術系統的重構如何反映或滿足這些變化帶來的需求，如何說明系統的這些結構改變與未來發展真的有關；

2. **恰當的選擇**。教育系統改革可能有多種選擇，都能為新的教育目標服務。決策者如何鑒別這些選擇，找出與自己國家或地區的文化、政治和經濟現況最能夠相適應的一種選擇；

3. **質和量的平衡**。例如在韓國、台灣和香港，很多人擔心高等教育的快速擴張是以犧牲畢業生的質素為代價的。改革如何在教育擴張和質素之間保持平衡，傳統的精英教育系統應保留到何種程度；

4. **改革結構的困難**。改革教育系統是一種根本的結構改革，涉及錯綜複雜的技術及文化因素，甚至不同持份者的政治利益，抗阻衝突難以避免。如何克服改革過程中存在的文化和政治上的衝突或抵抗，找出一個合理、可行而普遍認可的行動計劃；

5. **缺乏知識基礎**。檢討和改革教育系統是一件非常複雜、涉及面極廣的社會系統工程，將影響學生、教師及社會的未來，因此，應該在一個全面的知識基礎上檢討、規劃和實施不同層面的教育系統改革。但是，決策者、教育工作者和其他關鍵參與者如何獲得這樣一個知識基礎？香港的高中新學制的改革，就是面對類似的困難，見本書第五章。

檢討和改革中面臨着很多挑戰。很明顯，不論在香港還是在亞太區，所有這些挑戰和問題都必然成為政策爭論的議程，需要進行廣泛調查和研究。在過去十五年多的香港教育體制改革範圍廣泛，遺憾的是，改革和研究之間存在着鴻溝，缺乏應有的研究證據支持教改的有效推行（見本書第四、五、六章）。

» 四、創造市場環境促進競爭

亞太區幾乎所有的國家和地區都面臨着嚴重的財政制約，已有的財政無法滿足快速增長的多元發展需求。一些國家的決策者正試圖在單一的公共資助模式（exclusive public funding model）中引入私營化，促進教育的擴充、多元化和質素提升。例如，中國內地快速發展市場經濟，面臨複雜的財政制約，如何使教育系統滿足巨大而多樣的教育需求，是頗大的挑戰（Tang & Wu, 2000）。

特別是當愈來愈多人希望獲得高等教育，以便在競爭激烈的就業市場生存，韓國、日本、台灣和菲律賓等地的高等教育私營化將不可避免地愈來愈普遍。這些地方的人們普遍相信，私營化提高了教育機構利用物質資源和人力資源的靈活性。如何創造一種市場或準市場（pseudo-market）的環境，促使教育機構競爭，是新世紀教改的一個重要課題。一些國家（例如澳大利亞）曾進行新的資助模式，鼓勵學校自我改進、彼此競爭，其他一些地區（例如新加坡）正在嘗試不同的家長選擇計劃（parental choice schemes）。

在香港過去十多年，學校教育除了傳統的政府學校及津貼學校外，也推動「按位受助家長交費」的直資學校，讓家長有更多選擇，而學校有更大的靈活性及多元化；高等教育的市場化亦有很大發展，辦了各式各樣的課程，包括大量自資的副學士、學士及高等學位課程，滿足市場多元需要（見本書第十章）。

教育走向多元化的改革趨勢，在亞太區變得愈來愈重要，尤其是大多數國家和地區因資源限制，無法擴充教育服務，滿足多樣而快速增長的教育需求。一些重要的問題正在凸現，向決策者、社會領導和教育工作者提出挑戰。其中，突出的例子如下：

1. **公平和質素。** 如何保證處於不利環境的學生得到公平而優質的教育，這是亞太區很多發展中國家或地區政策爭論中的一個關鍵問題，往往受制於資源不足，兩者難於兼得；

2. **多元而相互衝突的期望。** 亞太區的公眾對教育持有多樣而相互衝突的期望。例如，教育工作者強調畢業生的公民質素；家長更多關注孩子是否通過考試，獲得必要的就業資格；僱主則常常懷疑畢業生是否擁有工作場所必需的知識和技能。考慮到以上問題，如果學校必須在一個充滿競爭的市場環境下生存，則必須思考如何鑒別不同公眾的期望，並列出一個優先發展順序，學校必須在學校教育目標、內容、實踐和成果方面考慮不同公眾的多元而相互衝突的期望；

3. **市場力量和國家／地區目標。** 市場力量可能旨在通過教育實現國家或地區的目標和願景，也可能並非如此。因此，決策者和教育工作者如何

確保當地或社區層面的市場力量，朝着國家或社會發展的方向運作；

4. **家長選擇和國家／地區願景**。家長或個人選擇如何與國家或地區的願景、目標達成一致，而這些選擇又應如何得到政府的支持。

以上只是市場化和私營化教育改革中所面臨的一部分挑戰和問題。香港教改致力市場化、多元化，鼓勵競爭，但是，理解和應付這些挑戰的知識基礎看來還是薄弱。如果希望繼續保持教育的市場化和私營化趨勢，香港教改的檢討應需研究解決上述問題。

》 五、促進家長和社區參與教育

在一些發達國家如加拿大和美國，家長參與學校活動的歷史悠久，而很多亞洲地區，如日本、韓國、馬來西亞、台灣和泰國等則缺少這種傳統，但近來這些地區也日益意識到家長和社區參與對學校教育的重要性（Wang, 2000）。儘管這些地區還很少有立法保證家長參與學校教育，但家長認為應該有這種權利的想法卻不斷上升。

除了家長，當地社區和商界亦是經驗、資源、社會網絡和知識的重要來源，有助於促進教育的發展和營運。從積極的角度來看，社區參與教育發展有利於教育機構獲得更多的當地資源、支持和智力輸入，特別是學校面臨不斷增長的多元優質教育需求時，社區支持就變得非常重要和必要了。而且，家長和社區領導者可以分擔教育管理的責任；增進家庭、社區和學校的溝通；激勵教師；監督學校運作；幫助學校抵禦當地社區的一些可能出現的消極影響（Goldring & Sullivan, 1996）。

在香港，由2000年開始，隨着校本管理政策在全港公營學校全面推行，逐步立法要求每間受政府資助的學校成立法團校董會，讓家長及校友代表成為校董，參與學校管治，而各區也紛紛成立了家長教師聯合會，進一步強化家長的參與及影響力。學校家庭合作推動教育事工也逐漸普及。話雖如此，在香港或亞洲其他地區，促進社區家長參與和合作，成為一種教育改革趨勢，尚要面

對以下兩方面的重要課題：

一是全面認識家長和社區參與的文化。儘管家長和社區參與有很多優勢，但如何有效促進和實施，還是當前亞太區教育改革的一個核心問題。大多數亞洲國家都缺少接納和支持家長、社區參與的文化。亞洲地區的傳統是高度尊重教師，通常認為承擔學校教育的主要責任是教師和校長，家長將他們視為教育專家。家長和社區參與，通常被看作是不信任教師和校長的表現；要家長過問學校事工，教師會感覺失去專家的面子。決策者和教育工作者必須考慮如何改革這種文化，鼓勵更多的家長和社區參與。

二是可能引發更多的社會問題。家長和社區參與學校管理和領導，必然使教育機構的處境變得更加複雜、模糊和不穩定。教育領導如何做好準備，領導家長和社區，建立聯盟，平衡不同當事人之間的多元利益，解決不同利益群體之間的衝突；如何可以在取得家長和社區參與的好處的同時，又能避免或減少其帶來的負面影響；如何避免外界參與所造成的問題，消耗教師和領導者寶貴的時間和精力，分散他們關注學生的工作。[6]

如果希望改革舉措能夠成功，就非常需要研究這些問題，為實踐提供有效的支持和建議。遺憾的是，在香港以至亞洲地區，該領域的研究仍然發展不完全。

» 六、確保教育質素、標準和問責

根據我以前的研究，世界各地在過去三十年經歷了三波教育改革浪潮，分別追求內部質素（internal quality）、外界質素（interface quality）和未來質素（future quality）（Cheng，2001b）。第一波改革注重通過改進內部過程，尤其是教和學的過程，追求教育內部的質素和效能。第二波改革強調通過教育對公眾問責、滿足持份者需求，來保證教育的外界質素。第三波改革旨在確保教育的未來質素，強調提高教育與新世紀未來發展和需求的相關性。

通過對國家報告的分析，我們可以發現，亞太區很多國家和地區主要還處於第二波改革，其中一些開始向第三波邁進。上世紀九十年代初開始，由於公

眾的需求不斷上升，因此很多舉措強調教育質素保證和問責。特別是工商界在過去三十多年發起了質素運動（quality movements），將質素控制（quality control）、質素保證（quality assurance）、全面品質管理（total quality management）和基準（benchmarking）等概念引入教育界（Mukhopadhyay, 2001）。實踐中，教育質素的定義通常與成果適用性、持份者滿意度、達致關鍵性的要求和期望等聯繫在一起。不同的指標被開發出來，用於評價教育質素，為學校表現和問責設置教育標準或基準（benchmarks）（Fitz-Gibbon, 1996）。

　　亞太區的一些國家和地區，如澳大利亞、中國、印度、新加坡和泰國，引入了不同的質素保證措施，以監督、提高教育質素和問責（Mukhopadhyay, 2001; Townsend, 2000）。在香港，學校教育質素保證是教改重點之一，除用以確立校本質素保證機制（包括明確的問責及管治角色、表現評估制度、學校發展計劃及報告、學校自評等）外，也有外在學校評審（external school review）及學生在不同階段（小三、小六及初三）表現的系統性評估，以監察學校的表現及質素（Education Commission, 1997）。

　　在規劃和實施這些舉措時，不論香港還是其他地區的決策者、教育工作者和研究者，要考慮以下一些主要的課題：

1. 如何知道公眾現有的滿意度和期望對新一代和社會的未來發展有用，若這些滿意和期望是不適切的，如何處理；

2. 如何在學校發展和公眾問責之間保持平衡；強調公眾問責，通常會出現嚴密監察和控制，而這可能會限制學校內外發展，造成更強的防禦機制，限制組織有效學習；

3. 不同持份者的利益是多元的，甚至相互衝突。學校為確保教育質素而進行內、外部評價，在此過程中，如何處理各種可能互相矛盾的期望；

4. 教育過程是複雜的，涉及很多因素，如何知道哪些指標是有效的，能可靠反映教育質素和效能；在特定情境或時間內，用什麼投入、表現和成果的指標組合的是恰當的；

5. 用什麼基礎以制定質素的標準和基準；有什麼措施可以保證這些標準和基準對所有當事人都是公正的、可以接受的，可用於管理和實施；

6. 在學校層面的教育質素監察目的和方法，和在系統層面的是有所不同。如何可以更有效的方式處理這兩種不同的監察，使教育機構或學校在評估時，不致於負擔過重。

香港教改檢討時，要研究這些問題，為教育工作者和決策者提供應有的知識和技術，反思及改善現有的操作，使他們能在不同層面代表公眾確保教育質素。

» 七、轉變外在控制為校本管理

從外在控制（external control）轉為校本管理（school-based management, SBM），以有效利用資源、提高人員主動性。這種教育管理的國際趨勢產生於上世紀九十年代，一直延續到今天。中央集權的管理通常忽視學校為本的需求和人員主動性，易流於僵化，很難滿足不斷變化的學校需求（Cheng, 1996, Ch.4）。當前，世界各地很多學校進行校本管理改革，力圖以此促進教育發展，提高教育效能。

澳大利亞和新西蘭這兩個發達國家就是很好的例子。1988年，新西蘭公立學校轉變成自我管理學校（self-managing schools）。澳大利亞維多利亞州的學校於1993年轉變為自我管理學校，在新世紀初進一步放權，發展為自我管治學校（self-governing schools）（Townsend, 2000）。

類似的趨勢在亞太區的一些地區也變得很明顯。在新世紀初，韓國數百所公立中小學嘗試組成學校治理董事會（School Governing Board），該董事會包括教師、家長、校長、畢業生和社區領導，提高學校的自我管理水平，幫助學校提供多元的教育服務，滿足當地社區的需求（Kim, 2000）。馬來西亞則行政系統權力下放，鼓勵校本管理和教師授權（Lee, 2000）。新加坡政府早在1991年就建立了自主學校（autonomous schools），將之作為提高教育質素的

一種機制（Gopinathan & Ho, 2000）。

在香港，1991年開始實施學校管理新措施（The School Management Initiative），嘗試通過校本管理提高教育質素。如前述，在2000年開始全面推動校本管理，使之成為所有政府資助學校質素保證的主要方法。

很多國家在從傳統外在控制管理轉為校本管理的過程中，面臨着許多問題，阻礙了教育改革的進程。

1. **放權和問責**。權威和權力下放到學校層面以後，自我管理的學校和教師需要對所提供的教育質素和所利用的公共資金負責。儘管有人針對這個問題提出了「要同時緊鬆控」（simultaneous tight-loose coupling）理念來處理自主與問責的關係（Cheng, 1996, Ch.4），但從概念到實施還有很長一段路要走，這個問題仍是現時教育放權政策討論的一個關鍵領域；

2. **SBM 和教育公平**。人們通常認為，好學校擁有更多自主權以後就會更好地利用這種優勢，招募更好的學生和教師，獲得更多的資源，因此，學校之間的教育不公平性就會擴大，而不是縮小或保持原狀，對來自不利處境的學生尤為明顯不利。澳大利亞就曾經出現因放權而導致不公平的個案（Townsend, 1996）；

3. **SBM 是文化變革**。轉變為SBM，代表了管理技術的一種轉變。但是，SBM是否能在系統和學校層面有效實施，主要依賴於這些層面的文化變革。研究指出，在實施SBM的過程中還存在着各種障礙和衝突，因為系統層面的教育官員和學校層面的教育實踐者在實施SBM管理模式時，其心智系統仍是外部控制管理（Cheng & Chan, 2000）。在香港同樣的SBM系統下，具有較強SBM文化信念的學校，其教師及學生都有較佳的表現（Cheng & Mok, 2007），可見文化變革的重要；

4. **SBM 和教育成果**。很多關於SBM或學校自主的研究只關心中央下放權力給學校層面，通常假設學校的自主權增加，學校的效能或教育質素將會相應提高。但是，這種假設存在着問題，過去的實證研究並沒有得出

與之一致的結論（Cheng, Ko & Lee, 2016）。一些研究指出，應重視校內自主權的運用情況，例如有沒有SBM的文化，有沒有恰當的領導帶引，有沒有將自主權下放至小組及個人層面，形成校內多層的自我管理（multiple-level self-management），以加強SBM和教育成果的聯繫（Cheung & Cheng, 1996）。儘管多層自我管理可以作為消除管理改革和學生成績差距的理論之一，但是還待實證。這個問題的爭論將持續下去。

5. **縮小中央部門的規模。**權力從中央下放到學校以後，原有的中央教育官僚架構的功能理應大幅減少，相應的結構及人員也可縮減、改革。例如，在實施SBM的過程中，澳大利亞維多利亞州的教育部大幅精簡。縮小中央教育部門的規模，是亞太區大部分地區教育改革中最艱難的一步。大部分的教育改革通常是由中央辦公室發起和計劃的，縮小教育部門規模，必然與官僚機構本身的利益相衝突。

在香港教改十多年後的反思及檢討，可將上述問題綜合起來，就可形成一個視野開闊的研究領域，理解學校轉型的複雜性，為決策和實施校本管理提供有關的資訊和知識。

» 八、提升教師質素和專業發展

為應對快速變化的教育環境，以及當地、全球社區中不斷增長的需求與挑戰，亞太區很多國家的教育改革出現了強調教師質素、教師校長終身專業發展的趨勢。很多決策者認識到，教師質素是教育改革和發展成功的關鍵。例如，澳大利亞、中國、韓國、馬來西亞、泰國、新加坡和越南近年來的主要政策是提升教師和校長的質素，向教師提供愈來愈多的在職專業培訓。教學的專業入職資格也在不斷提升，雖然不同地區所要求的程度有所不同。

過去十多年，亞太區不同地區的學校和教師都要面對無數改革；在新世紀，這種趨勢似乎進一步加速。如果教師、校長和學校沒有能力，也沒有準備

好處理這些改變，所有提升教育質素和效能的努力都將遭遇失敗。既然教育環境和相應的改革是如此多變，教育實踐者必然需要持續終身專業發展。亞太區的大多數地區，例如中國和韓國，早就已經檢討了自己的教師教育政策及項目，並將教師、校長的專業發展列入教育改革的日程表。在香港，隨着教改大規模推行，逐步加強教師及校長的專業資格及培訓，在2003年已訂立教師能力架構，指引教師的持續專業發展，在2015年更發表進展報告，提出專業發展的全面策略（COTAP, 2015）。

　　促進教師和校長的持續專業發展，是確保教育效能和質素的一種重要趨勢。在這種趨勢之下，教育工作者、領導者和研究者會面臨一些新的挑戰：

1. 學校領導者如何在教職員工之間，建立一種新的持續終身專業發展的文化，換言之，他們如何將學校發展成學習型組織（learning organization）或專業學習社群（professional learning community），支援各種類型的專業學習和發展（Senge, et al., 2000）；

2. 如何確保專業發展或正規的教師教育是恰當的，可以保證現時教育改革繼續下去，實現教育的範式轉變；

3. 如何在學校中建立一個知識管理系統（a knowledge management system），鼓勵積極的專業學習，從日常實踐積累經驗和知識，為員工的進一步發展提供資訊；

4. 如何鑒別現時學校和員工的多元發展需求，並在有限的資源架構中滿足這些需求；

5. 如何建立內外部網絡，為學校發展、專業發展和教師教育提供必要的支持和資源；

6. 為追求面向未來的教育新方法，當地和國際都強烈要求教育領導方式實現大幅轉變。在這種背景下，應開發何種新的領導方式，應如何構思、組織和實施必要的教育領導轉型（Cheng, 2011）。

與大規模的教育改革相比，有關員工發展、教師教育和領導發展的研究是

不足夠的。在香港及亞太其他地區，以上的挑戰為專業發展的檢討及反思，可提供重要的方向和課題。

» 九、應用資訊科技和新技術

資訊科技（IT）對社會各方面產生了巨大的衝擊。亞太區大多數國家和地區將在教育中應用IT，作為現時教育改革的策略性舉措。澳大利亞、日本和新加坡等國，在教育中使用IT領先其他地區一步，[7] 其他地區在過去十多年也逐步完成了自己的IT計劃。香港在九十年代末，學校已獲得了愈來愈多的電腦和其他IT設施，通過國際及本地網絡，與當地和世界各地建立聯繫，進行交流，分享豐富的教育資源。教師獲得了愈來愈多的關於如何在教學中使用IT的培訓。教師和學生通常要在短期內掌握使用IT的方法，進行電子學習（Education and Manpower Bureau, 1998; Education Bureau, 2007）。

亞太區除了在教育中使用IT，還有一個很明顯的轉變，就是教育管理在過去的十多年，從應用簡單技術轉為運用複雜精密的科技。傳統上，學校處於外部控制之下，依賴於中央權威的管理，教育管理者沒有使用複雜管理技術的需要。但是，今天環境變化極為迅速，與此相應，日益強調策略管理（strategic management）、發展規劃（development planning）、參與管理（participative management）和質素保證（quality assurance）等較先進管理技術。

香港和其他亞太地區過去十多年在教育中推廣IT的新舉措，正面臨着一些基本問題，不易解決。

1. **IT和新教育目標之間的差距。** 雖然IT是創造學習機會、推進教和學的一種有力的工具，但是，我們不能過分強調它的功能，因為IT是一種工具而不是教育的終極目標。因此，決策者和教育工作者在制定IT教育策略時，必須考慮IT與教育目標的關聯，必須克服一些基本的問題，例如何種IT的運用有利於現有目標、新目標的達成，如何達成；在實現教育目標的過程中，IT可以被利用到何種程度；可以在哪些方面使

用，以及在教育中使用IT有何潛在限制；

2. **硬件、軟件和培訓之間的差距**。從一些地區的經歷來看，似乎購買硬件更容易做到，例如為學校購買電腦和其他IT設施，比為教師和學生提供恰當的軟件和培訓更容易。因為缺少支援教和學的全面軟件系統，很多學校實踐者花費大量時間和精力開發所謂的「家庭製造」（home-made）的軟件。令人遺憾的是，家庭製造軟件的質素往往存在問題，但其開發卻是需要花費大量時間。如何提供一個包括必要的硬件、軟件和培訓的全面IT配套、一個IT平台，為教和學有效使用IT提供技術支援，是一個重要的問題。特別是，對一些資源有限的發展中地區和國家尤為重要；

3. **IT和課程開發之間的差距**。應如何根據新的教學目標及學科內容來改變現有的課程為新課程，並適應新的IT學習環境？往往因缺乏一個將IT的長處整合到課程發展中的新架構，教師多不知道如何操作，亦無法將IT的好處在教學上發揮。IT的發展太快了，亞太區大多數國家和地區的改革，難免在快速變化的IT環境和課程開發之間存在着明顯的鴻溝；

4. **科技改革和文化變革的鴻溝**。過去十多年，亞太區很多決策者花費大量精力在學校推行IT，但不少學校卻仍反應消極，未能有效實踐。這個變革過程不僅存在着技術難度，還有文化改變問題。除了推動大量技術變革外，必需在學生、教師、校長及教育官員之間實現文化的變革，改變已有的態度和理念，接受新的IT文化。這是很大的挑戰。

對香港（或其他亞太區）大多數決策者和教育工作者而言，雖然改革進行已十多年，如何在教育中有效實施IT和其他新科技，看來仍是一個常新的問題。隨着更新的科技出現帶來更新的應用，上述的挑戰仍會持續，要求有效的回應策略。很大程度上，教育工作者要深刻理解這些問題，並形成一個較全面的知識基礎，以考慮在不同情境下，實施文化和科技的變革。所有這些，都需要教育研究的支援。

» 十、轉換學習、教學和評價的範式

為適應全球化、IT和知識經濟的挑戰，過去十多年亞太很多地區的教育改革趨向強調學習、教學和評估的範式轉換（paradigm shift）。例如，澳大利亞、中國大陸、韓國、新加坡和台灣地區利用IT技術和網絡化的支援，發起了課程、教學和評價的主要改革，以實現課堂中教和學的範式轉移。培養學生的二十一世紀能力及發展世界級教育，[8] 也逐漸成為亞太區教改的重要目標

在新世紀，整個世界正在朝着多元全球化的方向發展，成為一個地球村，國家和地區之間可以進行無界限的互動。亞太區的很多社會日益多元化，朝着學習型社會轉變。在這樣一種快速變化的環境中，教育改革的目標要將學生培養成終身學習的市民，為學習型社會和學習型地球村的形成，在科技、經濟、社會、政治、文化和學習等方面作出貢獻。教育應從傳統的場地為限範式（site-bounded paradigm）轉為強調情境多元智能（CMI, contextualized multiple intelligence）的新範式，使新一代通過教育全球化、本地化和個別化，不斷發展情境多元智能（Cheng, 2000b）。在IT和無界限的多元網絡的幫助下，學習和教學已開始逐步邁向全球化、本地化和個別化。無限機會和多元化的全球、本地資源，將為學生、教師發展和終身學習創造有利條件。[9] 2007年我們在香港的一項實證研究顯示，能夠推行範式轉換的中學，更有利於教師的教學表現及學生的多元能力發展，配合未來需要（Cheng & Mok, 2007）。

亞太區很多國家和地區，通過各類課程改革和教育全球化、本地化、個別化的舉措，朝着範式轉移的方向努力。教育的這些轉變，導致完全不同的教育改革的關注和挑戰。下面是一些重要例子：

1. **文化變革和範式轉移。** 範式轉移不僅是一種科技和理論的改革，更是一種深層次的文化變革，包括各種持份者的理念變化，參與者的態度變化，以及他們對教育的願景、目標、內容、方法、過程、實踐、管理和資金的全部思維變化。如何在不同層面的教育改革中實現這樣一種全面的範式轉移，看來並不容易；

2. **範式轉移的主要參與者**。教師將在教育全球化、本地化和個別化過程中，以及在學生情境多元智能發展中，起着關鍵作用（Cheng, 2001c）。沒有教師參與，這樣一種重大轉變是不可能的。如何使教師做好準備，發展成新一代的CMI教師，將自己的教育機構轉變成CMI機構，推動學生成為CMI市民；如何改革課程和教學，達到世界級課程標準，迎接新世紀的挑戰……，這些都是需要考慮的重要問題；

3. **質素保證的範式轉移**。應該根據學習、教學和評估的範式轉變，形成一個新的質素保證概念（Cheng, 2001b）。換言之，改革努力和質素舉措應該由新教育範式驅動。因此，教育工作者和研究者要思考下列問題：

   a) 應如何重組教學和學習的過程和內涵，以達成學習的全球化、本地化和個別化，以及發展學生的CMI或二十一世紀能力；

   b) 如何通過IT的應用、多元創新的教學，使學生得到最大化的學習機會；

   c) 如何推進學生的自我學習，以發展其終身學習的能力；

   d) 學生如何學會自己組織全球化、本地化和個別化的自我學習。

» 十一、不同層面改革的相互影響

除了上述九類教育改革趨勢外，我們還可以發現處於宏觀、中觀、機構和操作層面上的教改新猶，是可相互影響的。例如，宏觀和中觀的教育改革可影響學校的教育環境，而教育環境進而影響機構和操作層面的管理、功能、過程和產出，這一點不令人驚訝。很明顯，由微觀層面改革而產生的教育成果和質素，也可同樣回饋，對宏觀和中觀層面的政策、舉措產生影響。儘管人們在決策和實施時，強烈希望不同層面的各種教育改革能保持一致或彼此支持，不幸的是，在實際的教育改革中，往往無法見到這種景象（Cheng & Cheung, 1995）。過去十多年香港教改，舉措間的政策鴻溝難免是導致教育改革挫敗的一個主要因素，在本書中的第二、三部，將分析不同案例，說明不同層面的政策鴻溝對教改成敗的影響。

» 小結

自九十年代末迎接新世紀，亞太區各地大力推動的教育改革，不少涵蓋四大層面，有九大趨勢，涉及範圍頗大，無可避免要面臨各種重要的挑戰。這些挑戰影響很多國家或地區的教育政策和改革實踐是否能夠成功。因此，人們應關注如何對這些挑戰和有關問題進行分析討論，甚至排列優先次序，列入教育研究的議程，希望能得到充足的資訊和知識，以檢討當前教改推行的成效和困阻，重新制定改革政策，提升相關策略，有效推行。

香港教改已推行超過十六年多，與亞太區的九大教改趨勢呼應，教改新猶的目標及理念也多類似，而實踐上面對的挑戰及課題亦有共通之處。亞太區的教改趨勢及面臨的挑戰，可為香港教改的反思及檢討，提供一個較大的背景參照，來思考未來的發展、尋找更佳的路向。簡言之，香港教改可從亞太區的教改吸取經驗，同時本身的經驗也可貢獻亞太區現在或未來的教育發展。

按：本章材料選取及修改自：Cheng（2003a, b; 2007），鄭燕祥（2005g, h; 2006c）。

註釋

1 可參見周祝瑛（2003），《誰捉弄了台灣教改？》，台北，心理出版社。
2 該學報為《學校效能和學校改進：研究、政策和實踐國際期刊》（*School Effectiveness and School Improvement: An International Journal of Research, Policy and Practice*），詳見Cheng（1999）。
3 書名為《亞太地區教育改革和發展：挑戰未來》（*Educational Change and Development in the Asia-Pacific Region: Challenges for the Future*），由荷蘭 Swets and Zeitlinger 出版社出版，詳見Townsend and Cheng（2000）。
4 這次國際論壇主題是《教改為未來的全球化、本地化及個別化》，詳見Cheng（2001a）。
5 例如澳大利亞（1989，卷1，期2）、新加坡（1999，卷2，期1）、韓國（2000，卷3，期1）、馬來西亞（2000，卷3，期2）、中國（2001，卷4，期2）及印度（2003，卷6，期1）等國家報告。
6 有關本地家校合作和參與的理念和管理，可參考鄭、譚、張（1996 a, b）。
7 可見 Gopinathan & Ho（2000），Suzuki（2000）及 Townsend（2000）。
8 可參考Kaufman（2013），Noweski, et al.（2012）及 Salas-Pilco（2013）。
9 有關教育的新範式的介紹及論述，可參考鄭燕祥（2003, 2006a）。

第二章

香港教改：未來發展

　　香港作為東西文化交匯的國際都市，一向積極響應全球發展趨勢，過去數十年實施了一系列教育改革。特別在過去十多年，在全球化環境下，香港進行了翻天覆地的大規模教育改革，除龐大的政策資源外，大多數教育工作者付上無盡的心血和代價，其中成敗的經驗非常寶貴，可為了解教改動力提供範例，對香港乃至其他國際社會的研究、政策制定及實施而言，頗具理論及實際的意義。這一章是香港教改發展的概覽，介紹自1997年以來各項主要改革新舉措，為以後各篇章的分析和討論，提供重要的背景說明，有助讀者整體地理解不同政策課題及改革的涵義，有利於香港教改的整體檢討和反思。

　　由於亞太經濟環境瞬息萬變，競爭激烈，加上1997年7月香港由英國殖民地變成中國特別行政區（特區），出現政治轉型，令香港經歷重大轉變，面臨重重挑戰。在這個情況下，決策者及公眾對學校教育的角色及職能寄予厚望，加以改革提升，以配合新發展需要（Cheng, 2001a）。1984年至2000年，教育統籌委員會（教統會）發表了七份主要報告（Education Commission, 1984–1997），以及多份檢討報告和改革建議（Education Commission, 1999a, b; 2000a, b）。此外，教育統籌局（現教育局）在過去十多年實施多項舉措，對學校制度各個主要範疇進行改革，範圍涵蓋行政架構、課程組織、學校管治、課堂教學、資訊科技應用、考試制度、學校外部及內部評估，以至持份者問責。在過去二十年，因應全球化及國際趨勢，香港與世界許多地區一樣，在不同層面上有九大教改趨勢，經歷了兩大教育改革浪潮（Cheng, 2005a; 2015a）。

» 一、第一波教改

如第一章所述，自1980年代起，亞太區多數地區的基礎教育制度成功擴展，滿足了經濟發展的需要，許多決策者及教育工作者開始關注內部運作改善，包括學校管理、教師質素、課程設計、教學方法、評估方法、教與學的設施及環境。與區內其他城市一樣，香港經歷過第一波教改浪潮，教統會第一至六號報告書的眾多改革措施正反映這浪潮的走勢（Education Commission, 1984－1996）。改革措施涵蓋以下學校教育範疇：語言的教與學、教師質素、私立學校改良、課程發展、教與學的條件及特殊教育。

香港第一波教改建基於以下假設：決策者有明確教育目標，並能找到提高效能的最佳實踐方法、或解決全港學校主要校內問題的最佳方案。第一波改革措施的焦點在改善學校系統的內部運作，提高達成已訂立目標的水平，追求運作的「內部效能」（internal effectiveness）。改革措施一般以「由上而下」及「同標準同規範」的方法實施，着重外在干預（external intervention）或增加資源投入，以改進內部運作的結構、過程及環境的效能。這種標準化、內向性的改革方式，對處理一些基本而簡單的教育要求，也許有些作用。

但往往因不考慮不同學校的不同背景和需要，校本的積極性條件不能發揮出來，學校流於被動，故此教統會過去提出的大部分措施，對改善學校教育的影響力，往往是有限且短暫的（Cheng, 2000a）。這也說明，為何多年以來教改還是愈來愈多，愈來愈大，因為核心問題沒有解決，教改效果不滿意。

» 二、第二波教改

1990年代，隨着資本主義及市場經濟的全球興起、工商理念和經驗的廣泛運用，全球教育日趨市場化、注重問責及教育質素，以符合持份者的期望，世界各地第二波教改應運而生。教改政策大多旨在確保學校質素，並向內部及外部持份者問責。[1] 在亞太地區，如南韓、印度、中國內地、新加坡及台灣，教育改革日漸注重質素保證、學校監督及檢討、家長選擇、學券制、市場化、

學校競爭、校本管理、家長及社區參與管治、學校約章及按表現撥款。[2]

　　第二波改革最重用的是兩個市場的概念，一個是「供應者（學校）競爭」，另外一個是「用家（家長、僱主）滿意」。教改是要透過競爭的市場機制，驅使學校提供的教育質素，能讓大家都滿意。這個滿意不一定是要基於教育原則，例如我們學校辦得很好，教學法符合教育原理，老師非常努力用功，但家長仍可不滿意，為什麼呢？因為還有另外的學校在某些方面做得更好，比我們更符合他們期望，所以家長就看中他們的學校，不滿意我們的學校。所以改革的理念是以外在市場為動力的，高質素的學校就是比別的學校更受人滿意的學校。第二波教改追求的是一種教育的「外界效能」（interface effectiveness）（Cheng, 2005b; 鄭燕祥，2006a）。

　　與亞太區內其他城市一樣，香港透過教統會（Education Commission, 1997）第七號報告書及香港特區政府自1997年起提出的其他措施，展開第二波教育改革。主要改革及措施概述如下。

　　校本管理與管治轉變：1991年，香港政府前教育統籌科（教統科）及前教育署推出名為「學校管理新措施」（校管措施）（School Management Initiatives, SMI）的新計劃，在公立學校引入校本管理架構。計劃實施短短數年，愈來愈多校長、教師、校監接納校本管理的理念及原則。校管措施的理念、概念、技能及經驗從試行學校推廣至新引入措施的學校，並從校管措施學校推廣至非校管措施學校（Cheng & Cheung, 1999）。基於成功的先導計劃，在1997年教育統籌委員會要求全港所有公立學校於2000年前實施校本管理（Education Commission, 1997）。

　　2000年2月，校本管理諮詢委員會發表諮詢文件，要求在校本管理過渡期間，加強學校管理的角色、架構及管治，以便問責。自此，在學校管治重組一事上，辦學團體與政府之間爭議不斷。為確保校本管理問責，《2004年教育（修訂）條例》（Education (amendments) Ordinance 2004）於2005年生效，所有資助學校將向教育統籌局（即現教育局）提交法團校董會章程草稿，並於2009年7月1日前設立法團校董會。法團校董會將要求辦學團體代表、校長、獨立社群、獲選家長、教師及校友等成員負責管理所屬學校。條例修訂後，學

校管治由辦學團體負責變成由不同持份者組成的團體負責，而所有法團校董會將由教育統籌局而非辦學團體直接監管、監督及干預。

第七號報告書——優質教育措施：為追求優質學校教育，教統會在1997年發表的第七號報告書中建議以下措施（Education Commission, 1997）：

1. 學校應在協助下就監督及評估優質教育制定目標及指標；

2. 所有學校應於2000年前秉承校管措施精神，推行作為內部質素保證機制的校本管理；

3. 教育署採取總體視學的方法，進行質素保證視學，以及設立質素保證資料室；

4. 所有學校只要推行校本管理，便應享有「校管措施」在管理和經費運用方面的彈性；

5. 政府應撥出大筆款項，設立「優質教育發展基金」，用公開篩選方式提供一筆過撥款，以進行改善教育質素的計劃；及

6. 政府應透過提供連貫的職前和在職培訓及設立教學專業議會，提高校長和教師的專業水平，每間學校應為校長和教師訂立公平和公開的考績制度。

這些政策建議採取校本方法，設立更為全面的教育質素保證及學校效能機制。於1997年成立的新政府參照有關報告，實施了多項具有深遠影響的教育措施。[3]

新政府自1997年起實施的舉措：1997年英國將香港主權移交中國後，香港特別行政區第一任行政長官董建華（Tung, 1997a, 1997b）在施政報告中提出新世紀香港教育發展的重要藍圖。報告支持教統會第七號報告書建議的措施，亦為檢討及精簡教育相關行政及諮詢架構制定時間表，要求教統會全面檢討學前、小學、中學及高等教育架構，以及學校課程及考試制度。此外，教育委員會亦完成對九年強迫教育的檢討（Board of Education, 1997）。

施政報告發表以後，多項有關學校教育主要範疇的檢討及措施得以實行。

主要進展概述如下（Cheng，2005a; 2015a）：

（a）2000年新改革建議

1999年及2000年，教統會已檢討教育目標及架構，並制定新架構及建議，以改革幼兒教育、學校教育、高等教育及持續教育（Education Commission, 1999a, b; 2000a, b）。委員會提倡貫徹學生為本、永不放棄、講求質素、全方位學習、全社會動員等原則。整體改革重點概述如下：

1. 改革入學機制及公開考試，「拆牆鬆綁」，創造空間；
2. 改革課程及改良教學法；
3. 改良評核機制，輔助學與教；
4. 增加高中及以後的多元化終身學習機會；
5. 訂定有效的資源策略；
6. 提高教師專業水平；及
7. 實施支援前線教育工作者的措施。

有關建議涵蓋廣泛的重大問題及大規模轉變，而且須於短期內實施，因此引起極大爭論及關注。即使公眾普遍接受教育改革的方向及原則，但對於該等建議如何及為何能有效實踐教育改革的原則及新教育目標，公眾仍疑慮重重。尤其在缺乏支持這些建議的明確研究實證及試行研究的情況下，實在難以說服公眾或教育工作者，讓他們相信建議是有效並切實可行的。

（b）九年普及教育課程改革

為響應教統會於1999年及2000年提出的新教育目標、原則及建議，課程發展議會於2000年11月發表課程改革及發展建議（Curriculum Development Council, 2001）。建議提出規劃九年普及教育課程新架構的指導原則，旨在為學校提供概括及訂立不同課程模式的架構，期望在此架構下，

教學內容可因應社會需求及學生不同需要靈活調整、修訂或替代。課程架構主要由八大學習領域、共通能力、價值觀及態度組成。議會亦建議推行課程改革的時間表，為期逾十年：短期策略（2000年至2005年）、中期策略（2005年至2010年）及長期策略（2010年及以後）。在短期發展階段預期實現以下各項：

- 教育署根據課程改革原則，編製新的課程指引、學科課程指引和示範教材，進行重點教育研究，提供實踐經驗。
- 教師和學校就現行科目的教學，培養學生的共通能力，推廣學會學習。
- 推動課程改革的關鍵項目，促進學生學會學習：品德教育及公民教育、推廣閱讀風氣、專題研習、運用資訊科技。
- 學校能逐步適應由現有的課程過渡到使用新的課程架構，發展校本課程，以迎合學生和學校的需要。

在中期發展階段，學校應該按照中央的方向和使用開放的課程架構的指引，編排最適合各校學生能力和需要及學校使命的校本課程，並且不斷提高教學質素。最後於長期發展階段，達成終身學習的目標。

由於此課程架構注重編製校本課程（school-based curriculum），與傳統模式大相徑庭，大部分學校及教師需要花費大量時間及精力「由零開始」，透過再培訓學習有關理念及技能，重新編製不同學科領域的課程，並於課堂上實踐。如此大規模的學校課程改革，加上教統局的不少並行新舉措，在實施時缺乏充足的專業支援、時間、資源及準備，難免令許多教師工作過量，感到沮喪。

（c）高中教育及高等教育改革

在2000年，特首董建華在施政報告中公佈，要在十年內把適齡人口接受大專教育的比例增至60%或以上。[4] 自此，在當局各種政策及支援鼓勵下，院校紛紛開辦自資副學士課程，結果數年內大專生人數急增，大專教育比例六成

的目標，亦提早在2006年達成。[5] 至於副學士畢業生的質素及出路、升學就業、或償還貸款能力等問題，都引發不少社會關注。

2004年，教育統籌局（教統局）建議將中等教育及高等教育學制由現有的英式「3223」制改為「334」新學制，即三年初中、三年高中及四年大學。2004年10月至2005年1月的諮詢期過後，教統局於2005年5月正式宣佈學制變更，同時全面改革高中課程及公開考試（Education and Manpower Bureau, 2005）。高中新學制於2009/10學年起展開，2004/05學年的小五學生屆時率先體驗新學制。而大學四年新制則在2012/13年開始，事前各有關大學院校亦要充分準備，調整課程、擴建校舍設施、招募教職員，以配合增加的學生人教及增長的就讀年期。

根據「334」學制，全港學生將接受六年中學教育，他們的高中學生學習概覽包括在高中階段取得的香港中學文憑考試成績及其他成績。學生將修讀全新高中課程，包括四個核心科目（中國語文、英國語文、數學和通識教育），並在二十個新高中課程科目當中選修兩至三個科目及／或一系列職業導向教育課程，以及獲得其他學習經驗。

除課程的基本改變外，公開考試（包括校本評估的組成部分）也作了重大改動，教師需要在日常工作中付出更多精力和時間，並可能使課堂學習趨向考試主導。鑒於高中教育各大範疇出現大幅改動，家長、前線教師、校長、教育主任及各級改革推動者如何做足準備以順利推行改革，在政策辯論中引起莫大爭議。

（d）教學語言及學位分配

1997年7月香港主權移交中國後，教育署於1997年9月發表中學教學語言指引，鼓勵中學使用中文作為教學語言並摒棄混雜語言（即中英混雜）教學。從1998/99學年開始，有意在中一採用或繼續使用英語教學的學校須向教育署證明該校已具備足夠條件，可以有效地採用英語教學。這些條件是：

1. **學生能力**：在過去三年，學校中一新生平均有不少於百分之八十五能有

效使用英語學習；

2. **教師能力**：能以英語授課；及

3. **支援策略及措施**：學校須向學生提供足夠的校本支援。

在這些規定下，最終只有114間中學獲准成為「英中」（以英語授課），其餘300多間則為「中中」（以中文授課）。這項政策自1997年起強制實施，並於2005年由教統會工作小組檢討（Working Group, Education Commission, 2005）。推行多年，政策仍然惹來家長、學生、教師、學校及學者強烈不滿及批評（鄭燕祥，2005b, d）。「中中」通常被視為較差的學校，學生成績較弱，令家長非常不滿。在政策實施十年後，研究顯示：（1）相對於英中學生，具同等能力的中中學生在考取大學方面處於劣勢（South China Morning Post, 2008, 15 March）；及（2）實施教學語言政策後，香港學生於會考及高考的整體英語成績近年明顯下滑（鄭燕祥，2005e）。2008年，教育局（前身為教統局）公開承認現行教學語言政策存在問題，並指會作出調整，讓中學有更大自主權，決定各自的校本教學語言政策。在2010年，教育局推出「微調中學教學語言政策」，放寬對中學教學語言的限制，讓更多有能力的學生或班別可用英語學習。

傳統上，小學畢業生根據校內考試平均分數及學校評定的「學業能力測驗」（學能測驗）分數分成五個派位組別，並分配至不同中學。第一組別學生成績最佳，第五組別能力最弱。一般而言，第一組別學生有較佳機會選讀英文中學或心儀學校。因此，第一組別學生佔大多數的學校成為第一組別學校，而第五組別學生佔大多數的學校成為第五組別學校。

2000年，教育署取消學能測驗，並就小學畢業生的中學派位實施過渡安排。中學派位組別由五組減為三組，根據學校過去三年的學能測驗成績劃分組別。換言之，自2000年起，每個組別或每間中學內的個別學生差異明顯擴大。因此，對於本港公立中學而言，要處理個別差異問題，並在教學及其他教育服務方面，滿足學生的不同需要可謂難上加難。由於學生之間的差異擴大，學校及前線教師未能獲得全面的專業及資源支援，以致教師、學校及整體中學教育制度面臨更大的結構性困難。

（e）學校自評與校外評核

為回應1990年代全球教育質素保證的動向及教統會第七號報告書的建議，教育署於1997年設立質素保證視學組，負責規劃整體視學及制定表現指標。所有資助學校須進行學校自我評估，並每年於學校報告中闡述自評結果、成就、反思及跟進行動。學校報告須交由學校管理委員會（校董會）審批，並於每年11月底前上載至學校網站。

自2004年起，教統局實施校外評核（外評），每四年一度核實學校自評表現。為支援外評，學校須按照教統局表現指標架構四大範疇的十四個項目預先評估學校表現。由於外評報告上載至教統局網頁後受到傳媒廣泛並選擇性報道，在學生人數迅速減少導致學校競爭激烈的情況下，這種報道令許多接受評核的學校聲譽嚴重受損。對大多數學校及教師而言，學校自評及外評由準備、實施以至得出結果的整個過程都是一場噩夢。大部分資助學校及教師都將這項工作放在優先位置，不遺餘力做足準備。除了其他持續推行的教育改革，學校自評及外評實際上為教師及校長帶來沉重壓力和焦慮感，分散了他們在學校改良及學生學習等核心事務上的注意力及精力（Circular Letter, Education and Manpower Bureau, 2005）。教統局最終妥協，於2005年7月宣佈停止將校外評核（外評）報告上載網站，並調整外評準備工作及文件要求。

自2004年起，教統局實施全港性系統評估（Territory-wide System Assessment, TSA），按專業標準評估小三、小六及中三學生的中、英、數基本能力，期望TSA幫助學生了解個人的強弱，並為學校及教師提供大量資料，以改良學與教過程。與此同時，TSA成績可成為監察措施之一，在學校和制度層面上，就質素保證及問責進行學校自評及外評。

（f）資訊科技教育

1997年，特區政府開始投入大量資源，實施一系列學校資訊科技教育措施。1998年，教統局發表「與時並進：善用資訊科技學習」政策文件（Education and Manpower Bureau, 1998a, b），提出推廣資訊科技教育的

五年策略（1998/99至2002/03），目標如下：提供足夠的資訊科技設施，包括網絡設施，讓學生和教師能夠接觸資訊；鼓勵學校體制內各主要成員面對新角色所帶來的挑戰；提供所需的課程和資源支援，使資訊科技的應用能有效地融入學校教育；及建立有助改變學習文化的社會環境。2004年7月，政府進一步更新資訊科技教育推廣策略。

從過往教育改革經驗可見，單靠大規模的資源投入及培訓，並不足以為課堂及學校帶來有效的轉變及成果。時至今日，學校管理及專業文化如何能配合資訊科技硬件及培訓方面的巨額投資，並將之轉化成學校及個人教育方面的成效、質素及其他相關作用，仍是香港資訊科技教育改革者面臨的難題。為實現未來可持續發展，資訊科技在學與教的應用應進行範式轉換（paradigm shift），以響應趨向全球化、本地化及個人化教育的範式轉換及學生的情境多元智能發展（Cheng, 2006）。隨着學校、教師和學生在學與教方面培養運用資訊科技的能力，教育局（前身為教統局）反思以技術為重的資訊科技教育策略的局限性，並提出第三個資訊科技教育策略，以切合他們與時並進的需要（Education Bureau, 2007）。

新的資訊科技策略提出優先減輕教師工作，從課堂規劃以至學生評核等核心活動中融入資訊科技的工作量，並繼續提高教師運用資訊科技教學的能力，在學校層面營造一個理想的環境，以及為家長裝備所需的能力，指導子女在家中使用資訊科技學習。未來具體工作如下（Education Bureau, 2007）：

1. 提供一個以課程為本的教學單元資料庫，並建議合適的數碼資源；
2. 繼續提高教師運用資訊科技教學的能力；
3. 協助學校制定和推行校本資訊科技教育發展計劃；
4. 協助學校維持資訊科技設施的效能；
5. 加強對學校和教師的技術支援；及
6. 與非政府機構協作以提升家長的資訊素養，並就學生在家中進行電子學習這方面，舉辦家長指導課程。

（g）優質教育基金

特區政府於1998年1月2日撥款50億元，設立優質教育基金（基金），旨在鼓勵各項推廣優質教育的校本創新計劃。基金主要資助屬於基礎教育範圍內（包括幼稚園、小學、中學及特殊教育）值得推行的非牟利創新計劃，包括推廣學校優質教與學的計劃、推廣均衡教育的計劃、校本管理計劃及教育課題研究（Quality Education Fund, 1998）。基金的實踐及成效於成立數年後檢討。顯然易見的是近年來基金慷慨解囊，讓許多校本計劃得以實施及推廣，但與此同時，如何從眾多校本計劃中積累及形成完善的知識基礎，以便香港有效推行學校教育，仍是個重要議題。值得注意的是，許多學校實施校本計劃（尤其是運用資訊科技進行教育的計劃）時，「重新發明一個車輪」，或由零開始，缺乏完整規劃及足夠專業能力，虛耗了珍貴資源（尤其是教師的時間及精力），成果水平不高，也難於持久內化，反而浪費了培養學生的時間。

（h）教師教育及校長培訓

香港特區政府師訓與師資諮詢委員會（師訓會）（Advisory Committee on Teacher Education and Qualifications, ACTEQ）及大學教育資助委員會（教資會）（University Grants Committee, UGC）自1997年開始，分別檢討香港在職及職前教師教育。兩個委員會於1998年1月及2月完成報告，然後向政府提交。報告強調由已受培訓的大學畢業生擔任所有教師職位，同時鼓勵所有在職教師參與持續專業發展。

2003年11月，師訓會發表題為《學習的專業　專業的學習：教師專業能力理念架構及教師持續專業發展》的文件（ACTEQ, 2003）。文件制定「教師專業能力理念架構」，促進教師整體專業發展，並為教師和學校在特定時間，制定適合個人和學校的持續專業發展計劃時提供參考。學校須將持續專業發展納入學校發展議程，教師則須於三年「試行期」內參與不少於150小時的專業發展活動。

校長的領導角色對有效實施教改及校本管理至關重要。政府已成立不同工

作小組或委員會，制定架構，要求有志成為校長的人士、新任校長及在職校長，參與持續專業發展及提升領導能力。[6] 學校層面的教育措施錯綜複雜，校長須具備必要的能力，才能在短時間內作出引導並實施有關措施。

如上所述，過去十多年學校教育各方面的並行措施層出不窮，需要由教師實行這些措施。實行之前及期間，教師難免要應學校或政府要求，參加各種指定課程、研討會及工作坊，以獲取所需知識、技能及能力，以便在學校實施校本課程、校本評估、新課程科目、校本管理、學校自評、學生延展學習經驗、家校合作、英語或普通話教學的語文能力、在課堂上處理更大的學生差異、使用資訊科技進行教學、學習與管理、融合教育等改革。除多項現行教育措施外，近年來教師專業發展及培訓活動不斷增多，為教師帶來極大負擔。

（i）教育署的合併

隨着放權和校本管理的推行，特區教育署的傳統角色不可避免地受到了公眾的質疑。1997年特首的政策演說發表後，特區指派一個管理顧問公司來檢視教育署的組織和管理架構，其最終目標是「使教育署能更有效地運作，以達優質教育的使命」（Education and Manpower Bureau, 1998b）。檢討報告於1998年7月出爐，該報告對改變教育署的組織和結構提出了一些建議。根據這份報告的檢討結果和建議，教育署開始進行一些內部改變，要為學校教育提供更專業的支持。2003年，教育署最終併入教育統籌局。這意味着教育統籌局不僅制定教育政策，還要監督、實施這些政策，會否有角色矛盾呢？值得思考。時至今日，若要判斷這次合併可以更高效、更有效地滿足教改的需要，還未有真正的研究和評估。

» 三、教改智識貧乏

香港第二波教改，涉及整個教育系統所有層面，規模龐大，數年內推行。差不多亞太區會推行的第二波新趨勢或舉措，都可在香港找到類似例子，其中

特別強調教育質素保證、問責、表現評估監察、持份者滿意、市場競爭、校本管理、家長社區參與等，並期望以此推動課程教學改革、考試轉變，達成新世紀的教育願景。

但是，這些第二波新措施只是手法而不是目的，它們與新世紀的教育願景的關係，還是不明確的，缺乏研究加以證實，故此存在着很大的爭議（參見第一章）。例如，持份者滿意的教育是否真的代表適切未來的教育，有頗大爭論，因為不同持份者的教育期望，可以差異很大的。又例如，經多年實踐直到現在，是否學校自主（school autonomy）或校本管理能真的提升學生能力／學業表現，不少國際及本土研究都不能提供一個確切及一致性的答案（Cheng, Ko, & Lee, 2016）。

在工商經濟領域，市場競爭也許是非常有效的功利方法，但如何在學校教育中推行，有頗大爭論，因為學校教育多不是謀利事業，而是良心事業，除幫助學生成長外，亦要服務國家或地區的多元功能，例如推動社會流動、機會平等、政治社化、民族融和、經濟發展等（Cheng, 1996, Ch. 1），這些都不是市場競爭可以做到的。所以，在一些世界傑出的教育系統如芬蘭和新加坡等，都不會用市場競爭來推動教改。在本書以後的篇章，將詳細分析討論整個教改大圖像及各主要新舉措所面對的實踐落差、困境及挑戰。

缺乏知識基礎：第二波改革的範圍是如此廣闊，如此徹底，因此無論是大規模的系統改革，還是各級各類處於不同發展階段的教育改進措施，都需要一個強大而全面的智能系統或知識基礎作為支援，指引方向，發展策略。不幸的是，在教改的討論、規劃及實踐過程中，就缺少這樣一個智能系統，政策討論和制定的知識基礎難免淺薄無力，無助改革趨吉避險。

教改之初，教統會有意利用研究成果，為決策提供資訊，包括利用如教統會第七號報告書（Education Commission, 1997）提出的策略：「參考香港和其他地區的經驗和研究材料；研究與檢討有關的具體問題。」不幸的是，在研究的基礎上制定政策，實際在香港依然是一種稀罕而奢侈的行為（Cheng, Mok & Tsui, 2002）。例如，1999－2000年教統會設定一個嚴格的時間表，每過一至兩年，就要對整個教育系統進行檢討，並提出很多建議，但是在過去教改規

劃及實踐過程中，往往因時間短促，除了他們自己的意見以及未經嚴格分析的一些海外經驗外，難見應用嚴謹的研究驗證去決策。因此，儘管第二波教改的規模龐大、影響面廣，但缺少一個全面而適切的知識基礎，以支持政策發展和實施。

香港地區小，人口僅約七百萬，只有五所高校設有教育學系或教育專業。香港教育學院（即現香港教育大學）約有三百多名教育學術人員，其他四所高校估計約有二三百名教育學術人員。到目前為止，這些專家散佈在不同機構或學系，獨立工作，沒有一個中央架構來協調或整合這些研究力量，來貢獻教改的全面需要。若與大規模的全面教育改革（從幼稚園到高等教育各級教育）相比，這些教育學術人員數目並不是很大。換言之，即使所有的教育學術人員都樂於參與改革，每個領域未必有足夠的「教育專家臨界量」（critical mass of education expertise），提供必要的知識基礎，支援教改不同層次的改革和實踐。

兼職智能為主：各種教育諮詢委員會包括一些高校學者、教育實踐者和社區／工商領袖，為制定和闡述政策提供建議和意見，他們往往有決定性影響力。重大諮詢委員會的主席通常由政府任命的工商人士或非教育領袖擔任。這種安排是順應傳統，鼓勵更多人士參與決策。但是，教育改革的範圍和性質是如此複雜，變化如此之快，委員會的工作變得非常具有挑戰性，理應要求委員全職投身其中。但是，大多數委員本身就是成功人士，在本身工作之外，他們可能早已有一些其他重要而實質性的社區服務。從這個角度來看，這次大規模的改革，頗大程度上由「兼職智能」（part-time intelligence）決策並領導的。

校本智能零碎薄弱：自2000年實施校本管理政策起，人們一般假設學校可以通過自我發展、自我管理，提高學校活動和運作的效能。當學校進行校本轉變或改革時，他們通常都是要從頭開始積累經驗、知識和智能。例如在教育中利用資訊科技，在QEF的支持下，香港很多學校自己開發教與學的多媒體材料和軟體。儘管很多教師很有責任心，也花了大量時間來製作軟體，但不幸的是，開發出來的材料質量並不高，他們所使用和積累的知識技能，也非常淺薄零碎，重複其他人的努力。如果教師的寶貴時間和精力是如此耗費掉的，而不

是用於指導和幫助學生，那麼這將是低效而可悲的。如果有一個中央知識平台可以提供必要的知識資源和材料，支援校本行動，那麼，教師就可以有更多的時間和機會來發展學生。

專業智能減弱：過去二十多年香港從英屬殖民地轉變為中國特別行政區的前後過程中，由於政治上的變遷不安，人才嚴重外流。在整個教育系統，很多有經驗的、高質素的校長、教育工作者、官員及相關的專業人士移民海外，造成香港整體的教育專業實力下降。而且，為實施眾多的教改新措施，以及要成立課程發展署，不少中小學的高質素教師或校長，被挑選調任當局的部門，無形中削弱了教學前線的實踐智能和實力，進而影響有效課堂教學和在校推動教改的能力。

科層智能薄弱：教育系統的營運與變革，要依靠當局的科層架構和實力。但自九十年代以來，教育署的最高領導層變更頻繁，在任時間從幾個月到兩三年不等，其他相關高級官員也頻頻重新配置。過去十多年，由於人員流動和領導層頻繁變化的影響，當局的「科層智能」（bureaucratic intelligence）或「技術官僚智能」（technocratic intelligence）無形中在不斷流失，就算有新的積累，看來極之困難或緩慢。

沒有強力的科層智能支撐，那繁多並舉的教改新措施的制定和實施，就變得愈來愈隨機、不穩定及不可靠，漏洞百出，脫離實際條件，忽視優先次序及政策環境中一些重要的生態關係（Cheng & Cheung, 1995; Cheng, Mok & Tsui, 2002），醞釀成後來的教改樽頸困局（這點會在第四章詳細分析）。隨着校本管理的實施和教育署的併入，教育統籌局（現教育局）如何提升科層智能和實力，從而成功領導這龐大的教改，我相信這是一個非常重要的課題。但可惜的是，整個教改的討論和檢討完全忽略這方面。

缺少智能平台：通過以上教改智能的討論，我們可以發現，香港缺少一個面向學校和教育系統的有效教育智能平台（第三章），無法為制定教育改革和校本管理的政策和實踐，提供必要的技術、知識和其他智能資源的支援。由於缺乏這樣一個平台，在個人和學校層面，或者在社區和系統層面上，眾多教改新舉措如在黑暗中摸索而行，困難重重，出現各種無知的盲點、弊病或限制，

例如，各學校重複已有的失敗（repeated failure）經驗而不知；往往各自校本嘗試摸索，由頭做起，花時間，吃力不討好，失敗挫折居多，從而獲得一種負面經驗：「由學習而得的無能」（learned incompetence）或「學習而得的無助」（learned helplessness）的現象。這種經驗對教改或其他教育發展沒有好處。

很多人不理解教育改革的複雜性，在政策爭論和實施的過程中迷失方向，因為他們沒有任何實質性的研究證據或全面的知識基礎做後盾。由於沒有系統知識和專家的支援，學校不知如何從過去的經驗尤其是改革教訓中學習，很多校本管理的實踐重複着同樣的錯誤。在重複失敗的過程中，很多教育實踐者發現自己無力無助，也沒有能力改變自己的教育環境及困局，並開始不信任、甚至排斥教改。

» 四、未來發展：第三波

在過去十多年的香港第二波教改中，人們儘管已經強烈意識到本地和國際環境發生了巨大變化，要重新訂立教育願景和目標，要改革課程內容和教學，但是在各層面上，已進行的眾多新舉措和策略，將如何順應全球化情境下的香港現況與未來發展，並有效達成新教育願景，還是弄不清楚的。換言之，在這眾多新舉措中，實在有多少是真正與教學轉變有關？與學生學習新世紀能力有關？有多少不是直接需要的而可留待將來再考慮？用什麼準則或方向來安排教改舉措的優先次序及作選擇？這與世界目前追求的第三波教改的討論有關（Cheng, 2005b, Ch. 2; 鄭燕祥，2006b, Ch. 2）。

九十年代過去後，來到新世紀，世界各地面對全球化、資訊網絡及知識型經濟的巨大衝擊，人們關注的教育本質、目標及成敗的準則有了根本性變動，產生教育的範式轉變，於是有第三波的教改的興起。其中最關注的是學生的未來，教育能否幫助學生在新世紀擁有最大發展的能力和機會，面對未來挑戰。就算目前第二波教改帶來的教育看來令人滿意、有市場競爭力，但若沒有未來的相關性（relevance to the future），學生也是沒有前途的。

所以，第三波的教改在追求教育的「未來效能」（future effectiveness），

重點是在培養有情境多元智能（contextualized intelligence）的市民，能終身學習及持續發展，創建多元特性社會及地球村。教育是幫助學生追求多元持續發展的過程，學習使學生持續發展情境多元智能和創造力的過程。第三波教改，在促成學習、教學及辦學的理念、過程及方法有範式轉變，讓學生有多元思維能力和創造力，持續發展，邁向未來（Cheng, 2005b, Ch. 2）。

　　根據全球教育改革趨勢及其局限性的分析（Cheng, 2003a, b; 2015b），我提出四個主要策略性方向，來思考香港教改如何走出第二波的局限，朝向第三波發展。它們包括「從緊鬆控理論（tight-loose coupling theory）到平台理論（platform theory）」；「整合平台優勢和校本動力」；「從本地化到三重化」，以及「從單元智能到多元智能」。

　　從緊—鬆控理論到平台理論：香港和世界其他地區的第二波教改中，校本管理、表現問責和質素保證所提出的新措施，都十分強調外界效能（interface effectiveness）保證。學校發展和改革的理性基礎（rationality）是「緊—鬆控理論」，即要求學校在一個明晰的責任架構內進行自治自主自管（Cheng, 1996, Ch. 4）。該理論內核是建立問責和質素架構作為外在的緊控，在這個架構下重構學校管理，允許學校有一定自主權，調動資源，滿足校本需要，實現自我管理、自我發展和運行，同時滿足社區及外部架構的期望。

　　上述理念，在傳統學校管理上有其優勝之處，目標在解決或平衡中央管控與校本積極性的矛盾。但在新世紀，卻不足以幫助學校和學生迎接全球化挑戰、滿足未來發展需求，原因有二。首先，如前述，持份者滿意或外界效能不一定是未來效能的必要組成部分。持份者的期望通常是地方性的、短期的，而在全球化和新世紀變遷的情境下，它們與學生未來發展可能是沒有關係的，因為本區人士或市場上的短期滿意，往往不一定與學生、整個社會長期及未來發展的需求有關。

　　第二，教育不應被假設成是一項低科技（low-technology）和低智能（low-intelligence）的「事務」（business），即每所學校利用一種校本途徑、一種勞力密集途徑（labor-intensive approach），或一種低知識途徑（low-knowledge approach），不一定能創造一個高效的教學和學習環境。如前所論的，香港

的很多學校和教師花了很多時間來發展「家庭製造」（home-made）的多媒體教學材料。他們還被鼓勵建立各種類型的網絡，相互分享這些校本「家庭製造」經驗、理念和實踐。儘管分享經驗是一件好事，但是，如果我們相信新世紀的教育應是智能密集（intelligence-intensive）和科技密集（technology-intensive），就可以發現這些「家家煉鋼」的做法，對於提高教育中知識、智能和科技的水平是不夠的，用處不大的，但卻大量消耗了老師應直接花在學生培育的時間和精力。換言之，校本途徑可能有助於提高學校人員的主動性，面對校本需要，但不足以提高教育的智能含量和科技水平。

考慮到校本途徑的局限性，我們應該放棄「緊—鬆控理論」，轉而應用「平台理論」（platform theory）。這意味着香港教改的論證和實踐應該建基於一個高層次的中央智能平台，該平台具有以下功能（Cheng, 2001a）：

1. 在實施學校新舉措、開展教育活動時，教師和學生可以從一個高層次的智能平台出發，獲得當世最優最新的教學知識和技術支持。他們可以利用這個平台集中精力和時間，在一個較高水平進行管理、教學和學習，而不是浪費時間，在從一個低水平的起點從頭開始。站在巨人肩膊上看的世界，當然看得遠。同時，根據校本管理的精神，他們還可以靈活而自主地決定如何有效利用這個平台來滿足校本需求；

2. 與校本各自零碎努力不同，該中央平台可以提供必要的專家群體、高科技支援，有足夠的智能和知識臨界數量，產生新的觀點、知識和技術，支持教育改革和學校教育，確保政策和未來的教育實踐之間存在較高的適切性；

3. 該平台本身可以作為個別的、本地的和全球的網絡，在不同重要領域，擴充必要的教育智能臨界數量（包括專家顧問、教材、課程設計、教學技術、高科技應用、全球線上學習系統〔global online learning ecosystem〕等），讓每所學校、每個教師及每個學生，都可隨時隨地、唾手可得到教和學上所需的高水平智能資源，並為香港各級各類教育的持續發展創造無數機會。

要邁向第三波，如何克服各類現有制約和挑戰，發展中央平台，支持並推動學校教師和學生在一個較高的水平上教學和運作，是香港當前教改進一步發展的重要策略課題。

整合平台優勢和校本動力：建立一個中央教育智能平台，可以實現教育發展和營運上的資本密集（capital-intensive）、智能密集（intelligence-intensive）和技術密集（technology-intensive）（見第三、四章）。很顯然，這項工作不能由某所學校單獨完成，也不能通過校本途徑來實現。這應該是政府的主要任務。

中央平台途徑（central platform approach）和校本途徑（school-based approach）都有自己的優點和局限性。前者可以提升所有教育實踐者在一個較高的智能、知識和技術水平上，進行教育工作及活動，避免從一開始就在一個低水平或從零起步草草行動，做一些支離破碎的、重複而無效的努力。但後者可用以提高學、教和管理過程中的人員主動性，明確面對校本現場的多種發展需求。

對教育改革來說，中央平台和校本動力都是必需而重要的。根據兩種途徑的運用程度，未來香港教改存在着四種可能局面（scenarios），包括局面A（高智能平台＋高校本動力）、局面B（低智能平台＋高校本動力）、局面C（高智能平台＋低校本動力）和局面D（低智能平台＋低校本動力），如圖2.1所示。

從理論上來看，最理想的教育局面應是A，能有效地整合中央平台優勢和校本動力，讓教育工作及改革得到最優化的條件。局面D是最不理想的教育處境，智能平台及校本動力都是低下的。從我過去多年的觀察和分析，也可由本書第三、四章印證，雖然教改十多年，當前香港教育處境主要是在局面B，特徵是中央教育智能平台低、校本人員動力高。如果我們希望香港教育系統的改變能更有效地應對全球化和未來發展的挑戰，邁向第三波，那麼，如何發展高教育智能平台，從而由局面B逐步發展至局面A，就是一個非常重要的策略問題。在第三、四章再會探討這方面的問題。

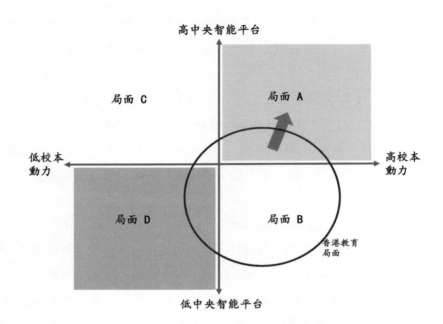

圖2.1 四種教育局面：智能平台與校本動力

　　從本地化到三重化：第二波教改的理性基礎主要是本地化（localization）的概念，包括分權、校本管理、本地持份者期望和滿意、對當地社區問責。與國際趨勢相比，香港教改應該從第二波向強調三重化（triplization）的第三波轉變，不僅要強調本地化，還要強調教育上的全球化（globalization）和個別化（individualization）（Cheng, 2002a, b, c; 鄭燕祥，2006a）。

　　通過教育的全球化，可使教育實踐、學習成果與全球的未來發展有最大的相關性，為辦學、教學和學習帶來世界級視野、智能資源、技術支援及發展機會，並關心世界人類的未來發展。這點與上述要發展高水平的智能平台呼應。常見的全球化例子，有網上學習、國際訪問、國際交換計劃、教學及學習的國際伙伴、與全球化有關的課程內容等（見表2.1）。

表 2.1 教育三重化的涵義和活動例子

	教育三重化		
	全球化	**本地化**	**個別化**
目標 / 功能	使教育獲得全球性視野、機會和資源，並關心世界人類的未來	使教育得到最大的本地學習資源和機會，並培養愛護本地的人文情懷	使教育配合個體的特性，從而擁有最大的動機、主動性及創意
學習活動例子	• 關心並研習世界性發展課題 • 國際訪問、交流、沉浸學習 • 國際視像會議的互動與分享 • 網上國際學習經驗 • 全球視野有關的課程內容	• 關心並研習本地的發展 • 社區服務的學習經驗 • 專家駐校訪校，將資源帶入學校 • 社區機構在學習及服務的合作 • 本地文化推廣及學習	• 個別化學習目標、方法及進度 • 培養自我學習、自我實現及自我激勵 • 發展學生成有個性、另具馭勢而行的本領 • 助長獨立思考及創意發展 • 培養情境多元智能

　　通過教育的本地化，可以讓教育實踐獲得本地社區大量支持，包括在辦學、教學和學習所需的本土資源、網絡、專家知識及服務合作，並培養愛護本地的人文情懷等。常見的本地化例子不少，有社區參與、家長參與、共同合作、專家藝術家駐校、研習本地的發展、社區服務的學習經驗、本地文化推廣及學習等。一般來說，在多元辦學團體的支持下，香港學校在本地化方面累積不少寶貴經驗，做得不錯。

　　通過教育個別化，可以配合不同師生的特性、能力和期望，讓教與學的過程中，師生的動機、主動性和創造力有最大的發揮機會。例如，訂立及推行個別化的學習目標、方法及進度，適合不同學生需要；培養學生的自我學習、自我實現及自我激勵；發展學生成為有個性、另具馭勢而行的本領；助長他們獨立思考及創意發展；培養情境多元智能等。

　　香港教改的未來發展，應集中在第三波，強調教育三重化，讓學生有無限機會學習、發展多元智能、擁有新世紀能力、奔向未來。世界級學校教育應追求未來效能、全球化的發展機會、本地化的支援合力、個別化的創造發揮。受限於客觀條件及政策方向，目前香港學校在實現教育的全球化和個別化方面並不理想，在本地化方面卻有不錯的傳統。

　　從單元智能轉變成多元智能：在第二波教改中，持份者多強調市場競爭、學業成績、考試表現，重視傳統的學科知識和技巧，智能傾向單元，局限頗大。但是在新世紀，我們的世界是邁向多元的全球化發展，包括在科技、經濟、社會、政治、文化、學習等多領域上全球發展，所以教育就要幫助學生成為新世紀多元發展的人，他們不但是科技人，還是經濟人、社會人、政治人、文化人和學習人，所以教育的目的就不同了。如表2.2所示，第三波的教育應幫助我們學生發展情境多元智能（Contextualized Multiple Intelligences, CMI），包括科技智能（technological intelligence）、經濟智能（economic intelligence）、社會智能（social intelligence）、政治智能（political intelligence）、文化智能（cultural intelligence）和學習智能（learning intelligence）等，從而有多元思維能力、追求多元發展，在環境的變動中，我們學生終身學習，表現多元持續效能，不怕多變的未來挑戰。因為有多元的思維能力，他們的發展空間也就大大不同了。教改如何發展情境多元智能？

　　如圖2.2所示，第一，將我們學生的學習智能放在教育的中心，整個教育過程最核心的問題是提升學生的學習智能，讓他們有較高的學習能力，進行其他思維或能力的培養，「學會如何學」就是這意思。第二，發展學生每一種智能，包括科技智能（例如有關科技應用的能力），經濟智能（例如，學生學會思考如何善用並開發資源，用最小的資源達到最大的效能），政治智能（例如，在不同人士之間有利益的衝突，學生有能力思考權利義務，解決利益衝突），社會智能（例如，對人際關係、人性需要、人力發展的領悟和推動力）及文化智能（例如，對文化的價值信念的追求能力）等。

　　第三，培養學生更高一層次的能力，是智能及思維的轉移（intelligence / thinking transfer），從而產生創造力，例如將科技智能或知識轉化為其他領域（例如經濟、社會及文化）上的應用及思考，就是創造力。這一點非常重要，教改的目的是幫助學生擁有多元的思維能力，並將不同的思維能力相轉化為創造力。例如，將科學智能／知識轉化為解決經濟或社會的課題。從一種智能類型遷移到另一種智能類型，說明學習者獲得了一種較高層次的智能和超級思維（meta-thinking）。

表 2.2 情境多元智能的類型

特性	情境多元智能的類型					
	科技智能	經濟智能	社會智能	政治智能	文化智能	學習智能
理性基礎	科技理性	經濟理性	社會理性	政治理性	文化理性	適應理性
意識形態	方法效能 目標成果 科技建構 科技優化	效率 成本－收益 資源和財政管理 經濟最優化	社會關係 人性需要 社會滿意度	利益、權力和衝突 分享、商議和民主	價值、信仰、道德和傳統 協調、一致和道德	適應變化 持續提高和發展
思維的主要關注點和問題	可以利用何種方法和科技？ 如何更有效地達到目標？為什麼？ 可以利用什麼科技革新來重新設計行動過程？	需要什麼資源和成本？能帶來什麼收益？ 如何以最小的成本取得預期目標？為什麼？ 如何發揮最大的邊際效益？	參與行動的相關者和行動是誰？ 他們如何影響行動的目標、過程和結果？ 如何滿足他們的需求，使協同作用的增效最大？ 為什麼？	行動中涉及哪些不同的人士、利益和權力？ 如何使衝突和鬥爭最小化，或者通過協商、民主和其他方式對其進行管理？為什麼？ 如何建立「雙贏」策略、聯盟和合作關係？	行動中什麼價值、信仰和道德是重要的，應該分享的？ 它們如何影響行動的目標和特性？ 協調、價值、信仰、道德如何在行動中發揮最大作用？為什麼？	可以利用何種學習方式、思維模式和知識？ 在變化的現實中存在着什麼思維差距？ 如何使行動的目標和特性更適應變化？ 如何獲得新的思維模式和理解能力，使思維差距最小化？
思維過程	科學推理、科技應變和方法考慮	成本和收益的經濟考慮	社會環境及其因果關係的研究	不同利益群體之間的微觀政治考慮 考慮政治成本和成果之間的關係	尋找、澄清並建立價值、信仰、道德規範和道德觀之間的聯繫	總結、積累並駕馭行動和成果之間產生的新知識

註：修改自鄭燕祥（2006b, Ch. 3）

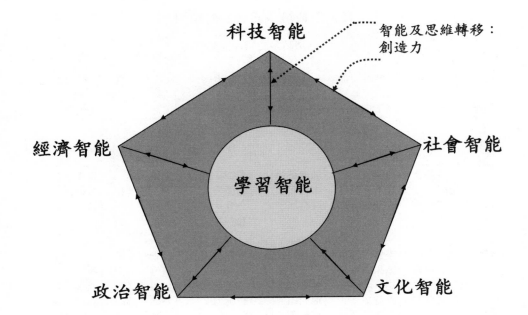

圖 2.2　情境多元智能與創造力

» 小結

　　作為一個國際化城市，香港教改經歷了第一、二波。面對全球化時代的挑戰，教改不僅應關注第一、二波涉及的內部效能和外界效能，也應放眼第三波的未來效能，重點放在教育對未來的適切性。如何提高這三種教育效能，如何保證內部效能和外界效能真的與未來效能有關，相信是香港教改邁向第三波過程中的研究和實踐關鍵點。

　　對現時香港教改的反思及檢討，應關注現有的教育系統和實踐是否有效，是否可以完成不同層次的預期目標，學校教育的質素是否可以滿足持份者對教育多樣而高的期望。但更重要的，應關注當前教育的目標、內容、實踐、成績和效果，是否適應個體和香港社會在全球化時代的發展需求。

這一章，為以後各篇章的分析和討論，提供了一個香港教改發展的概覽和背景說明，希望有利於香港教改的整體檢討和反思。

按：本章部分內容取材及修訂自：Cheng（2005a; 2009; 2015a），鄭燕祥（2006d）

第二章　香港教改：未來發展

註 釋

1　可參閱 Coulson（1999），Evans（1999），Goertz & Duffy（2001），Headington（2000），Heller（2001）及 Mahony & Hextall（2000）。

2　可參見 Mukhopadhyay（2001），Mok et al.（2003），Cheng & Townsend（2000），Mohandas, Meng & Keeves（2003）及 Pang et al.（2003）。

3　有關香港校本管理的實施及在不同層面、不同範疇的影響，可參考 Ko, Cheng & Lee（2016 forthcoming）的詳細審閱及回顧。

4　見時任特首董建華2000年施政報告。

5　《大公網》2013年3月26日〈政府設專委會　冀任內落實免費教育教改新猷〉，記者呂少群。

6　可參見 Task Group on Training and Development of School Heads（1999）及 Education Department（2002）。

第二部

學校系統改革

第三章
改革什麼：逆勢而行

自1997年回歸以來，香港便策動全面的教育改革。當時為證實改革之必要，不少熱心人士發動輿論，舉辦各式各樣的論壇講座，力陳香港教育各種弊病，並引述其他地區的教育如新加坡、上海、深圳，甚至某鄉鎮，也如何比香港優勝。教育界一時上上下下，信心全失，忙亂喪氣，四出參觀學習。家長及大眾群起指責學校，要求問責及改革。學校則指責制度，說他們長期受到忽視，而政策擾民。總之，整個教育界士氣低落，互相指責，信心受損，一時難以恢復。

香港當時的教改，主要立足於負面論據，着眼目前如何不足，但對香港教育系統固有優勢，理解不多或漠視無知，計劃時難保持重心，實踐時易藥石亂投，甚者將香花臭草一併剷去。在2002年教改早期，我已觀察到學校教師面對的壓力及「新猶」不斷增加，叫苦連天，困於邊緣工作，無法安心教學。這種形勢當然不利真正的改革，以迎接未來挑戰。本章的內容，主要是我當年對教改方向和策略的分析，鼓勵認清辦學系統優勢才作改革（鄭燕祥，2002b）。現在看來，它正好針正當時教改的盲點，就算對當前十多年後教改的檢討及反思，還是擲地有聲，值得深思參照。

目睹學校教師的苦況，我在2000年至2002年期間，曾在許多場合或講座，請求教師、校長，甚至教育統籌委員會委員、教育署官員等列出香港教育系統優勢數項，企圖為他們打氣，但竟然無人有足夠信心提出，最後，我戲言要出價20元一項以廣招徠。有些雖然承諾事後補交，也交不出來。我從未花去一元。當時，我實在為教育界的信心而擔憂。沒有信心的教育事業，就沒有明天。沒有把握自己優勢的改革，就沒有成功的機會。香港教育系統有什麼優勢？

過去二十多年，國際學術會議邀請我作主題或專題演講不下百多次，加上我擔任一些國際研究組織的工作，有機會在會議期間交流、參觀及聽到世界各地的教育改革報告，從而反思了解香港教育系統的特色。由我多年的教改研究和國際觀察，[1]我確信香港當年的教育系統有獨特優勢，足以讓所有香港人自豪。現在讓我介紹一部分。

» 一、優秀公立學校系統

香港有非常優秀的政府資助的公立學校系統，提供最便宜的世界級教育。香港彈丸之地，卻出了不少世界級人才，數學家、科學家、工程師、商界領袖、學者等，他們的學校教育就在香港。過去多年，世界最著名的大學如哈佛、牛津、劍橋、史丹福等都提供獎學金，向香港中學優秀畢業生招手。新加坡也向香港優異生「挖角」。在國際的學生學業成就比較研究中（如TIMSS、PISA），不論教改前後，香港學生多年來的表現都是非常出色。

當年的香港公立學校系統最能推動社會階級流動，無論家境如何貧困，學生都可以靠自己的努力，通過公平的公開考試，讀上最優秀的學校，進入大學，然後創造自己的事業。不少政府高官或商界領袖，就是這樣奮鬥出身。過去三四十年，香港無數社會精英的奮鬥歷程，已見證了香港學校系統的優勢。

香港與英美比較又怎樣？傳統上（教改以前），香港公立學校系統重視學業表現，有明確選拔機制，競爭力大，有助階級上流（social upward mobility）；師生一般相信教育可改變命運，有較高的教與學動機；學生多分流分班，校內或班內學生質素相對平均，雖然每班人數較多、每位教師教節較多，但表現仍可有效率。[2]學校的質素，有由平庸以至世界級的教育。

在英美來說，公立學校較平庸化，競爭力弱。由於缺乏篩選，校內學生質素往往差異大，教學較難發揮；一般傾向鬆散，缺乏動機，學業成就差，難助階級上升流動。優秀年青人多不願入職教師，多年來學校招聘教師困難，成為嚴重問題，英國要到印度、巴基斯坦、南非等地招聘。整個公立學校系統的表現，往往成為政府的頭疼問題，要改革頻頻，但成效不見，教師卻不斷流失。

在1997年前後，英美學者提倡向亞洲學習，[3]以改變鬆散平庸失效的局面。在英美，要優質教育，就往往要去昂貴的私立學校。對低下階層來說，這顯然是不可跨越的鴻溝。

值得注意的，當年香港教改所倡導的「一條龍」（即一中學一小學結合成一條龍學校，讓學生由小學一年級讀至中學畢業）、「升中學生組別五合為三，甚至取消」、「取消升中派位試」等做法的理念，在英美公立學校系統已經是事實多年，效果如何，已有目可睹。簡言之，實行這些做法，我們正走向英美公立學校系統的模式。香港人要問自己，這是否明智？若否，又應如何保存及發揚現有香港學校系統的優勢？又應如何避免重複美英公立學習系統的弊病？

» 二、社團辦學優秀傳統

香港有非常成功的多元化團體辦學和歷史悠久的社區參與。澳洲學校管理變革專家Brian Caldwell教授，他多年來對香港教育有非常深刻的觀察，有一次他對我說，你們的社團辦學傳統實在太好了，可說天下無雙，澳洲及其他地方應該學習這經驗。為什麼呢？政府出錢，社團辦學，正好解決「確保問責、辦學多元化」的難題。現在世界各地的經驗都指出，若純由政府辦公立學校，自然官僚體系膨脹，步步問責，不敢創新，易流於僵化、單式化。

在香港，社團辦學為政府節省鉅量的管理成本，並直接或間接動用各類社會資源，把學校做好。審計署的報告也曾指出社團辦的津貼學校比較政府辦的官立學校便宜得多。更重要的是，辦學可以多元化，更靈活有彈性，滿足不同社會需要。

從經濟合作與發展組織（Organization for Economic Cooperation and Development, OECD）的國際學生評估計劃（Programme for International Student Assessment, PISA）多年來的評估結果來看，香港教育系統不單在學生能力（閱讀、科學及數學）表現上位列前茅，更重要的是社會經濟地位對學生表現的影響，遠較其他同樣出色的教育系統（例如上海、韓國、芬蘭、加拿大、日本等）為少（OECD-PISA, 2003, 2006, 2009, 2012）。換言之，

歷來香港教育系統較為公平而階級影響較少，為何會這樣？這點要歸功於香港社團辦學的優良傳統。香港有千多所學校，但香港辦學團體以數百計，幾乎包括所有重要的宗教團體、慈善社團及地方組織等；這些非謀利的社福團體的辦學目標，幾乎全部都是以扶助弱勢、造福社會為宗旨，卻在營運管理上良性競爭，各有特色，各有貢獻。故此，在教育上有大量這些辦學團體，以多元特色有效地分擔了扶助弱勢學生的教育責任，減低階級背景的影響。

辦學團體可說是香港獨有而巨大的教育資產，支撐着香港教育系統的優良運作，我們要好好珍惜，有全面策略善用、保存和發展它們。但在教改過程中，漸見一些與辦學團體不和的事件，令人惋惜（鄭燕祥，2004a，第4章）。

» 三、優秀刻苦的教師隊伍

根據過去OECD的國際學生評估計劃（PISA）結果，國際著名顧問機構McKinsey & Company研究出世界最佳表現的十個學校系統的成功因素（McKinsey & Co, 2007），結論是「教師質素最重要，而教師質素的高低，就是學校教育質素的上限」。沒有良好的教師質素，不可達至良好的教育質素。因此，像韓國、芬蘭、香港和新加坡這些表現出色的國家或地區，歷來採用了各種措施，以吸引高質素的年輕人當老師。這些地區能吸引同輩學生群頂上5%－20%的尖子學生當老師，給予新教師的起薪點，是人均生產總值（GPD）的95%－140%。相比較而言，美國公立學校多吸納到的中小學教師，是同輩學生群的底下30%，而平均的起薪點則為人均國內生產總值的81%，故很難吸引優秀年青人。

香港一直以來都能以較高的薪金，吸引優秀人才進入教師隊伍。新教師的平均起薪點往往高於其他學系畢業生的平均數。從國際比較來看，香港的教師隊伍有非常優秀刻苦的品質和傳統。為什麼呢？在九十年代前，入行的教師都是同輩（cohort）最頂的5%－10%學生、讀完大學或師範做的。及至九十年代擴展大學教育到今，入行的也近最頂的18%，可以說精良，很少國家或地區有這樣高質素。這也可說明香港教育系統過去為何有穩定而出色的表現。

香港學校每班人數特多，每週教師教課往往三十多節，加上要改密麻麻的作業，要帶不同形式的課外活動，以及兼顧行政和其他庶務，若不是教師有優秀而刻苦的品質，根本就應付不來。過去二十多年，我在教育學院工作，目睹無數中小學教師參加不同形式的進修。他們謙卑好學、披星戴月上課的情境，令人敬佩。

» 四、勇猛進取的家長

香港教育過去數十年的成功，造就了一代一代、滿有動機、不怕苦的家長。他們普遍相信香港的學校教育和考試制度，會為子女帶來成功機會，只要努力，就可藉教育改變命運，爭取階級向上流動。所以，他們非常重視子女教育的成敗，願意為子女通宵排隊領取入學申請表，願意搬屋找好的學校區，願意花不少錢為子女補習，甚至刻意要子女做多些練習或學深一級程度。這也助長了香港非常重視考試、強調競爭的文化。[4]

有些人從負面看待這些家長的「勇猛」表現，要在改革過程中加以消滅。但從另一角度來看，這反映了香港人從過去歲月中獲得的「勇於拼搏」精神，是香港文化的精髓部分，壓制不了，而應加以教育及引導，讓家長對教育的巨大力量，恰當地用在教育子女工作上。很早已有大型研究顯示，家長的關心、鼓勵及影響，較其他眾多因素（例如家庭物質條件、學校設施與教學情況等），對學生學業成就更為重要。[5]

當不少國家及地區正擔憂家長未有關心子女教育，造成普遍學業低落現象，而香港卻擁有勇猛進取的家長，願意為子女而辛苦努力。我認為，過去的教改對家長動機及考試壓力的認識並不足夠，只知消解防衛，而不知善用這股重要力量協助學校教育發展。故此，如何做好家長教育及家校合作，非常重要，影響深遠（鄭、譚、張，1996a, b）。

» 五、文化、人才匯聚

香港教育和香港本身一樣，有着世界上非常獨特的優勢。香港是位處東西文化交匯點的國際大都會，人才匯聚，資訊流通，航運發達，社會開放，有世界網絡和全球視野。隨着中國及亞太區崛起，高等教育、軟實力（soft power）、文化資本（cultural capital）有龐大的需求，而香港作為高等教育的先進地區，更擁有巨大的發展機遇（鄭燕祥，2007，2009b）。

所有這些都是香港教育的無形或有形的巨大資產，很少地區能夠擁有。如能成功動用這些資產，猶如釋放了阿拉丁神燈中的巨神出來，香港會成為一個世界級的教育中心（world-class education centre）或是亞太區的教育樞紐（education hub）（見第十章）。根據2016年QS大學排名結果，在亞洲350所有名的大學中，前十名有四所是香港的大學。在教育領域，香港教育大學名列世界第十二而亞洲第二（QS University Rankings: Asia, 2016）。有香港大專院校吸引了不少世界一流人才，一些學系及研究更名列世界前茅。要推動香港教育發展和改革，應大力借助他們的才華和智慧。

照我的觀察，他們不少對香港教育非常有心，只是目前借助他們的情況遠遠偏低。我們可加大發展這方面。近年有關教育樞紐、醫健樞紐、文化樞紐及其協同效應對未來影響的討論，正反映這方面有策略的重要性，事實上鄰近的新加坡已經在進行實踐（Cheng, Cheung & Yuen, 2016）。如何開發及運用這些龐大的文化人才匯聚資產及上述的各種優勢，值得香港人以全球性視野高瞻遠矚，作出細緻而富策略的思考和行動，相信不久的將來，香港教育發展有重大突破。

» 六、教育改革症候群

除優勢的開發外，香港人也應留意過去二十年，在世界各地互相傳染的「教育改革症候群」（Educational Reforms Syndrome）。由於國際競爭及全球化，一個地區有改革，其他地區競爭對手就緊張起來，也要改革，甚至改革更多。

在新世紀，既然強調發展知識經濟，教育便成為改革重點，如第一章所述，亞太區教改便有四大層面、九大趨勢，而每種趨勢可有各式各樣新猶，但人們往往急於改革求成，於是愈改愈多。

潮流興問責、興基準，就搞問責、搞基準；潮流興目標為本課程、興綜合課程，就去搞。改革倡議者多不理會本身的文化條件和現實需要，好像不搞就落後，會喪失競爭力，形成「主次不分、成效不見、改革不停」的局面。後果當然是愈改愈亂而愈失望，校無寧日，教師苦不堪言。這是一些國際症候群現象。

香港又怎樣？根據我在2002年對教改初期的觀察，我提出警告：香港要小心染上「香港教育改革症候群」，基本特徵有些與國際症候群相似，但不同的地方就如上面所述，香港人不知道自己的優勢，妄自菲薄，教師隊伍信心全失，行動上藥石亂投，互相抱怨，失去方向（鄭燕祥，2002b）。但是到了2004年教改高峰期，我觀察到的不單是染病，而是改革症候群的全面爆發（鄭燕祥，2004a）。[6]

面對這些症候群的威脅，我們應如何避免，而又能改革教育成功呢？

» 七、簡易教育改革法

教育系統是複雜的，涉及的因素及環節甚多，經過數十年累積而成。若要全面改革，要改變的多不勝數，絕不可一蹴即至，更不可二、三年求功。教改症候群的弊病，多陷於「只見樹木，不見森林」；多困於外圍枝節，消耗精力，卻與學生的學及教師的教，並無直接關係，令人痛惜。故此變革策略和焦點的選擇非常重要，要中正核心——「教與學的轉變與提升」；變革的理念和方向，要非常簡單鮮明，清楚如何可行。其他的都較為次要，可以慢慢來。

根據我的研究，香港應在2000年起就實行「簡易教育改革法」，就算在十六年多後的現在，這改革法依然有深刻的意義，呼應新時代的需要，並醫治教改症候群的後遺症。在新世紀，教改的核心目標就是「學生的學習範式轉變（paradigm shift in learning），讓學生擁有新時代品質和高增值才幹」（Cheng, 2000b; 2001a, c）。要達成這目標，教改策略的總方向是：未來三

至五年內，專注擴展已有優勢，貫徹做好以下三件事，就已足：

1. 協助教師的教學轉變與提升；
2. 發揮校本管理與教學平台的功能；
3. 建立高水準的中央教育平台，支援教學和校本管理。

三者之關係，可以圖3.1顯示出來。

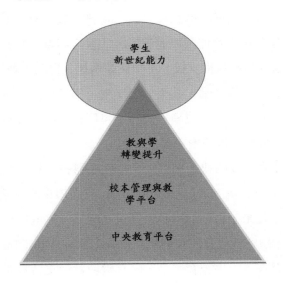

圖3.1 簡易教育改革法

» 八、中央教育平台

目前，不少人誤解校本管理，認為所有教育事工都應由學校自己來做，政府只需出錢給他們便可以，於是許多熱心的香港教育工作者和學校，便行「家家後園煉鋼」、「重新發明車輪」，花了大量本應用作接觸學生的寶貴時間，去自製IT教材、網頁、編製講義等。由於是個別人士或學校業餘的努力，不少製成品難免水平不高，互相重複；不易弄清材料的版權誰屬，採用後易入法網。我對他們的滿腔熱忱抱有敬意，但這樣浪費了他們寶貴的精力，實感可惜。所

以，政府有責任建立一個中央平台，為所有香港學校及教師，提供教學所需的高質素課程資料、完備基本教材，方便教師在備課及教學時使用，讓每個老師做應該做的學生工作，不要再「家家煉鋼」。這對香港教育未來發展有重大的戰略意義。

高水準的中央教育平台，目的是提供智力密集（intelligence-intensive）、科技密集（technology- intensive）、教育知識及資訊密集（educational knowledge and information intensive）的巨大平台，涵蓋教學所需的專業支援系統，適應不同對象及處境的課程設計、資料、教材及配套，支援所有教育工作者的教學工作和校本管理，讓他們所有的教育創新、提升及完善，都很容易得到最新的專家知識和技術支援，不用從頭做起、自己「煉鋼」。有了這個中央平台，每間學校、每個老師，甚至每個學生，都可以在一個較高的智力水平和技術水平上工作和學習，表現績效自然不可同日而語。凡他們能夢想到的教育境界，只要有心努力，他們幾乎都能做到。

隨着全球化及高科技的快速擴展，全球性高科技公司正致力建造全球線上學習平台（global online learning platform），在不久的將來，可與區域性的中央教育平台聯結起來，讓教師與學生都可在極高水平的平台上，得到世界級支援及無限機會，進行極優質的教與學（Global Education Futures, 2015）。所以，建設及發展香港中央教育平台，除有當前當地支持校本管理與教學作用外，更是有前瞻性、呼應未來的策略。

» 九、校本管理與教學平台

香港在1992年已開始實行校本管理，經過多年實踐，1997年的教統會第七號報告書最後確認，校本管理是確保及提升教育質素的最重要途徑。到2000年全港官立及津貼學校都要實行。本來這是很有意思的發展，自參加後，人們卻不關心是否每間學校都已成功實行校本管理，提高教育質素。

我長期以來是研究校本管理的。在1999－2001年期間，以色列政府和泰國政府要推行校本管理，都曾諮詢我的意見，並將我的論文翻譯為泰文和希伯

來文，我亦為他們的教育官員及領袖舉辦講座，受邀請成為他們國家研討會的主講嘉賓。除向他們解釋校本管理的傳統理念和方法外，我更指出，面對新世紀挑戰，校本管理應有全新的願景，回應教育的三重化發展：全球化、本地化及個別化（Cheng, 2003c）。作為一個學者，我鼓勵外國朋友展望校本管理的新願景；但作為香港的教育工作者，我實在渴望香港學校盡早付之實行。

在2002年時，我已清楚知道，香港校本管理的進展遠未足夠，要做的功夫不少。參加校本管理計劃，不等於明白並成功推行其中精要，需要長些時期學習和發展，才能把學校發展成「學習型組織」（learning organization）、建立起教育質素保證的機制及文化。更重要的是，不是為管理而管理，而是要把校本管理建成一個有效的「校本教學平台」：外接中央教育平台及全球網絡，吸收外界最新最佳的知識技術和資源到校內；內部有知識經驗累積和管理的機制、和諧激勵合作的人際環境，讓每個老師和學生都可以各盡所能，把教與學做得最好（Cheng, 2002a）。

香港的學校就算在同樣的校本管理政策下，其校內的管理文化和運作也可以有很大的分別，從而教師和學生的表現都可以有很大的差異。在2007年我們的研究（包含31所津貼中學、1119位教師、7063位學生）顯示，有較高的校本管理文化的津貼中學，傾向在教學上有較強的範式轉變，教師較能以學生為本教學，學生在多項指標上都有明顯較佳表視，包括積極的學習態度、運用不同的學習方法、學習效能（方便學習，自我反思，自主學習，學習機會）、多元學習思維，以及對學校生活的多元滿意度（Cheng & Mok, 2007）。

怎樣發展校本管理，讓每間學校都成為有效的教學平台？相信教改要落實的這項工作，在未來五年還是不少。

» 十、教學轉變與提升

我們的學生要立足新世紀，面向全球化和高科技的挑戰，擁抱未來，就需要有全新的質素和能力。教改的口號，曾是「樂善勇敢」，現在已少人提及。根據史丹福大學的H. Levin（1997）對高增值行業的研究顯示，學生在新世紀

要有高增值的才幹（high value-added competence），包括主動性、解難能力、合作能力、決策能力、團隊工作、資訊獲得及使用能力、同輩訓練、規劃能力、評估能力、學習技巧、說理能力及多元文化技巧等。在很大程度上，這些才幹也是現在所強調的二十一世紀能力（21st century skills），[7]卻可惜，都不是我們目前課程內容的重點、考試要考的能力。從這些質素要求來說，我們目前的課程和教學方法，實有不足地方，一定要改變。教師的教法要怎樣轉變，才可以培養出學生的高增值才幹？

目前有不少提議，一些認為要將教師教學方法徹底改變，由教師中心轉變為學生中心。這提法十年如一日，人人都知道，而且政治上正確，一定口頭上支持，但永做不到。這是有現實的原因的。另一些則認為要將課程大改革，將一些科目或課程作統整，[8]希望藉此培養學生的綜合能力，目前香港的課程改革正朝這方向走，但遇到反對聲音不少，質疑其可行性。過往目標為本（TOC, Target Oriented Curriculum）課程改革的失敗，教訓實在大，浪費不少寶貴的資源和無數老師的精力。理念通，也要配合實情，立足於現有基礎，才有成功機會。

請容許我提出一個較簡單的做法，協助校內教師的教學轉變。香港課程內容實在太多，教師學生多窮於應付，都沒有空間及時間作出任何實質的轉變。過去教改雖強調「拆牆鬆綁」，但所提的新猷及所增加的資源，能為師生創造的空間實在非常有限，作用不大，反過來成為新的負擔（見第四章）。所以，最簡單的做法就是削減課程。

我提議在一定年期內，逐步削減課程30%－50%，教和學的空間就會同步增加30%－50%；同時只要求老師逐步轉變教學法10%－30%，那麼他們便有足夠時間和空間，作準備、學習和實踐所需要的改變。我們重視的是課程、教學及學習的質素轉變（quality change）及範式轉變（Paradigm shift）（Cheng, 2000b），以培養學生的新時代品質和高增值才幹，而不是靜態知識的數量。有些國家已逐步削減他們課程，新加坡也要減30%。所以我們不要憂慮課程的減少，我認為是必需的。相對來說，我認為課程削減比課程統整更為可取。進一步說，只有透過課程削減，才能騰出空間和時間進行有效的課程統整。

若有了空間，教學及課程的轉變又應是怎樣進行呢？如圖3.2所示。在新世紀，知識和智能同樣需要，但長遠來說，智能更為重要，因為有了智能，就可進一步找尋知識、創造知識和應用知識，以應付不斷變動中的情境和挑戰。反過來說，知識會過時，知識在爆炸，無窮無盡地增加，可以教到的、學到的實在很有限。故此，削減課程的學科知識量30%－50%，但增加學生多元智能的培養活動至10%－30%，也應合理而且可以做到。

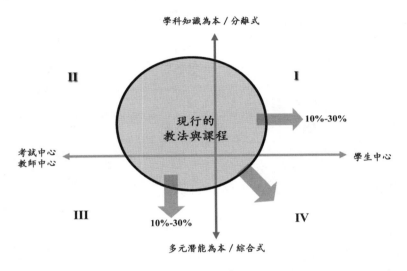

圖3.2 教學轉變

既然知識傳遞的重要性漸減，教師中心或考試中心的傳授做法就可以慢慢改變，在教學上逐步增加學生中心的含量，如圖3.2所示。若沒有學生本身的思考和探索，怎樣可以培養出學生的智能呢？雖然如此，也不需要翻天覆地大變。三至六年內，轉變10%－30%也可以，例如在教法和評估上，多用一點專題項目研習法（project learning）、解難學習法（problem-based learning）、小組研習法（group seminar）等，讓學生享受自我探究、開放學習、尋找知識及創作創業的樂趣，養成終身學習的精神和技巧。就我所知，有些香港學校已朝這方向大步邁進。

根據Weaver（1970）和Cheng（2002b）的研究，在教學過程中，教師扮

演的角色不同，學生所受的影響有異，因而表現的學習過程、角色及質素也有分別，有如一個連續譜，可由十分被動的記誦模仿，到活躍的自學或自我實現（self actualization），如表3.1及圖3.3所示。

表3.1 教師角色與學生表現：學習過程、角色及質素

教師角色	學習過程	學生角色	產生的學生質素
1. 聆聽者	學生自決	找尋者	自決
2. 伙伴	參與	伙伴	負責
3. 贊助者	製造	設計者— 創作者	創作性
4. 嚮導	探索，觀察	探索者	冒險精神
5. 提問者	實驗	找尋者	調查技巧
6. 導師	慎思	思想者	理解
7. 輔導者	表達感受	服務對象	頓悟
8. 造型者	條件化	對象	習慣
9. 講解者	資料傳送	記憶者	擁有資料
10.示範者	模仿	受訓者	技巧

註：修改自 Weaver（1970）和 Cheng（2002b）

師生角色有着一種生態的關係（ecological relationship）。若教師傾向使用直接灌輸的教學方式（如表3.1的角色8、9和10所示，或圖3.3連續譜的右邊），則學生角色在學習上傾向被動，獲得的質素則多為一些習慣、技巧及資訊。反之，若教師傾向採用較學生中心式教學法（如表3.1的角色1至6所示，或圖3.3連續譜的左邊），則學生會有較多機會自主自學，發展出自我承擔、創造力、冒險探索，以及高層次領悟的質素，這都是目前教育新範式所強調的，對學生未來至為重要。

我們都明白，教育目標及過程是複雜的，教師角色應動態多元，包涵表3.1

由1到10的角色，教育實踐的發揮可由全直接教學（total direct instruction）到全學生自決（total student self-determination）。重要的是，教育工作者常記在心中，什麼教育目標是我們應追求的。若為孩子的未來，在多元的教師角色實踐中，就應多些學生中心取向，運用連續譜的左邊。

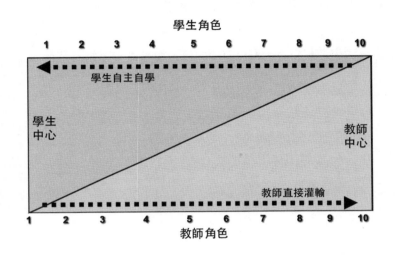

圖3.3 師生角色連續譜

　　從過往的研究及觀察，我有一個很強的信念：只要有空間，讓香港的老師們嘗試過教學法轉變的美妙效果，親身目睹學生的自我學習潛力發揮起來的喜悅，他們就會頭也不回，向前邁進。你訂下了10%－30%的轉變，他們會做了30%－50%，到時校長們將要忙於為他們調協，恐防師生過分疲累，不夠長久。

» 小結

　　在2002年教改初期，目睹香港教育界的忙亂、信心失落、士氣低落的境況，我不無憂慮。平心細看，香港教育的優勢，早足以讓所有香港人自豪。雖然香港教改已十多年，學校教師費盡不少心血，但看來能滿意教改成果的不

多，老問題例如考試主導、家長不滿、師生忙亂、壓力大等，還是一樣繁多。容我籲請各界熱心人士，將教改或未來發展的動力立足於香港教育的優勢，用全新的國際視野，看破「教改症候群」的紛亂，根據本港的實情，營造一個較祥和進步的環境，讓教育工作者安心努力工作，教好每天的課；讓學校再充滿歡笑、朝氣和夢想；讓學生享受不斷學習、健康成長的樂趣。

按：這章部分內容取材自鄭燕祥（2002b），加以更新、修訂及補充。

註釋

1 例子可參見第一章有關探索亞太區教改趨勢的活動。

2 有關分流分班、均質效能的詳細討論，請見第九章。教改將學生從五組別變成三組別，無形中將校內學生差異及教學難度在短時間內劇增。

3 例如，1996 年英國 BBC（'Panorama' programme）（3 June 1996）特別做了一個特輯節目，走訪台灣數學教學成功的辦法，引起公眾很大的回響。可參見 Reynolds（2010, Ch. 1）。

4 有些家長以各種方式過分催谷子女，不合情不合理，被稱為「怪獸家長」。

5 可參見 Plowden Report（1967）、Sewell & Shah（1968）及 Rumbold Report（1990）。

6 這將在第四章中詳述。

7 有關二十一世紀能力的討論，可參考 Noweski et al.（2012）、Salas-Pilco（2013）及 Kaufman（2013）。

8 例如，通識科、綜合人文學、綜合社會科學、綜合科學等。

教改圖像：樽頸現象

自1997年教育統籌委員會第七號報告及2000年教育改革藍圖的發表，香港社會要進行大規模的教育制度改革。[1] 從1997年回歸至2004年，教育經常性經費已增加了近40%，若包括非經常性經費，則增加了近60%。這可說是非常有誠意、有巨大投入的改革，也曾是一度廣泛寄以厚望的改革運動。

» 一、陷入困境

到2004年教改高峰推動期，家長及公眾對學校教育卻普遍失望和不滿，有能者盡快送子女出國；教師校長比以前更忙碌不堪，多感到極大壓力而無奈，不務「正業」，失去信心，單在那年的數個月內，已有三位教師跳樓身亡；[2] 教育官員及決策人士更加努力，推出各種補救性及問責性政策和措施，希望有所作為，解決不斷湧現的問題。加上自2003年起，財赤困擾，人口與教育規劃錯配，縮班封校，教師校長人人自危。當時看來，整個教育界陷入無奈的困境，教育生態環境漸趨惡劣。

為推行教改，教育界花了這麼多的資源和心血，為什麼卻像愈來愈走入困境，愈來愈辛苦和迷失方向？為什麼會這樣的呢？我們各在不同崗位努力，忙於應付自己日常工作和問題，看到的多是部分現象。但實在整個香港教改的「大圖像」（big picture）又是怎樣？什麼做成這樣的困境？教改不是應帶來更美好的教育前景嗎？

在2004年，我對這些問題做了一些整體分析，並在3月19日第一屆香港校長研討會教育政策論壇上發表，當時在學界引起很大共鳴，也帶來當局和公眾的回響（鄭燕祥，2004a）。教改推行十多年後，再回顧印證當時的觀察及評

論，更加體會到那次分析的可貴、切中核心問題所在。本章以當年的論文為基礎修訂而成，目的在將教改的大圖像再次呈現評析，有助今後教改的反思及檢討。

》 二、樽頸效應

根據我的研究及觀察，[3] 香港教改已形成了「樽頸現象」或「樽頸效應」（bottle neck effects）的大圖像，外加的任何教育的新措施，不論動機如何美好、支援培訓如何足夠，都容易充塞在「樽頸」，轉變為學校教師的新加負擔，或成為結構性「樽頸」的一部分，進一步阻塞學校教育的有效運作。由於教改效果不佳，人們又往往急於求成，於是愈改愈多，樽頸愈充塞（見圖4.1）。在大圖像中，與「樽頸效應」同時的，是引發了教改危機：愈改愈亂，愈失望；學校無寧日，教師苦不堪言。[4] 為什麼會這樣的呢？

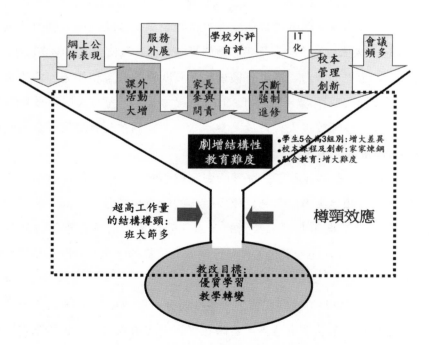

圖4.1 教改大圖像：樽頸效應

» 三、樽頸結構的形成

香港教改形成樽頸的結構性原因有兩類：一是原來的「超高工作量結構」，二是由眾多教改新猷帶來的「淤塞結構」，例如劇增的結構性教育難度、融合教育的實施、強迫性進修要求負擔等。

超高工作量的樽頸：教改以前，香港教師工作量已經超高，每週節數超多（近三十多節），是世界聞名的。加上每班學生人數眾多，香港教師的工作難度和數量可算十分沉重。一般來說，亞洲發展地區受制於有限資源，教師工作量都遠較歐美為多。雖然如此，根據吳國珍（北京師範大學）及過偉瑜（香港大學）的研究報告（吳、過，2003），香港教師比北京、上海及台北的上課工作量幾乎多出一半，而且需要多關注二至三成的學生，從而影響教學方式（如教師為中心、考試取向）及專業學習文化，更加被動。[5]

這也說明為何質素保證視學的報告，多年來都指出香港學校在教與學的表現，遠較在其他的範疇為差。這不是學校教師不知問題所在，如以學生為中心教法的好處、忽略學生個別差異的流弊，而是受着重重的結構性枷鎖局限，沒有空間時間去改變。換言之，原來的超高工作量的結構，不單不能配合教改的發展需要，反過來成為阻礙教學轉型的結構性樽頸。

教改初期雖曾強調「拆牆鬆綁」，還給教師學生空間，[6]但在實踐上，卻沒有真正改變這愈來愈嚴重的結構性樽頸，造成後來花費不少的教改新猷的淤塞和失效。

劇增的結構性難度：過往香港教師超高工作量，仍可勉強應付，實在依靠校內學生相對均質，使用較標準化的課程，傾向教師為中心的教法，較少費力處理個別差異。[7]但卻要應教改要求，中學生分組的組別由五變三，短時間內大量增加每間中學的校內學生差異，無論哪些學校的教學及管理的難度及成本都迅速劇增，衍生無數教學、輔導及校內錯配問題，大大加重教師負擔。後果是逐步將歷來公營學校的優勢平庸化、優質學生教育平庸化；組別較差的學校，也要擴闊戰線，承擔更大的個別差異教育工作，弱勢學生也得不到應有的幫助和教育。

從這點看來，組別五改三的教改急劇收緊原有的結構性樽頸，進一步惡化了教學環境，教師更疲於奔命，更難提高教育質素。香港學校系統的傳統優勢，正因校內差異劇增而逐步瓦解，更難於因材施教。

加上教改強調校本管理、校本課程、課程統整、校本創新等，都是需要教師放棄原來工作方法或方式，多方面都要重頭做起及發展，工作量及教育難度當然劇增，窮於應付。

融合教育增大困境：融合教育（inclusive education）的實施，有其「有教無類」的美好理想，我是贊同的。但在實踐上，這是增大校內差異及運營成本，需要有額外豐厚的資源支援配套，方可推行。[8] 非常可惜，現在香港學校多沒有這樣的條件，卻要在超高工作量大班教學的情況下大力實行，進一步分散教師的精力及時間，對特殊需要的學生及一般學生都難有好處（鄭燕祥，2013c）。[9] 若要進一步推行，應先要解決目前的結構性樽頸，並提供足夠支援；否則，這項好意的新猶會變成學校、教師及學生的負累。

進修變成強迫性負擔：教改涉及教育技術和專業文化的改變，進修培訓應無可避免。隨着大量的改革新猶的推行，有很多由上而下的進修要求，包括語文基準試、課程發展培訓、學位化要求、IT培訓、中層訓練、各種發展項目要求的培訓，加上不少新教師需要進修教育文憑。正面來說，專業進修是需要的，但問題是有沒有時間和空間進修，教師每天只有24小時而要面對不斷增長的教改要求，當這些要求和進修匯集起來，對教師個人及學校來說，都需要大量額外時間。受着原有的超高工作量的限制，不少校長教師已經反映：當面對已經繁重不堪的工作，進修已變成強迫性負擔，進一步分散教師專注教學的時間和精力，更難響應教改的號召，以照顧學生個別差異、進行細緻的培育工作。

背道而馳：總言之，沒有恰當的配套回應超高工作量的樽頸限制，教改新猶反過來與原來的教改精神「拆牆鬆綁」背道而馳，不斷增大結構性難度及複雜度，學校教師往往陷於困境無能無奈，難於專注在核心的教學工作，亦無暇照顧學生的德性成長及行為問題，近年不斷爆發出來的學生暴力欺凌事件，正好說明教師的困境。可以說，教改受制於目前的結構性樽頸，雖然滿懷善意，本身亦變成教育負累。這就是「樽頸效應」。

教育改革的問題是相當複雜的，要找出方案全面突破結構性樽頸危機，並不容易，需要大量研究工作。在2004年，我已初步由樽頸的「病徵」及特性，總結出一些針對教改大圖像的紓困策略，包括打破結構性樽頸、放寬縮班殺校政策、減輕結構性難度、重建教育專業形象和信心、擴大聯盟伙伴、重建知識領導力量，以及檢討現行各措施步伐及成效等。可惜的是，不見當局採納。

現在教改十多年後看來，「拆牆鬆綁」的問題依然沒有解決，[10] 換言之，這些策略及意見仍然有效，可作為教改檢討及反思的前路指引。茲以圖4.2顯示出來，並說明如下。

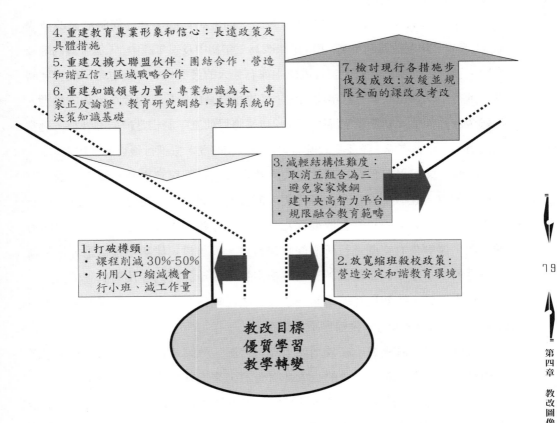

圖4.2 教改的反思和前路

» 四、打破結構性樽頸

課程削減30%－50%：如第三章所述，在2002年教改初期，我已提議在一段期間內，逐步削減課程30%－50%，無形中讓教師和學生的學教空間增加30%－50%。那麼他們便有較寬鬆的時間和空間，實踐優質的教育。教改追求應是課程、教學及學習的質素轉變，以培養出學生的二十一世紀高增值能力，而不應強調學科知識數量的多少，故此，目前繁重的課程內容和數量，應有大量削減的空間。這不是激進的新提議。我們在亞太區內的競爭對手日本和新加坡早已明白這個教改道理，將課程大量削減。

五年課程六年完成：在2004年教改全面推動期間，當局同時計劃改革學制：「大學三年制改為四年制」和「中學改為三年初中及三年高中」，與中國內地及國際主要地區的學制接軌，讓香港學生擁有較大的發展機會。這也是一個重要時機，進行中學課程改革。當年我知道，學界相當憂慮中學課程變革引起的動盪。為避免課程匆忙大變動產生混亂，我曾建議將目前五年制相當擠迫的課程，適當地調節為六年去完成，讓學生教師有更多空間和時間，去進行優質的學和教。

同時，又可以避免在目前教改的困難階段，在課程結構及本質上作翻天覆地的大變動，在教師及學生中產生更大的混亂，將樽頸危機惡化。經過一段時期後，我們才逐步將這課程改變深化和完善。這建議本質上也可紓緩中學的樽頸情況，讓師生有空間進行所需的教學轉變。很可惜，建議不被接納，後來當局進行的不單是學制年期改革，同時根本性地改革課程內容及考試評估方法，引起更大爭議。雖然現在新學制課改及考改已經落實運作，但弊病不少，不單學教未見「拆牆鬆綁」，目標也不見達到。[11]

利用人口縮減機會：在外地如上海、台灣、韓國及日本等，都是利用學齡人口減少的機會，將多出來的巨大教育資源，來提升和改善教育體系。同樣，自2000年起，香港學童人口逐步減少，也可算是香港在可見將來的一個最後黃金機會，將騰出來的資源，訂下具體而長遠的策略及配套，去逐步改變教育的樽頸結構，消除教育系統的危機，認真減輕教師的超高工作量，幫助他們有效進行教學改革，真正以學生為中心，推行小班教學，照顧個別差異和需要，

達成教改的目標。

　　經歷學界多年爭取，終於在2008年行政長官宣佈，從2009/2010學年起，在公營小學的小一開始，逐步實施小班教學。政策遲來，落後於教改推行差不多十年，未能配合。但總的來說，也是重要的開始，有利於改變現仍存在的樽頸結構。

» 五、放寬縮班殺校

　　如上述，學齡人口減少，一方面可以節省資源用作教改，另一方面也可以對收生不足的學校，實施縮班殺校政策，產生市場競爭的壓力，迫令學校掙扎求存，努力適應各項教改新猶，特別是加強問責方面。這兩方面何者對教改及長遠教育發展更加有利？如果我們相信教育是需要教師全心全意投入教學，那麼，教育當局就有責任放寬縮班殺校政策，以提供合理資源，營造安定和諧的教育環境，讓教師及學生安心無憂地教和學，把時間和精力用在有意義的教改或教學上，而非在市場推廣、爭取學生或取悅家長上。

　　專業判斷及法制性問責：教改重點之一，在加強監管問責，不惜公開表現報告，加強輿論壓力。例如當局曾全面在網上公開學校的視評報告，讓全港傳媒廣泛報道個別學校得失，認為不需要專業知識及專業判斷，人人可以此向學校問責，卻無視各種對學校形象的誤解和損害，使學校文化變得自衛性（self-defensive），不願公開檢討學校問題和困難。這種做法，無形中是以「人人審判」，代替專業判斷討論及法制性問責，有違教育及學校發展原則，亦無助專業成長。若要問責，為什麼不以此報告直接向辦學團體或學校管理委員會問責，要求改進交待，嚴重者甚至進行處分；若已經做了，為什麼還要公開鞭撻？

　　我們要好好愛惜學校和辦學團體的專業地位及尊嚴，並保護兒童受教育的心理環境。我建議重新檢討目前的學校問責制度及機制，應加強以專業知識為基礎（Professional Knowledge-based）及以辦學社團（或學校管理委員會）負責的問責制度，故此，應防止任何對學校產生「人人問責」、「公開鞭撻」的粗暴傷害，也避免使用「網上問責」的方法。若視學證實學校有不足地方，需要改

善，則當局應明確責成辦學社團，要在一定時間內改善，這才是真正的有法制有管理的問責，對教育發展才有好處。

市場競爭和教育泡沫：香港人及決策者一般迷信競爭及市場機制的力量，傾向假設香港學校缺乏競爭，沒有效能。故此，要進一步加強競爭／市場機制，如宣揚增值指標、倡辦直資學校、高調公佈學校視學報告等。但顯然這假設是不正確的，香港的學校歷來就是多元辦學，加上派位及升學的選擇制度，本來就充滿競爭，甚至涉及學校生死存亡，有時競爭過分的程度，已損害到教育的本質。

過去教改十多年，不少學校的寶貴精力和時間，就消耗在過度問責及競爭的過程中；表面功夫公關活動愈做愈多，宣傳橫額愈做愈大。教師假日週末落區擺宣傳攤檔、四處派街招，中學教師到小學、小學教師到幼稚園，各出奇招以廣招來。甚至不理會教學理念及效果如何，只求新鮮獨創可以標榜，而放在栽培學生成長的心血和時間就會愈來愈少。在目前的政策鼓動及縮班危機下，教師無法安心教學，卻催生了另類的「教育泡沫」現象，正損害我們的教育系統。更痛心的是，有些學校老實地專心做好教學工作，而少做推銷及市場推廣，卻要面臨收生困難而學校被封的危險。

我們應嚴肅正視惡性競爭及過度市場取向帶來的教育惡果，採取「宏觀調控」措施，減低市場競爭及縮班危機，控制教育泡沫，讓學校教師可以在一個較安定的環境，做好實實在在的教學工作。而我們的教育工作者也應警惕泡沫的禍害，做好自己的專業工作。

》 六、減輕結構性難度

我們要認真檢討及取消一些增加結構性難度的政策，因為這些政策已經危害到我們整個學校教育系統的優勢，使樽頸危機惡化，而教改的核心目標無法達到。

取消將學生五組別改為三組別：如前文所論，這政策將整個中學教育系統，劇烈地增加結構性難度，嚴重地破壞了香港傳統公營教育系統的優勢（見

第三章）。進一步而言，我們應停止一切增加學校教育難度的結構或新措施。相應地，我們應大力鼓勵及助長任何可以減輕學校教育及營運難度的做法、政策及措施。例如推行小學教師的教學專科化，減少備課上的多科分散。

放緩校本課程發展：課程發展及統整本身是專門的工作，有如高智力技術軟件開發工作，需要有大量時間、團隊合作及專家隊伍的支援，才能做出高質素、高水平的課程、教材及有關套件。教改重點，當局在小一至中三實施課程變革，要求每間學校老師放棄課本教學、各自設計並編製課程及教材。雖然已大量安排培訓教師，並增設課程統籌主任一職，顯然這是遠不足夠的。這種「家家煉鋼」的做法，大大虛耗教師的精力，而所做出來的課程水平和質素難以保障。最近已有不少教育工作者指出了其中的各種弊病，如「教師亂打天才波」，或「表面創新、實是泡沫」。在缺乏一個智力及科技密集的中央教育平台支援下，我們應盡量放緩校本課程發展的做法，只在有能力的學校作有限的嘗試，以避免惡化了目前的超高工作量的樽頸結構。

建立智力及科技密集的中央平台：如前所述，目前有不少校本創新和課程發展，但因缺乏外來有水平的支援，要花費大量寶貴精力。以香港作為一個國際城市，我們應有能力建立高水準的中央教育平台，[12] 目的是提供智力密集、教育科技密集、教育知識及資訊密集的巨大平台，支援所有教育工作者的教學工作和校本管理，讓他們所有的教育創新、提升及完善，都很容易得到最好的支援，大大減輕工作難度；老師及學生都可以在一個較高的智力水平和技術水平上工作和學習。讓每所學校做應該做的培育工作，不要再「家家煉鋼」，從頭自製課程或教材。

» 七、重建專業形象

香港教改的推行太過立足在負面上，忽略香港教育系統本身的優勢，又無視現存的結構特性和樽頸限制，往往簡單地套用外國的一些做法（例如問責的運作），未能配合香港本地學校和老師的實情（例如多元辦學）；在理念上，又缺乏全面而有深度的理解（例如校本的意義不是「家家煉鋼」），故此，在政策

制定和實行策略上，對學校及教師易使用錯誤的假設，雖有善意，也產生極大的惡劣效果。

如第三章所述，香港有非常優秀的教師隊伍，使香港教育系統成為世界上最傑出的系統之一。但可惜的是，香港教師的專業形象及地位卻往往未受應有尊重和保護。教改初期，大事宣揚香港語文教師未符合語文基準，要求他們重新考試達到基準，卻因此重創教師的自尊心，損害他們在學生及社會人士心中的形象，並引起家長恐慌，甚至發展到家長和教師對抗。這樣對目前的學生教育有什麼好處呢？這項新的基準要求，本身就是以前政策遺留下來的歷史問題，教師學校可以即時做到的東西，實在非常有限。只要語文基準的確與教學效能有關，應給他們多一點鼓勵、支援及時間去驗證水平。後來的事實證明，他們可以逐步做到。

同樣，缺乏充分專業理解和全面資料分析，人人可以片面印象或資訊，在傳媒上對教師、學校、辦學團體，甚至師訓機構，進行所謂「問責」性的鞭撻。這種泛濫性「公審」，除打擊專業尊嚴外，並損害學生的教育及學校的發展、整個教育系統的認受性和信譽，讓人失去信心。

過去多年，英國政府對學校及教師採取了一系列強硬管理措施，公開指責及鞭撻各種不是，令到整個教師行業士氣、形象及地位非常低落，打擊學校教育極大，年輕人多不願意投身這行業，形成教師短缺及斷層，政府要大力向海外如印度、南非等發展地區招募。近年他們開始知道問題的嚴重性，逐步改變這種做法。英國社會為此付出非常沉重的代價，這對香港也是重要的教訓。

香港政府在過去三十年，採取了一系列政策、措施和資源去提升警隊的質素和聲譽，在公眾媒體尤其電視上，長期有不同形式的節目（例如警訊）、故事甚至電影，去宣揚警隊的專業形象和英雄故事，大大鼓舞了警隊的士氣，並確立了社區對警隊的信心。相比來說，當局對教師這方面工作遠遠不夠。目前辦一天教師日或一些優秀教師選舉的零碎做法，並不足夠。我希望，當局同樣有一系列政策和長期措施，香港教育大學可擔當專業領導角色，及其他有心的相關界別，在社區中實在地為教師、為教育，重建專業形象和信心。

» 八、擴大聯盟伙伴

香港教育有非常成功的多元化社團辦學和歷史悠久的社區參與。[13] 我相信，香港在面對經濟轉型及內外環境劇變帶來嚴峻的挑戰，教育發展和改革的主要力量仍是依靠政府、辦學團體、教師隊伍，以及其他社會持份者組成強大的聯盟伙伴，為教育創新、推展及提升而努力。沒有這個聯盟，我們的教改就會沒有前途，也走不出困境。

我深知道，要成功推行校本管理，家長、教師及校友參與學校管理及發展非常重要，也是必需的。同時，我們也知道參與是有不同層次（由運作參與到擁有管治），而辦學團體背景、大小及歷史也極有差異，故此對參與的需求及方式會有差距，實不足為奇（鄭、譚、張，1996a, b）。

不幸的是，過往十多年間，政府與辦學團體為家長、教師及校友的參與進行立法的問題，耗費不少精力和時間爭論，政治角力愈來愈大，各方領袖要公開論戰。雖然在漫長的法律訴訟過程中，政府最終獲得勝訴，卻在百年的合作關係上留下深刻的疤痕。

從我的觀點看來，在當前教育發展及改革充滿挑戰的情況下，不需強求全面改變學校管治的政治生態，這只會凸顯政治訴求多於專業判斷；要避免在校內外引發起不斷的政治爭端，增加學校管治及教改的難度。從上面的教育大圖像分析來看，這些爭論本來就不應是教改或校本管理的核心問題，不需急着解決。目前最重要的是同心協力，集中資源和精力突破樽頸，在學校創造一個最有利於教和學的環境，面向新時代，其他的變革應放在較次要位置，可慢慢商議。

教育聯盟的裂痕，會影響香港教育的未來。在教改過程中，我們的盟友，政府、辦學團體、家長及教師隊伍，曾經不斷角力，甚至公開呈視紛爭。若細心回顧香港過去合力辦學的優良傳統，我們實在找不到任何理由，要在教改中將盟友變為對手。

面對香港的困境及教改的各種挑戰，我們的教育工作者、家長、辦學者及教育官員在教育系統中，有不同位置和角色，實在應好好團結起來，動員所有

力量，克服危機和挑戰，把教育辦得更好。此外，我們應要擴大合作的伙伴，有系統地進一步與不同界別（例如工商界）及社會人士建立聯盟或伙伴關係，為教育的創展，帶來更大更新的動力。

由於世界各國也有類似的教育改革，相信我們可以在不同教改領域，與他們發展戰略合作關係，分享經驗，開展教學新技術和教育資源庫（Cheng, 2007）。例如，我們應該與中國大陸和台灣建立聯盟，開發以中文為主的智力密集的中央教育平台，以促進及協助各種形式的校本教學和創新，這對香港及全球華人社會的教育事業發展，都有深遠影響和意義。

» 九、重建知識領導力量

教改涉及教育生態的改變，非常複雜，需要整全系統性的教育知識及專業領導，避免顧此失彼、互相干擾、得不償失、禍及未來。從上面所論及的大圖像、結構樽頸的形成以及教改出現的種種困難，都反映出香港的領導層缺乏系統性的教育智能和知識，這是有結構性及歷史性的原因。

長久以來，香港沒有嚴謹的政策研究傳統，教育決策及討論多欠缺一個長期、全面及有系統的知識基礎，以支援各層次的教育改革及有關政策的制定及推行。往往因時間急切需要，決策過程多為枱面討論（table talk），難於深入實證研究。一些重要的決策過程，未能充分動員本地有關的專家及教育學者，深入評審有關草案的知識基礎，從正反及多角度論證議案的得失，讓公眾及決策者有全面的科學數據、完整的學理基礎作討論及選擇（Cheng & Cheung, 1995; Cheng, Mok & Tsui, 2002）。

兼職／外行智能：如第二章所述，一直以來，教育政策的諮詢或決策組織的領導者，多為行外人士或是非常忙碌的社會領導，委員又多是身兼多職的忙人，而負責的高級官員，又多為政務官而非行內人士，往往在短期調任，單是九十年代直至二千年代教育署被合併之前，多任教育署長的任期一般非常短，由數月到二年多不等。

決策領導層主要以兼職或短期智能、外行智能或行政智能運作，好處是帶

入多元經驗及利益中立，但短處是外行領導內行、缺乏長期穩定的專業領導，難於累積全面而有系統的教育專業知識和智能，以帶領教改決策及實踐。

專業智能：在七八十年代，教育政策的核心是學校教育制度及數量的擴展，所關注的問題較為簡單，所需有關的專業知識不用那麼精密而全面，相信兼職智能或行政智能已經可行。但是到了九十年代後，政策的核心是教育制度的改革、教育質素及效能的追求、教育範式的轉變，以邁向新世代的知識型社會。由於涉及整體改革及範式轉變，這是質的、生態的、文化的轉變，所需的教育知識及專業，自然專業化及精緻化得多，不是外行智能、兼職智能或行政智能可應付得來。

缺乏長遠的系統性專業智能和知識，就會只見樹木不見森林，雖滿懷好意，教育規劃難免失誤，無視結構樽頸的形成，讓眾多的新措施不分優先次序、互相干擾地淤塞在樽頸，變成學校及教師的重擔，而教育系統則陷入困局。

在過去的教育決策和推行時，實在使用了多少專業智能來支持？香港政府曾對教育決策的諮詢組織作過精簡及重整。但由上述的分析來看，這是不足夠的。香港邁向知識型社會，決策應以研究和專業知識為基礎，故此，應重新檢討整個決策層和領導層在教育系統的專業知識的含量和使用量，逐步改變以兼職智能或行政智能為主導的結構和運作；為教育的改革、發展、創新和推行，重新建立起以「專業知識為本」的決策及領導力量。

智能網絡：在決策過程中，應充分動員本地甚至海外有關的專家學者，從正反及多角度深入評審有關草案，論證議案的得失。長遠來說，當局應與本地專上研究機構合力建立起一個較廣泛的教育研究網絡（research network），這也是一個智能網絡（intelligence network），並可在個別範疇與海外合作，為香港教育決策及公眾討論提供一個長期、全面及有系統的知識基礎，以支援教改政策的制定及推行。

我們不應因缺乏專業知識和智能，而讓滿懷美好意願的教改藍圖失敗，浪費大量金錢，還將整個教育系統陷入困境。

» 十、檢討教改

香港教改推行多項各有善意和理念的教改新猷，數年內已出現互相干擾或樽頸淤塞的困境，理應要認真檢討整體教改步伐及策略。在2004年，我已建議當局或教統會應盡速成立一個「教改檢討委員會」，開展以下的工作（鄭燕祥，2004a）：

(1) 對當前教改的發展，作全面而深入的審視及檢討；

(2) 重新評估及反思當前香港教育的形勢，對已出現的結構樽頸及困境，特別是對整個教師隊伍影響的教育生態，作更深入的分析；對存在的或將出現的危機，作出有效的評估及應對的策略；

(3) 基於（1）和（2）的檢討，對現行的或將行的教改新措施或政策，作一個全面的盤點，整體地重新評估其迫切性、優先次序、規模及成本效益；

(4) 若有利消減樽頸效應及減低教育難度的措施，應優先盡快實行；若會惡化樽頸效應及劇烈增加教育難度的措施，特別是大規模的系統性變革，應盡快停止、放緩實行或重新調整。例如，高中學制改革，涉及全面的課改及考改，應非常小心，研究其改革成功所需的條件，考慮放緩步伐或規範其規模和幅度。[14]

香港課程變革，無論廣度、深度和難度都有結構性的極大改變，影響深遠。近二十年來，我一直在香港及不少國家或地區鼓吹教育改革及教學範式轉移，我深知課程變革和教學轉變的重要性。但是，根據我的觀察，這項非常關鍵性的課程變革，卻在各方面未有足夠準備條件成功開展，就算高中課改及考改現已全面推行，也不代表成功達成教改的核心目標，請看第五及第六章的分析。台灣過去二十年的教育改革經驗，尤其是「九年一貫課程改革」，與香港的有頗大相似的地方，他們付出的沉重代價，正好給我們上非常珍貴的一課。

雖然香港教改至今已超過十六年多，卻一直沒有全面檢討，更加沒有什麼

檢討委員會出現，但我仍希望，我們有機會好好地檢討、反思過去的經驗，然後整裝再昂然上路。

按：本章部分內容取材、更新及修改自鄭燕祥（2004a）及Cheng（2009）。

註釋

1　見第二章及第三章所述。
2　當時已有不同團體和中心的調查研究報告均指出：面對教改，學校教師普遍工作壓力過大，疲憊耗竭，有情緒精神病。例如，香港中文大學香港健康情緒中心（2004）、香港環宇物理治療中心（2004）、教聯（2004）及教協（2003）等。在第五章有詳細分析。
3　自教改開始，我作為教育行政學者，一直緊密觀察它的發展，特別在2001至2007年期間，乘着培訓行政人員資深教師、籌辦校長研討會、探訪學校之機會，深入和很多校長及教師談論及了解教改在學校的實際情況。幾乎每天早上，我首要工作是將香港有關教改、學校的消息及新聞看一遍，盡量掌握最新教改前線發生的各種問題和進展，並關注學校、當局、學者及其他持份者的反應和論點，不時直接找前線工作者了解問題所在。這些前線觀察和討論，成為這一章剖析教改大圖像的根據。
4　見註2。
5　可以理解，班大人多，每節時間不多，互動地方少，教師往往用直接教學法（direct teaching），易流於教師中心取向。
6　有關教改十六年後，是否做到拆牆鬆綁，可參考有線寬頻（2016a），〈教改拆牆鬆綁後考試壓力有增無減〉，2016/03/28 06:44（http://cablenews.i-cable.com/ci/videopage/program/12238595/新聞刺針/教改拆牆鬆綁後考試壓力有增無減/），有線寬頻（2016b），〈教改為學生「拆牆鬆綁」？（一）至（六）〉，2016/04/05 17:51（http://cablenews.i-cable.com/ci/videopage/program/12239177/Sunday有理講/教改為學生「拆牆鬆綁」？）。
7　有關班內校內學生差異與教學工作難易的討論，可參考第九章。
8　可參考：譚、梁（2008），陸、鄭（2009）及European Agency for Special Needs and Inclusive Education (n.a.), Organisation of Provision to Support Inclusive Education Project － Increasing inclusive capability.（https://www.european-agency.org/agency-projects/increasing-inclusive-capability）(cited at 2 August 2016)。
9　也可詳見第九章的討論。至於教改十多年後，香港教師在施行融合教育時，仍然面對的困難情況，可參考教聯（2016）的《「教師對融合教育的意見」問卷調查結果》報告。
10 見註6。
11 可見第五章、第六章的詳細分析及註6。
12 詳見第三章。
13 參見第三章或鄭燕祥（2002b）。
14 在第五章中將詳細分析新高中學制改革的條件。

第五章
學制改革：離地革命

在2004年，當局提出高中及高等教育學制改革（Education & Manpower Bureau, 2004），包括3＋3＋4的制改及全面的高中課改和考改，範圍廣泛複雜，可說是重大的歷史性教育結構改變，影響非常深遠，需要廣泛公開的理性討論、小心客觀的研究論證。當時雖已有大量正反意見湧現，但可惜較缺少全面分析這次學制改革可能成敗的條件及可選擇的推行方案。

沒有這些分析，就不容易明白後來新學制落實後的成效及目前面對的困境和問題從何而來。故此，這一章旨為目前新學制的檢討、回顧及展望，提供一個較全面的分析基礎，有助公眾及學界理解及反思這龐大的改革。

» 一、兩種改革途徑

學制改革有兩種主要途徑：一是根本性改革（fundamental reform），不單將目前學制的外在結構由3＋2＋2＋3制改變為3＋3＋4制，同時，將課程及考試的結構、內容及性質作全面根本性改革，並將大量教師的專業基點移走或轉變。這次教統局提出的就是根本性改革，也可說是革命性的變革。

二是調適性改革（adaptive reform），制改可以是較簡單的學制的結構改變，然後在課程及考試方面，作相應數量上或技術上的調適配合，如果有需要，才用漸變式或演變式，以較長的時間改變課程及考試的內容及機制。以前六十年代的中學學制由3＋3制合併為5＋2制，以及後來香港中文大學由四年制改為三年制，都可說是調適性改革。

當時當局提出，要在2008年（後延至2009年）開始作根本性改革，而非調適性改革，就要非常小心。因為改革範圍廣泛而內容複雜，不單是表面結構

或技術的改變，也涉及整個教育專業系統及學校生態的改變、文化的改變。故此，改革之成敗，不單涉及本身目標意願的好壞，也決定於整個中學系統的實際條件和客觀形勢的順逆，不可妄顧而陷入系統性困境。

雖然教改的目標往往是美好的，但是歐美以至亞太地區有不少滿懷理想的教改，最終失敗。九十年代香港目標為本課程（TOC）改革有類似的痛苦經驗，對當局這次學制改革，都是深刻而寶貴的教訓。所以，我們除關心這次制改、課改及考改的美好目標外，更必須全面分析所處的現況及其成敗的條件。[1]

» 二、天時地利人和

這次根本性改革是否具備天時、地利、人和[2] 的條件呢？

「天時」，可以理解為這次教改的**認受性**（legitimacy）及**急切性**（urgency），若教改能建立於廣泛而深刻的研究基礎上，有充分科學論證，說明其建議是能呼應時代需要、國際潮流或大勢所趨，又是香港整體發展、實際營運或關鍵性階段的非常急切需要，不可缺少，否則會陷入重大危機。那麼這教改就變得有深遠意義、具認受性及急切性。現在所提的教改是否全部都有了這些條件呢？

「地利」，指這次教改在目前環境和條件下推行的**合適性**（appropriateness）。若所提的教改有充足的資源支援，所作的各種安排或措施能適合現有的香港客觀條件，不會互相干擾引發學校混亂，又能建基於現有學校系統及教師隊伍的優勢，形成有利的協同效應（synergy effect）、槓桿效應（leverage effect）或經濟規模（economy scale），那麼教改的推行就有地利——合適性。當時所提的教改，是否有地利條件呢？

「人和」，指推行這次教改的主力人員（包括校長、教師及其他支援的教育專家），對教改的**接受性**（acceptability）及**可行性**（feasibility）。若他們現在身心狀態良好，充分認識教改的目標及內容，有足夠時間和精力作好專業能力準備，在精神及態度上認同及支持所提出的實行建議，並有信心推行，那麼這教改就有人和及可行性。這次課改和考改，將要徹底改變我們教師的教學專業

基礎和整個社會及家長們對教育機制和成果的基本看法。教師們作為最主要的執行者及家長學生作為教育服務接受者，對這根本性改革認同及接受得來嗎？可實行嗎？

根本性改革和調適性改革所需要的條件和水平是完全不同的。若是要短時間內連根拔起，全面「革命式」改革，那麼教改的成功，就極需要天時地利人和的高度配合，絕對不易。這不是靠任何權威人士的號令或長官的個人意志可以代替；若只是以學制年期結構改革為主，課改及考改只作調適性改變以配合，所需要的天時地利人和條件，就相應較低，而成功機會就大一點。

換言之，我們的學校和教師所處的形勢是怎樣？是十分有利全面躍進、實施根本性改革？還是形勢不利，只宜量力而為，作調適性或選擇性變革，避免產生教育後患？

» 三、教師陷入危機

教育是人的事業，是以生命影響生命。教師至為重要。這次教改有制改、課改及考改三部分。課改和考改的成功推行，完全要依靠教師的擁護和努力，而不是決策者、學者、官員或是其他持份者的美意或意志。但是當時香港教師的整體狀態又是怎樣呢？是否有足夠時間和空間作好專業準備，以迎接這次教改的重大挑戰呢？答案是非常沉重的否定。

五項調查報告：自1997年教統會第七號報告及2000年教育改革藍圖發表以來，香港已有不少改革新措施。但到了2004年，家長及社會人士對學校教育卻仍普遍不滿和失望，教師校長比以前更忙碌不堪，多感到極大壓力而無奈，不務「正業」，失去信心。由這些「倒瀉籮蟹」[3] 教改而來的重擔和壓力，已正危害了整個教師隊伍。

在2004年3月時，我已經知道問題的嚴重性，曾公開指出問題所在。[4] 到同年11月，當我全面分析五項不同來源的教師調查研究報告時，我感到非常震驚和傷痛。太嚴重了！遠超出我的估計！

這都是當時最新的報告，包括醫療的身體及精神狀態報告、工作壓力報

告，以及教學狀態報告，由完全不同的專業機構和組織分別做的。作為研究學者，我會非常小心每個報告的可信性。當這些報告能從不同角度或不同時段，都得出非常相近的結果，我們就不得不相信所面對的事實。所有的調查結果都一致地顯示出一幅沉重大圖像，我們教師隊伍的身心及工作狀態，全面陷入教改所致的危機，正在崩潰，我們的學校教育已到了危險邊緣，質素和內涵正受到無形損害。

這五項教師調查研究報告（內容摘要見表 5.1）是：

1. 香港中文大學香港健康情緒中心教師情緒報告（2004年6月30日）（中大，2004）；

2. 香港環宇物理治療中心及澳門環宇康怡醫療復康中心的小學教師健康調查報告（2004年5月7日）（港澳，2004）；

3. 教聯教師壓力與工作量調查報告（2004年6月9日）（教聯，2004）；

4. 教協教師工作壓力調查報告（2003年11月3日）（教協，2003）；及

5. 吳國珍（北京師範大學）及過偉瑜（香港大學）的五地教師研究報告（五地）（吳、過，2003）。

普遍情緒病和自殺傾向：中大的報告指出，香港中小學教師有25.2%患上情緒病，其中19.7%患上抑鬱症，13.8%患上經常焦慮症，8.3%同時患上這兩種病症，而基準是香港一般市民只有4.1%經常焦慮症。報告估計全港5萬多教師中，約有1.2萬患上這類情緒病。這報告和教聯報告都用不同方法找到，有約2,000－2,500名教師（4%－5.2%）有自殺傾向。學校教育情況非常嚴峻。

當大量教師精神狀態已受到影響，卻要每天在教導大量學生，情況實在令人十分憂心。

過大精神壓力和離職：為什麼教師們會這樣廣泛地有情緒病呢？這和不斷增加的工作壓力息息相關。港澳治療中心、教協和教聯都有非常一致的報告，約50%－52%中小學教師感到工作不受控及精神受到過大的壓力，普遍有失眠（50.9%）、易發脾氣（48.6%）及渾身痠痛（46.6%）的特徵（教聯報告）。

表5.1 五項調查研究報告：教師陷入危機

	中大香港健康情緒中心教師情緒報告	港澳治療中心的健康調查報告	教聯教師壓力與工作量調查報告	教協教師工作壓力調查報告	五地教師研究報告（吳、過，2003）
教師樣本	中小教師2,004人	港澳小學教師143人	中小教師校長603人	中小教師1,318人	港澳京滬台五地幼小中教師1,602人
教師的身心狀態教學狀態	25.2%患上情緒病：其中 19.7%患上抑鬱症 13.8%患上經常焦慮症 8.3%同時患上兩種病症 25−27%患者曾在過去6個月求專業援助（即70%多沒有受治療） （一般市民4.1%患經常焦慮症） 自殺傾向： 20%抑鬱症患者有自殺傾向（即約4%教師） 想辭職：56.5%	身體狀態 逾80%患有頸部及肩膊不適 約60%眼部、頸部、肩膀及背部患上中度或嚴重不適 身體平均不適度比澳門的高出42.64%，並已超出可接受水平 工作壓力 逾50%表示感到工作不受控制及精神受到壓力	工作壓力 94.2%感受略大壓力 52.9%感受極大或過大壓力 只有18.8%感受極大或過大壓力的教師曾接受心理治療 特徵 失眠（50.9%） 易發脾氣（48.6%） 渾身痠痛（46.6%） 自殺傾向：5.2% 想辭職：36.9%	工作壓力 51.9%感受很大壓力，要宣洩 6.6%感受很大壓力，難以承受 想辭職：41%	過高上課量和工作量： 香港和澳門的教師比北京、上海、台北教師的上課量約多100%，並且需要多關注20%−30%的學生 過重的工作量及上課時數已拘限了香港教師的教學方式和成效，沒有空間和時間去備課、專業發展及了解學生 教學方式相對被動（京滬台較主動）
平均過高工作量	每天11.8小時（40%行政／與教學無關工作）	香港每天12−14小時 澳門每天6−12小時	（不見列出有關資料）	33.9%每天逾12小時 34.1%每天11−12小時 27.2%每天9−10小時	每週： 香港67小時 澳門、北京63小時 上海55小時 台北50小時
教師面對的壓力來源	教育改革（7.84） 教統局對學校的評估（7.64） 行政工作（6.81） 學生的情緒行為問題（6.76） 教師在職進修，或者語文基準試達標（6.68） （10分滿分）	（沒有探討，但指出工作不受控制，工作時間過長及工作過量）	教改（88.4%） 學校行政工作（64.7%） 額外進修要求（62.4%） 專業前景（56.6%） 教學壓力（49.2%）	朝令夕改的教育政策（97.6%） 繁重的非教學工作（95.8%） 排山倒海的教學任務（92.6%） 不斷增加的社會期望（92.5%） 各種進修要求，包括基準試達標（90.5%）	（沒有探討，但指出工作負荷過重）

約60%小學教師眼部、頸部、肩膀及背部患上中度或嚴重不適，身體平均不適度比澳門教師高出42.64%，並已超出可接受水平（治療中心報告），相信中學教師也有類似情況。

教師士氣顯得非常低落。中大、教聯及教協的報告都指出，約有37%到56%中小學教師考慮辭職。這些非常高的壓力和離職數字，都說明整個教師隊伍精神狀態正在崩潰。為什麼會這樣呢？

超高的工作量：超高的工作量和教改壓力是整體教師陷入危機的基本原因。中大、治療中心、教協及五地的報告都相當一致地指出，香港教師的工作量實在超高，每天約11－14小時，每週共約67小時，遠比起台北（50）、上海（55）、北京（63）及澳門（63）為多。以英國經驗為基準（Crace, 2002），每週高達54小時的工作量，已是教師大量離職的主要原因（五地報告）。實在，我當時也知道不少優秀校長和教師正離開他們的工作。

在上課量方面，香港和澳門的教師比北京、上海、台北約多100%，並且需要多關注20%－30%的學生。過重的工作量及上課時數已拘限了香港教師的教學方式和成效，沒有空間和時間去備課、發展專業才能及了解學生，教學方式相對地流於被動，遠不及北京、上海、台北的教師來得主動而有成效（五地報告）。

》 四、舊教改成為阻力

更悲哀的是，香港教師的超高工作量有40%是要應付學校行政工作及其他教改新措施，而非教學性工作（中大報告）。為什麼會這樣呢？主要是近年各種教改新措施沒有協調，沒有配套，全面推到每間學校和每位教師身上來，危害教師隊伍的身心及生態。

中大、教聯及教協的報告都非常一致地發現，教育改革（88%－97%）、學校行政工作（65%－96%）及額外進修要求（62%－90%）都成為目前教師最大的精神壓力及工作壓力來源。可見過去數年的教改，並沒有為教師「拆牆鬆綁」，卻成為整體教師陷入危機而逐漸崩潰的主因。

我們的教師隊伍在這樣身心崩潰狀態下，又受着超高工作量的枷鎖，卻要受命承擔今次根本性課改和考改的重擔。可以嗎？過去的教改（1997－2004年），已成為今次新學制改革的最大阻力和負累。新教改與舊教改兩者有什麼關係呢？

» 五、證實的樽頸危機

如第四章所分析，過去在1997－2004年的教改，形成了「樽頸現象」，外加的任何教育的新措施，不論動機如何美好、支援培訓如何足夠，都容易充塞在「樽頸」，轉變為學校教師的新加負擔，使教師所受的壓力愈大，苦不堪言。五項調查報告所指出的現象，證實了我所說的樽頸危機。

那麼，這次包含制改、課改及考改的新教改，最需要教師推動的，會否同樣受到樽頸效應影響，只會變成教師的沉重負擔，而無法成功呢？

從以上的分析來看，新學制改革是新一輪教改，也一樣可以產生樽頸效應（見圖5.1）。全面的課改和考改，包括廣泛的課程整合、大量開辦通識教育、增辦職業導向課程、科科校本評核、科科水平評核、校本課程變革管理，以及教學隊伍重整重組等等，所有這些變動，都需要大量教師作全面的準備，放棄原來的專業基礎（例如地理、歷史、生物等）、放棄長期累積得來的教學經驗、知識和方法，多方面都要重頭做起及發展，還要接受大量培訓。

這次所提的根本性教改計劃，卻對教師的高工作量結構及舊教改所帶來的高難度結構，一點也沒有提及有怎樣的配套克服，以幫助新教改的順利進行。顯而易見，最後所有這些制改課改考改的新措施，都會經過樽頸效應，連同舊教改所致的，成為更巨大的壓力，進一步壓迫在教師們身上（見圖5.1）。所以，當年校長及教師們對這次課改和考改有巨大反響，因為教改的苦果，巨大的時間成本及實踐成本，最後是由他們承擔，而不是其他持份者。自新學制實行以來，已有不少教育團體[5]多次發表調查研究報告，訴說學校、教師及學生在課改及考改實踐上，面對的巨大工作壓力、困難，要求當局放緩改革步伐、縮小科目及評估範圍、增加人手，以求改善或解決。[6]

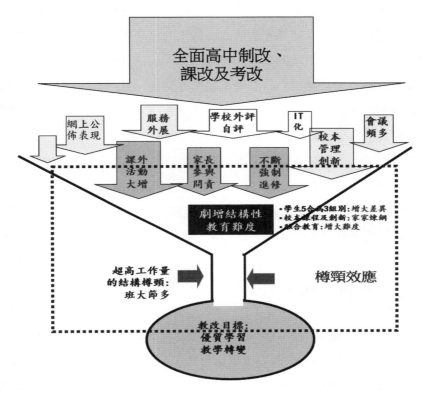

圖5.1 學制改革的樽頸結構

» 六、補救措施

說政府不知道教改對教師造成太大壓力，是不公平的。自從2004年3月第一屆香港校長研討會對過去數年教改發出巨大不滿聲音後，教統局頻頻安撫校長及教師，表明有些教改可以放慢做，並提出在9月新學年開始，分五年撥款5.5億元，成立專業支援隊伍到學校提供指導。

據《明報》載（2004年6月17日），其中包括：（1）全職或兼職借調富經驗的校長及教師三年，到他校指導；（2）會成立學校支援網絡，增加學校間的交流；及（3）教統局亦會請大學專家到學校提供指導。可以說，意願十分良好，應有加強經驗交流的作用，對改善學校工作方法有些幫助。

但平心來說，這些專家指導的安排和支援，完全沒有觸及樽頸現象的核心問題：教師的超高工作量結構及舊教改所帶來的超高難度結構。顯而易見，這些經驗支援或指導，並不能減少教師實際的每天或每週的超高工作量，也沒有解決到學生組別五變三和融合教育帶來超難度結構，更不能解決強迫性進修、校本管理及發展，以及市場競爭推廣的各種非教學性重擔。不解決這些問題，那麼對減輕目前教師整體的壓力及危機，實在從何談起。

更不幸的，不少學校或教師已擔心這些教統局安排的專家及富經驗的校長及教師，會變成「錦衣衛」，來校指三道四，監察學校推行教改，徒增教師工作壓力。在2004年6月當局說，有些教改措施可以放慢做，但在10月卻正式公佈要準備推行範圍廣泛而複雜的學制改革，以及全面的高中課改和考改。

» 七、學制年期改革

學制年期改革與根本性的課改考改，成敗所需的條件是不同的，應該分開來分析和討論。這裏我集中討論學制改革是否具備天時、地利、人和的成功條件。

天時：制改的認受性：當年希望「334」新學制盡早實行，是香港整體發展的共同急切需要。香港以前跟隨英式的「3223」學制，不能與中國大陸、日本、台灣、韓國、美國及亞太不少地區的教育接軌，形成「結構性自我孤立」，難於交流交換，不單對本地學生的發展或深造不利，更難吸收外來學生（中國可以是龐大的生源）以開展教育市場，賺取經費或推行教育國際化，當然也談不上發展為「亞太教育樞紐」或世界級大學群，讓教育成為香港經濟產業。

若不解決這種結構性孤立，過往十多年香港人在高教的巨大投資和建樹會漸漸消失。這與目前世界各地及香港教改所強調的知識型經濟（knowledge economy）及人才發展背道而馳。近年中國及其他強勁的競爭對手的大學卻穩步上升，加上他們四年的大學教育理應較香港三年制來得優勝。從這點看，大學三改四是有急切性的戰略需要，涉及香港發展利益。在激烈的國際競爭中，在2008年或2009年推行已有些遲了。

香港人重視子女教育，多以入大學為目的。故此大學入學試往往成為學校

教育的指揮棒。雖然教改強調「拆牆鬆綁」，中學師生仍深受二次相近而高風險的公開考試（即中學會考及預科文憑試）和繁重課程的壓迫，缺乏空間去轉變教與學的方式，以實踐優質教育。家長大眾對當時香港教育漸失去信心。不少精英學校的學生，在中六已流走外國。香港每年亦以億元計的龐大教育資金流走外地，可說是教育內部出血的現象。如何讓大量優秀學生安心在港升學，盡早接受優秀的大學教育是急需要解決的人才培養問題。

在2003至2006年期間，香港經濟環境惡劣，每年有嚴重的中五畢業生「雙失」（失學失業）情況，大量年輕人的失落對社會構成長遠隱憂。擴展二年高中為三年，可有系統地減低這種惡劣情況，也讓年輕人在知識型社會的年代，受多一些有意義的教育。他們高中三年畢業後，就算未能進入本地大學，又無經濟能力出國，也可較易進入數量眾多而遠為便宜的內地或台灣大專就讀，沒有年期銜接問題，有利紓緩大專教育需求，無形中有助提升香港年輕人口的教育水平，邁向大專化。

重要的是，讓廣大年輕人在3＋3學制下，減少了一次公開考試的壓力，有更多時間和空間接受完整的教育，並因有更多升學機會，而常抱有求學奮鬥的希望，成為社會的上進力量。故此，制改本身雖然是年期數量的變化，但因能打破結構性自我孤立，廣泛與中國大陸及其他亞太區國家接軌，成為高等教育和高中教育發展的轉捩點，影響香港未來發展極大，具有很大的認受性及急切性。所以，在學制改革討論中，制改的長短未見有很大的爭論。

地利：制改的資源：反而，人們多關注因學制年期變動而需要額外資源的問題，在目前經濟情況下，可否承擔？誰人承擔？如何承擔？這就是制改的合適性問題。早年談大學三改四，人們有保留，資源是重要問題。但教統局重新估計，由於適齡學生人口下降，加上有不少空置校舍，不需要增建34所中學那麼多，大幅減少因改制而需要龐大非經常性開支，只需要60多億元。在轉制一年只涉及額外約20億元開支。故此，改制因涉及的額外開支有限而變得可行。

初步看來，在經常費用方面，教統局提出的「三方共同承擔」方案也是可討論，找出大家可接受的平衡點，即大學要透過開源節流減低多辦一年的成本，家長要負擔部分成本，而政府會為有困難的學生提供學費資助。重要的是注意

協助弱勢社群，免於不利。況且，有人已提出，當時討論十年後政府的財政狀況，把學制與加學費一起討論，為時過早及不智。總的看來，資源方面已有一定合適的基礎，讓學制年期改革開始。

人和：制改不擾民：如前所論，若不是根本性的課改和考改，在學制年期改革時，課程和考試只是相應適當地作技術性調節，就不需要翻天覆地改變教師的專業基礎，也可避免進一步惡化當時教師的樽頸危機，釀成教育災難或教師的強烈反彈。當然演變式的課改和考改，還是可以量力一步步來進行，減少全面擾民。

香港人過往有行334學制的歷史和經驗，香港中文大學及校友有這方面的經歷。香港人也曾經歷過中學33制合併為中學322制、大學四改三制等學制調適性改革，從中累積了不少有用的經驗來處理這些問題，例如相應調節課程多寡、用學分處理年期過渡、確認中七高考成績的學分等。只要是以制改為主的調適性改革，那就好辦了。

» 八、課程與考試的革命

把課程及考試的結構、內容及性質作全面根本性改革，並將大量教師的專業基礎移走或轉變，單單為通識教育一科，要將五分二高中教師，為數超過一萬人重新培訓，尚未計為其他課改及考改所作的培訓及準備。這是實實在在的革命。

為何要短時間內，進行這樣的根本性課改及考改？是否非常危急，非革命不可？最主要的教育執行者是教師們，最主要的教育服務接受者是家長學生們，若革命失敗，是他們要直接承擔一切惡果並要付出沉重而不可補償代價，而不是我們的官員、學者、作家或傳媒大眾。如上面所論，自1997年教改的樽頸惡果及教師危機，不是他們沉重地付出嗎？所以，我們要非常重視教師們和家長們對這場根本性改革的全面而有識的理解和認同。他們願意再付出代價嗎？

根據當時的形勢和條件，革命可行嗎？根據前文的分析，我進一步討論這次革命成敗的條件。

缺乏認受性：我二十多年來是研究教育管理和改革的。我對這次學制改革報告所提的全面性課改和考改的質素，是失望的、有保留的。為什麼呢？因為缺乏共同的認受性及急切性。

這次課改及考改是根本性的、廣泛全面的、高風險的、高代價的及影響數代人的。故此，不論教改目標如何宏大美好，都必須要有非常深刻而廣泛的認受性及急切性。

有兩種認受性：一是「目標認受性」：有大量研究的知識基礎和充分的科學論證，能說明課改及考改的目標和內涵，如何可以呼應時代需要，又是如何美好理想，值得追求；二是「工具認受性」：同樣有大量研究和充分論證，能說明根本性革命的需要，是因為原有的課程和考試的結構和內容，全面不能配合整體發展或關鍵性階段的需要，使教育陷入危機。同時，又能提供全面的實證研究，說明所提的根本性課改及考改，如何可以解決這些關鍵問題和需要，使教育更加美好，而所付出的革命代價是很值得的。若同時能以研究說明，極需要短時間內完成這變革，否則危機重重，那麼這變革就更有急切性。

但可惜，在教統局倡導全面改革的報告書中（Education and Manpower Bureau, 2004），竟然找不到令人信服的研究知識基礎和充分的科學論證。缺乏研究和論證，公眾實在無從估計及認同課改及考改的目標和內涵的價值和要付的代價；缺乏研究資料，公眾實在無從知道原有的課程和考試有何嚴重弊病、有何病因，為何不惜代價、需要翻天覆地徹底改革；缺乏實證研究，甚至基本的情境分析（scenario analysis）或模擬測試分析（simulation analysis）也欠缺，只憑人們的想像和推度，公眾實在無從估計所提的革命是否急切、是否有效、如何可行、如何比現在更好、如何物有所值不可代替、如何沒有廣泛的後遺病和惡果。換言之，公眾沒有研究知識基礎去確認這改革的認受性及急切性。

沒有知識基礎：老實說，我也不知道如何去確認和估計。在2004年，我花了個多月，找尋研究證據支持這次課改及考改討論，我曾經接觸過不少負責課程研究的學者及朋友，以了解這方面的研究。我很失望，完全找不到有關的全面性香港課改及考改的研究報告，幫助我理解香港整個課程和考試的嚴重弊

病，為何要急切全面革命。

平心而論，這份報告非常單薄，似是一份稍為寫長了的執行大綱（executive summary），而不是有份量以知識和研究為基礎的政策報告，所以未能為市民大眾及教育工作者提供足夠、全面而相關的研究證據、知識和資料，進行有識的政策討論（informed policy discussion）。

既然這是高風險高代價、影響數代人前途的全面課改考改，政府絕對有責任進行廣泛而深刻的研究，提供足夠研究證據，讓市民家長進行有知識基礎的理性討論，而不只是各人表達個人喜好和意見而已。當年大量推介會、宣傳運動，雖然有利於影響大眾意見，為改革造勢，但是無助於達成有識見的公民諮詢和改善政策的質素。

» 九、脫離現實的改革

除改革本身的認受性及急切性之外，課改及考改的另一成敗條件是地利，就是不應脫離香港的現實情況。能建基於香港現有的客觀條件和強勢，就有改革推行上的合適性。反之，則遇極大的困難和挫敗。

過往十多年，課程發展處及課程發展議會用了大量社會資源、人力物力，不斷努力更新課程的目標和內容，以反映時代需要。九十年代中後期，更有各種形式的課程發展及更新，倡導八大學習範圍、九大共通能力、學會學習等，花了大量教師和專家的心血和時間，去設計、推行和實踐各種形式的優質教學和創新，例如專題研習、行動學習、解難學習、小組同儕學習、社區考察及服務、創意學習、校本課程創新、海外學習，以及不同形式的公民教育等都在不斷擴散，豐富學生的不同學習經驗。

同時，在整個教師隊伍中和不同的教育範疇和科目中，已累積了不少先進的教學經驗和專門課程知識，成為寶貴的專業智力土壤層，以滋養香港教育的成長。多年來香港教育能獲得世界級成就，實在與這專業智力土壤層的滋養息息相關。

過去這些努力和更新是否沒有用的？這層專業智力土壤的累積是白費的？

為什麼不能達到目的？既要推行全面課程的根本性改革，政策制定者和推行者就有責任提供全面而嚴謹的研究報告，具體說明過去多年課程發展的嚴重不足、目前課程的沉重弊病，以及這片專業智力土壤的貧乏，讓教育工作者、家長、學生和廣大市民明白及判斷問題的嚴重性和急切性。甚至應舉行由不同專家參與的公開聽證會，進行以專業研究為基礎的政策討論。世界各地不少大型建設和改革，都是要舉行不同形式的專家公開正反聽證會（不單是群眾推介會或諮詢會），以研究及實證去論證這項改革的優劣和成敗。香港作為國際大都會，追求知識型社會，更應以專業知識和研究為決策和改革的基礎。

不少學者都指出教改所提的通識教育已脫離香港的現實，引致大量關於通識教育的目標、內容性質和傳授方法的廣泛評論，正好說明該項變革欠缺嚴謹的政策研究基礎，尚停留在一個「良好變革意願和意念」的階段，脫離現實，存在着大量模糊性和不可行性，遇到質疑其可行性時，官員們卻補充了不少報告以外的口頭承諾，使人感到這份改革報告是「兒戲」，不是已深思熟慮、詳細研究的計劃。

例如多年來，小學學界要求隨着學生人口減少，推行小班教學，但當時政府強調要詳細研究驗證其效果，方可考慮推行。但是，這次課改在諮詢期間，遇到頗大質疑通識教育在大班教的可行性，官方即承諾以小班小組進行，完全不需要詳細研究驗證。這種不一致的做法，實在使人憂慮今次課改及考改的質素。

» 十、影響既有優勢

在2003年，國際經濟合作發展組織（OECD）發表了學生能力國際評估計劃（PISA）的研究報告，在41個國家和地區中，香港中學生（主要是教改前成長的）普遍表現超卓，名列前茅，達世界頂級水平。在數學方面，是第一；在科學方面，是第三，僅遜於韓國及日本，但統計上並無顯著差異；在閱讀方面，是第六，與第一的芬蘭有差異，但與二、三、四、五的加拿大、紐西蘭、澳洲及愛爾蘭沒有顯著差異。

在2003年，國際教育成就評價協會（IEA）公佈了28個國家及地區的中學生公民教育研究報告，香港中學生（15歲）在公民知識及民主認識的普遍表現又達世界先進，名列第五，只稍遜於北歐國家，但卻比如英美澳一些強國優勝。值得注意的是，公民教育及民主意識都是與目前所強調的通識教育息息相關。

當以國際的數據及基準，都說明香港教育的世界級成就時，但在2004年卻提出這次課改及考改要全面革命，那麼當局需要拿出更強而有力的國際和本地的研究證據來，讓市民好好討論和論證。若沒有，這樣的課程和考試改革，就是危險的盲動。

在九十年代，由上而下大規模推動的「目標與目標為本評估」（TTRA）及「目標為本課程」（TOC）之改革（Education Commission, 1990; Advisory Committee on Implementation of TOC, 1994），耗費大量資源及無數老師的努力，終歸失敗，當局還沒有好好總結經驗。今次全面的課改及考改，涉及範圍更廣泛、更複雜，為何上次失敗而這次會成功？當年的公眾及學界討論大多集中在通識教育，尚未有時間和機會深入探討考試改革（科科水平評核、科科校本評核）對整個教育生態所隱存着的衝擊，不會比課程改革少。後來的實踐檢討和多次調查研究，正說明問題及後果的嚴重性（見第六章）。[7]

» 十一、沒有成功條件

課改和考改的成功，完全要依靠教師。但是，整體教師隊伍已因前段教改，陷入樽頸困境，身心狀態出現危機，已影響到整體的學生教育質素。這次課改和考改，將更進一步擾動及改變中學教師的教學工作及學校教育生態，大多數教師將要失去原有專業基礎，重新找尋基點。在學生人口減少、縮班殺校的背景下，短時間內，人心惶惶，既要憂慮殺科裁員，掙扎於校內湧現求存的政治生態，又要花大量時間重新準備教學及接受培訓。對整體教師狀態，可說雪上加霜，在搖動整個教師隊伍和每天學生的教育質素。

總的來說，我們沒有在課程和考試革命的成功條件！

» 十二、四種變革區域

　　學制改革與課改考改之成敗，所需的條件是完全不同的。那麼，所提的教改有何前路？

　　教改成功，要有天時地利人和三大條件。有天時條件，就有意義和認受性；有人和條件，就有可行性；有地利條件，推行時就有適合性，得到各方配合而順利。若將教改的可行性高低作縱坐標，及其認受性高低作橫坐標，那麼教改有四種可能狀況，如圖5.2所示：A是可變革區（即高認受性及高可行性，可以進行變革）；B是無意義但可行變革區（即低認受性、高可行性）；C是不可變革區（即低認受性及低可行性，不可進行變革）；D是有意義但不可行變革區（即高認受性、低可行性）。

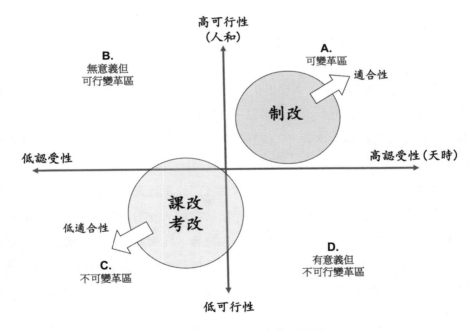

圖5.2 學制改革的前路選擇

　　制改在可變革區：從上文的分析，學制年期改革（制改）主要是量的變化，與中國及世界學制接軌，打破結構自我孤立，有利形成亞太教育中心地位，不

會大規模變動教師的專業根基，所需要的人和條件不太高，是有一定認受性及可行性，故此是在 A 可變革區，加上已有適當的資源基礎，故此有較高的適合性以便推行。

課改考改在不可變革區：如前論，全面性的課改考改是高風險、高代價、根本性質的革命，卻欠缺廣泛而深刻的研究知識基礎，無法確立其認受性及急切性。課改考改要完全依靠教師的努力和家長的認同，但是，過去數年的教改，已將教師陷入危機，這次翻天覆地的課改考改，只會進一步加速教師隊伍崩潰，何來人和？故此，課改考改主要是在 C 的不可變革區，如圖 5.2 所示。當時的不同國際研究報告，都確認香港教育的世界級超卓成就。但這次所提的改革，卻不顧香港既有的優勢，背道而馳，何來推行上的適合性、有利性？沒有改革成功的三大條件。

» 十三、前路的建議

當年對這次學制改革，我提出了一些建議（鄭燕祥，2004b，2005a）。現在這些建議可進一步更新作為參考點，用來檢視及反思這次學制改革落實後的進展、效果及仍面對的挑戰，[8] 從而獲得新的經驗和教訓，推展香港教育新的一頁。

解除樽頸：教師陷入樽頸，已損害到我們學生每天的教育質素，以及市民對香港教育的信心。當局應立即採取果斷的措施，安穩教師隊伍的心，使他們能專注教學工作；並利用學生人口減少的機會，將剩餘出來的資源，來消除目前的超工作量、超教育難度，以及教改的各種後遺症對教師的重重壓力，讓教師有空間和時間關心學生、進行優質的教學，並勇於創新求進。只有解除了過去教改形成的樽頸效應，新的教改才有希望。

調適性變革：既然制改與課改考改之成敗，是分別在截然不同的改革區，而翻天覆地的課改考改欠缺成功條件，那麼我們不應將它們放在一起推行。我們應該選擇以制改為主的調適性變革，即以改革學制年期 334 作為核心任務，配以相應課程內容數量的調整。由於改革是量的變化和技術的調整，學校、教

師、家長及大學方面也容易明白，容易適應，容易推行，避免將教育危機進一步惡化。

檢討通識科的強迫性：學界和公眾對課改的憂慮頗大，很有保留。特別是「通識科」，各方論點及回應呈現混亂，難見共識，難以強行。通識科課程理念、目標及內容設計粗疏，模糊不清，涵蓋面甚闊，可行性及大班效果存疑，易流於「吹水」、「泡沫化」，與目前國際強調的深層學習（deep learning）背道而馳，亦忽略與既有整體小、中、大學課程中已有的通識教育內涵的連繫及呼應，卻要強迫性推行，必修必考，引起極大爭論。多認為通識教育不等於通識科，例如整體的學校課程和活動，可以是更整全性的通識教育。

由於強迫性通識科課程的膨脹，可供學生選擇的其他選科類別與數量更少，非常狹窄，對高中改制後不同類型學生的多元需要和發展，不論升學或就業，極之不利，有違教改原意。對高等院校甄選收生也造成困難。隨着選修科目顯著減少，一些文化科目例如歷史、地理、美術或音樂等，進一步受排擠或邊緣化，甚至絕跡。同時，大量教師的專業基點亦因通識科的擴展，而有移走或轉型的危機。當局應重新檢討這通識科的理念、角色及強迫性，精簡規模，以加強可行性，減低排擠他科選擇。[9]

推行多元彈性課程：由於新高中課程已推行，雖面對不少問題，但要再作改變，也不容易。故此，當局應藉中期的檢討，深入研究其利弊，探討推行「多元彈性課程」的可能性，解決上面的基本問題，以滿足推行普及高中後學生的多元需要，並應付校內班內學生差異的增大及不同水平學習的實況。可考慮建議如下：

(a) 高中三年取用靈活的學分制，學生可在不同學習範疇選擇科目單元，並以專題研習作為統整學科知識及自主學習的動力，無形中達成通識教育，而不一定要有一「通識科」；[10]

(b) 主要科目分高、普兩種程度，有一至三年完成的可能性，一般兩年完成普通程度，三年可完成高級程度，完全在乎不同學生的能力和志趣的選擇。分高普程度，無形中增加一倍有多的彈性，讓不同能力不同興趣的

學生，有更多選擇發展所長，將來升學或就業可以有更多樣。這點對適
應及解決新高中制中的學生能力差異增大的問題，非常重要；

(c) 完成個別科目，學生即可自選參加當年的公開考試，這可大大分散減輕
考試壓力，[11] 同時讓學生有更大彈性和機會，去計劃及安排自己的學
習進程、考試和未來發展。因是學分制，可快可慢；而且學生不一定要
在同一科都考獲高普兩級試，有些只需考普通程度已經足夠，而另一些
只考高級程度。加上取消或減輕校本評核的要求及範疇，更有助減輕公
開及校內考試的成本及壓力。

(d) 由於科目有高普程度之分、時間有長短之別，科目選擇就可多很多，避
免一些文化科目被排擠，亦可涵蓋通識和職業導向的，再根據個別學生
發展需要和校本情況，選高選普，選多選少，不再拘限於 4 ＋ 2X 硬性
而狹窄的規定，[12] 學生的升學就業（包括選科）可多元而有彈性。這點
對解決目前大量學生在中五時退修選修科或必修科的問題，[13] 有直接
幫助，減低因退修對學生的虛耗及挫敗；

(e) 部分以前的會考程度科目經調整後可作為普通程度，保持國際認受性；

(f) 精簡現在的「通識科」，與其他科一樣，可分為高普二程度，不一定指
定為必修；及

(g) 可鼓勵多元的職業導向課程成為學習選科。

檢討考改的實踐：在當年諮詢期間中，雖然考改的批評和討論，數量上較
通識科和課改為少，但這不表示此次考改的影響較少。考改所提的全面校本評
核和水平評核，欠缺嚴謹而深刻的研究基礎，在運行上隱存着的結構性、系統
性的教育弊病，現在逐漸顯露出來。自新學制落實以來，已有不少學界團體發
表調查報告，要求取消或減少校本評核帶來師生長期系統性的困擾。[14] 實踐證
明，考改的「操作成本」及「時間成本」甚巨，對中學教師和學生都帶來沉重的
負擔，影響甚大。

過去推行「目標與目標為本評估」（TTRA）或「目標為本課程」（TOC）[15]
的痛苦失敗經驗，值得深思。雖然過往有些科目採用校本評估，但多是小班

的、實驗性及實踐性的預科科目，其經驗尚未足以推論可以在所有科目及大班推行。初步估計，校本評估所產生的巨大工作量和對課程及教學生態的衝擊，絕非目前學校可負荷。我建議進一步嚴謹研究考改，在未有深刻研究基礎之前，請不要全面推動。[16]

提升政策的質素：這樣大規模的變革，包括學制的年期改變和全面課程及考試的性質改革，範圍廣泛而內容複雜，將影響整個教育專業系統、學校生態及數代人的前途，屬於高代價高風險的系統工程，而目前所提的報告缺乏廣泛深刻的專業知識論證及研究基礎，這是危險的。況且缺乏這基礎，公眾難於深入理解和討論其中優劣、成效及代價，只能表面回應，難達到以諮詢提升政策質素及尋求理性共識的原意。我建議當局為全盤教改以至每項新措施，提供充分的專業論證和研究基礎，讓公眾進行有根有據的政策討論（informed policy discussion）。

» 小結

高中課改考改的成功，完成要依賴教師隊伍全心全意的努力推行。中學教師已陷入困難境況，當局應採取措施，真的「拆牆鬆綁」，打破他們正受着超工作量、超教育難度的枷鎖，使他們能安心專注教學工作，有空間和時間關心學生、進行優質教學。高中改革是整體性的改革，當局應有周詳的計劃、資源和支援，幫助教師順利推行，而不要讓他們付出沉重的代價。

按：本章部分內容取材自鄭燕祥（2004b，2005a），更新修改而成。

註釋

1 本章的分析，取材於作者在2004年末在《明報》論壇（2004年11月24日至12月1日，2005年1月24日）三三四評析系列連載的文章，修訂更新而成的。當時所論述的理據分析，正好用來印證後來的學制改革推行的發展，有助對當前教改的反思及檢討。同時，可參見第六章有關新學制成效的分析。

2 出自戰國孟軻的《孟子‧公孫丑下》：「天時不如地利，地利不如人和。」轉引自成語故事：http://chengyu.game2.tw/archives/28797#.V6Fmm9J97q5。

3 前教育局長上任前的用語。

4 見鄭燕祥（2004a）。

5 例如，香港中學校長會（2013，6月）、教育評議會（2011，6月）、香港津貼中學議會（2012，3月）、香港教育專業人員協會（2013，2月）、香港教育工作者聯會（2012年，4月）等作出的調查研究報告。

6 詳情可見第六章。

7 可參見註5。

8 可參見註5及第六章。

9 自2009年實行以來，學界及各有關團體已陸續發現這些問題和弊病，要求改善及改變。例如，香港中學校長會（2013，6月）、教育評議會（2011，6月）、香港津貼中學議會（2012，3月）、香港教育專業人員協會（2013，2月）、香港教育工作者聯會（2012年，4月）等的調查研究報告。

10 這點與IB課程的理念相近。

11 由於網上評估的科技愈來愈屬害，應有助公開考試的行政安排，方便不同背景或級別學生參考同一科公開考試。現在不少國際試都是可以線上應考的。

12 4＋2X代表要報考4科必修科及2科選修科。

13 見〈「跳船」棄讀新高中　上學年比例創新高　四個選修科退修率逾兩成〉，《星島日報》，2016年9月22日，F01版教育。

14 見註5。

15 可參見Advisory Committee on Implementation of Target Orientation Curriculum（1994）。

16 最近，當局宣佈放緩全面校本評核的步伐及科目，雖不足夠及遲來，也算有些技術改進。可參見課程發展議會、考試及評核局、教育局（2015，11月）。

第六章
教改成效：多重失落

　　自2006年發生教師自殺事件及萬人上街申訴以來，公眾已廣泛討論教改帶來的深層矛盾及後患，開始懷疑哪些是共識的教改？哪些是當局後加的施政措施？是否所有都一定要堅持，不應檢討及修訂？為何滿懷美意的世紀藍圖，最後成為學校惡夢、家長失望？教改至今已十六年多，再下去的前路應怎樣？[1]

　　過去，我曾多次公開對教改的政策制定及施行作過詳細分析，[2] 非常遺憾，我的忠告未能勸止教育「革命」帶來的巨大衝擊。雖然當局多次為湧現的教改問題大灑金錢補救，卻無意全面檢討。在這一章中，我基於過去對教改的觀察，包括我在中央政策組會議（2006年2月11日）、教協減輕教師壓力申訴大會（2006年3月4日）作的報告（鄭燕祥，2006a, b），以及我在新學制檢討報告研討會[3]（2013年6月20日）及香港教育政策圓桌研討會[4]（2014年，12月12日）上作的主題演講（鄭燕祥，2013a, 2014），再加上一些最近期的資料，對香港教改的局面和成效，作一個初步回顧及總結，希望能引發公眾及學界反思和檢討香港教改的發展。

》 一、教改三部變奏

　　推行教改十多年以來，家長及社會人士並沒有得應許的美滿教育現象，反過來普遍不滿失望，對學校教育愈來愈失去信心，有能者送子女出國。教師校長多感到極大工作壓力而無奈，身心疲累。縮班殺校陰影下，惡性競爭，教育生態環境漸呈病態，失去最珍貴的內涵，學生的教育情況令人憂慮。面對困境，當局推出各種補救措施，希望解決不斷出現的問題，卻不斷受到挑戰。近來，愈來愈多社會人士要求全面檢討教改，[5] 甚至當年一些教改推動者，十多

年後也說要再發動改革，[6] 那麼誰才是真正教改的領袖，要對這十多年教改負責呢？為什麼會發展到這局面？我看到的是教改三部變奏：

第一部，**誠意教改的開始**：2000年，教育統籌委員會發動群眾討論教改，大家盡數香港教育各種弊病，傳統的教學「高分低能」幾乎一無是處，當局成功製造了全面改革的需要，訂出世紀藍圖（Education Commission, 2000 September），應許最理想的教育目標，全民高興。加上時任特首豪氣干雲，說對教育投資毫不手軟，於是大眾熱切期待，美好教育很快到臨。可惜，當時很少人指出，這些教育理想一早已是三四十年前教育教科書的崇高願景，例如「不放棄每一個學生」、「學生全人發展」、「不要高分低能」等，決策者說來就容易動聽，贏得掌聲和尊敬，沒有人可以反對；但認真做起來，絕不容易，在先進富有的國家如英美，也多年做不到。但卻在不提供足夠條件下，要香港教師在教節多班級大的情況下去實現，強人所難，也註定教師要承擔失敗苦果（見第四章）。

第二部，**大躍進式推行**：如第四、五章所述，教改以大躍進方式推行，缺乏深思熟慮、全盤系統知識及專業研究支持，不顧香港現實，由上而下強勢實施。更不幸的是，短期推出大量混亂的新舉措，互相干擾，劇增學校教學難度，誤解校本創新，鼓吹「家家煉鋼」，大量虛耗教師精力。加上縮班殺校，人人惶恐，掙扎求存。短短數年改變了整個教育生態環境，對教師形成巨大的壓力，反過來損害了學生的正常教育，與教改原意背道而馳。

第三部，**沉重的後果**：學校系統受到大躍進的結構性及文化性損害，病態陸續浮現，影響香港教育的現在和未來。[7] 如第五章所分析，2004年已有五項調查報告都一致地顯示出一幅沉重大圖像，香港教師隊伍的身心及工作狀態全面陷入危機，教師校長的工作量、情緒病、精神壓力及身心耗竭情況都在增加。可見教改並沒有為教師拆牆鬆綁，卻成為整體教師陷入危機的主因。其後，再有多個團體分別發表了調查報告，再從不同角度顯示，學校教育情況繼續惡化。

教改涉及範圍廣泛，我們可從教育系統四方面[8] 來探討教改的得失成效，包括「教育是否更有效能」（目標達成性 goal achievement）、「教師隊伍是否

更能發揮」（適應性 adaptation）、「持份者對教育是否更滿意、更團結」（整合性 integration）及「教育施政是否更有認受性、一致性」（維模性 pattern maintenance），希望有助香港教育未來持續發展的討論。

» 二、教育更有效能？

教改多年，教育更有效達成目標嗎？當局常以香港中學生在國際學生成績評估（例如 PISA、TIMSS）的突出表現來說明教改的成就，這是誤導的。過去二十多年及教改以前的國際評估中，香港學生已一直表現甚佳，位在前列，取得國際獎項也不少。若要歸因，我相信這應歸功於香港教育系統原有三大優勢：一是優秀刻苦的教師隊伍，二是社團辦學優秀傳統，三是香港重視教育及成績的「勇猛」家長[9]（詳見第二章）。至於教改的效能或影響，我們可從下面的指標及數據來看。

大量不達標準：考評局 2006 年全港性系統評估結果的中三學生，主要是教改八年以後成長的，在中、英、數三科未達基本標準比率分別為 24.4%、31.4% 及 21.6%。換言之，整體不達基本標準竟有二至三成，教育失效情況嚴重。在 2015 年，未達基本標準比率也相近，分別為 22.8%、30.6% 及 20.1%，也是嚴重。教改長期以來，沒有改變大量不達基本標準的教育情況（考評局，2006；2015）。「拔尖補底」是教改重要目標，希望使每個學生得到成功發展的機會。目前尖子是否有發揮機會，尚可討論。不過，教改十多年來，「補底」實未見成效，仍然有大量中三學生未達基本標準，談不上「不放棄每一個學生」。

雖然在 2006 年，教改已推出八年，新猷繁多，中學會考零分生[10] 依然大量，竟達二萬人（20,300 人，佔全體考生 17.2%），學習無效的慘況，與教改前何異？

在過去四年新制中學文憑考試中[11]（2012－2015 年），不能「達到文憑基本標準」（即五科中於甲類學科取得 2 級[12] 或以上／於乙類學科取得達標【＝2 級】或以上，其中包括中國語文科及英國語文科）的，佔日校考生人數約

30.5%－31.7%，約有三成學生（12,670人至14,643人）不能達基本標準，比率和數目頗大（CDC, EEA, & EDB, 2015）。他們不符合「副學位課程入學」／「應徵有關公務員職位」要求，他們一般大多要重讀重考，或是離校找工作。多年來教改並沒有解決大量學生未能達到基本標準的情況，也達不到教改「所有學生都能學習，學有所成」的目的。

「高分低能」無解決：當初教改要針對「高分低能」及過分考試取向的問題，實在多年來沒有解決。社會並無改變心態，學生公開考試成績及派位升學，仍然主宰學校存亡及家長心態。教改以來，官方的基本能力評估（BCA）、系統評估（TSA）、中一編班試及中學公開試增值指標，再加上政府資助的大學以公開試成績擇優選拔學生，使學生間競爭更加猛烈，學生備試更頻繁，教育嚴重扭曲。

就算教改初時因學能測驗取消了，小學生學習是可活潑些及多元化些，但在這考試文化主催情況下，都重回操練的日子，小六生一個暑假要準備應付幾種考試，情況一直惡劣。在2015－16年，為反對因系統評估（TSA）試所引發的操練，大量家長發動抗議，要求當局取消小三TSA試（立法局，2015年11月25日）。

教改十多年後，考試文化、操練競爭、過度學習求分數的問題，不單沒改變，更因「贏在起跑線」的心理，額外安排更多補習及課外學習，擠迫學生的自由時間，情況變本加厲，嚴重影響學生身心的健康發展。

香港小童群益會、香港教育專業人員協會及教育學院畢業同學會的「香港學童餘暇生活調查2014」的調查結果，[13] 發現學童精神健康表現並不理想，值得關注。調查設有一項精神健康調查量表，量度學童的精神健康狀況。量表分數範圍為0－12分，分數愈低代表精神健康愈好，而分數愈高，則代表精神健康愈差。量表評分在4分或以上，為需要關注水平。香港學童得4分或以上所佔的百分率達六成，小學生雖然較中學情況好，但也有近一半的學童在4分或以上。 學童精神健康令人憂慮。基於各種數據，這報告建議政府重新檢討多年來教改下與「課餘活動」及「其他學習經歷」等有關的政策措施，減低「課餘活動」不斷「課程化」的傾向，「……學生留校時間普遍長了，中小學生的做功

課時間較前多了，補習人數也較前多了，種種現象與原先教改期望『拆牆鬆綁』有很大落差。生活24小時，起居飲食睡眠已備受擠壓。……課餘時間出現『量』的擠壓現象外，也出現活動功利化的變異。……將課餘活動規劃化及量化參與，事事功利與計算，而忽略了學生內在體驗與感受。課餘活動逐漸成為餘暇生活被擠壓與異化的『學習』任務……我們建議課餘活動的主體應回歸學生，家長、學校、社區及政府只應扮演協助、促進和引導學生參與的角色，讓學生重拾時間和空間去平衡學習、課餘活動、起居和其他餘暇生活的需要。」[14]

在2014年4月份，香港研究協會發表「香港學生時間分配型態調查」報告。[15]
結果發現問題嚴重，與上述報告有相類似的憂慮：

1. **總學時過長**：香港學生除了日均約5小時在校上課外，還需花日均約2.2小時做功課、1.7小時參與補習班及1.4小時參與課外活動。香港學生每週平均學習時間合共62.2小時，較英國學生的54小時，多逾8小時，反映香港學生的學習時數頗長，壓力大。

2. **工時較全職僱員高**：幼稚園、小學及中學學生每週平均學習時數分別約為49.1、66.5及76.5小時，皆較香港全職僱員每週總工時的平均數49小時（政府統計處，2011年）為高。

3. **課外學習時間過多**：包括做功課、參與補習班及課外活動，分別日均約為4.4（幼稚園）、5.5（小學）及5.7（中學）小時。

4. **學生自由時間少**：香港學生日均約有2.6小時自由時間，較課外學習時間（合共5.3小時）少五成，反映不少學生的課餘時間分配較多側重於做功課、參與補習班及課外活動，長遠扼殺學生的創造力及想像力發展。

5. **睡眠不足嚴重**：學生日均睡眠時間約有6.9小時，而幼稚園、小學及中學學生日均睡眠時間分別約有7.9、6.8及6.5小時，皆較香港中文大學醫學院建議5至12歲（10至12小時）及12至18歲學生（9至10小時）的每天睡眠時間為少，反映香港學生睡眠不足的問題嚴重，影響身心發展。

補習更旺求分數：補習社一年比一年興旺，成為大型行業，補習消費高達每月三億元、[16] 每年三十多億元。根據香港青年協會（2013年3月）的調查報告，[17] 在學青少年在訪問期間參與補習的比率，由教改前1996年的34.1%，明顯增加至教改後的2009年的56.7%及2012年的63.3%，分別代表66.2%及85.6%的增長，反映出教改後，有非常強烈的補習需要。

根據該調查報告，在教改前（1996年）學生參與補習的原因，以補底型為考慮者（即因為成績差而需要作出改善）為主流，百分比為70.7%，但在教改後卻逐步減少，在2009年減至57.5%，而2012年再降至37.8%。相反，表示希望藉補習來維持甚至提升好成績者所佔的比率則明顯急升，由1996年的零百分比，急升至2009年的17.3%，及2012年的25.1%。明顯有愈來愈大的趨勢：求學也是求分數。以上的數字說明學習及考試文化的改變，其中可有以下的含意：

1. 教改並沒有使學校更能滿足家長及學生在「拔尖補底」的需要和期望，家長及學生只有愈來愈依靠補習。在這方面，教改明顯失敗。

2. 「學生補習已發展至不分年級、不分成績表現，且拔尖型補習愈趨明顯」，[18] 追求考試分數。

3. 教改以後，有超過五至六成[19] 學生要另外補習，正好說明學校體系原來的功能和效用已發生巨大改變，多數家長、學生對學校教育失去信心。

4. 為什麼會這樣的呢？這種全面性的補習現象，對學生的教育和發展有何重要影響？學校教師出了什麼問題，為何這麼多學生要補習？當局應全面檢討教改對學校及教師的影響。如第四及五章所分析，相信教改的樽頸現象、教育異化及教師危機已影響到學生的學習質素及學習文化。

語文政策失課：香港語文政策更使人憂慮。以2006年計算，教改八年來語文教育及研究常務委員會為提升語文的措施，教育當局引進的外籍英語教師，開支一直上升，數以十億計，成效何在？不顧任何社會代價要推行的教師

語文基準試，又五年了，教學語言政策落實，又八年了，但很可惜學生在會考的英文甲卷和乙卷合計，整體成績是逐年不斷下跌，以至高考的英文成績，更創十年歷史新低。考評局資料顯示，2006年8月會考放榜，英文課程甲（程度較淺）合格率為58.2%，但以29.4%零分率（U等，低至不可計的等級）續踞各科之首，共一萬一千多人（11,415人）。若包括F級（不合格）在內，不合格率及零分率共達41.8%，共16,229人，實在使人憂慮。愈來愈少學生考程度較深的課程乙（詳見第七章）。

在過去四年新制中學文憑考試（2012－2015年）英國語文科中，不能「達到基本標準」（即取得1級〔最低〕或不能分級）的，佔日校考生人數分別約20.8%、22.2%、22.1%及20.7%，約兩成學生（14500、15320、14239、12508人）不能達基本標準，人數及比率都頗大，不能漠視（考試及評核局，2016）。

在2006年及2015年全港性系統評估，中三學生英文未達基本標準的，都是三成多（31.4%，30.6%）。可以說，教改多年以來，整體的學習英文的文化和水平低下問題一直沒有解決。值得憂慮的是香港人的英語能力在世界的排名愈來愈低（美通社，2013），香港的競爭力不斷受損。

新學制課改考改的成效：當局近年對新學制、課改考改進行檢討（課程發展議會CDC、考試及評核局EEA、教育局EDB，2013，2015）。當局標榜新制度能使「所有學生都能學習，學有所成」，「所有學生都能夠接受高中教育，以釋放學生的潛能」，「關注全人發展、知識、共通能力、價值觀與態度、拓寬思考角度及全球視野」，「照顧學生多樣性、應用學習、其他語言、調適課程（智障學生）」等等（CDC、EEA & EDB，2013，頁6）。教改的新制度真的已可以達成這些目標嗎？

圖6.1所列「七個學習宗旨」（分十項）（CDC、EEA & EDB，2013），代表新制度追求的主要學習目標。若是新制度成功達至「所有學生都能學習，學有所成」、「所有學生都能夠接受高中教育，以釋放學生的潛能」，「關注全人發展、知識、共通能力、價值觀與態度、拓寬思考角度及全球視野」等，則所有學生在這些學習宗旨上的表現，應是相當令人滿意的。事實又怎樣呢？

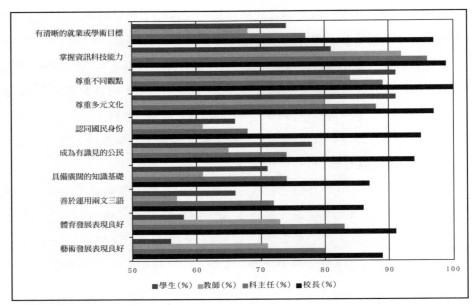

來源：「新高中研究 2011」。回應人數 86 名校長、515 名科主任、838 名中六教師及 4,614
名中六學生。學生被問及其在學習上的表現。

取材自：CDC、EEA、EDB（2013）

圖6.1 學生在「七個學習宗旨」的表現：
校長、科主任、教師及學生的意見（同意%）

圖線顯示，超過85%校長都同意他們的學生已達成這些學習宗旨，非常正
面。我一點不感到意外。從過去三十年的研究經驗來看，校長歷來對自己學校
的管理和表現評價，都是非常一致正面的。

在「掌握資訊科技能力」、「尊重不同觀點」、「尊重多元文化」這三方面，
校長、科主任、教師及學生都有接近相同的意見，超過80%同意高中生達成這
些宗旨。但是，在其他方面的學習宗旨，教師和學生的角度與校長頗有差異。
由於師生直接參與教學過程，他們人數遠較校長為多，同意或不同意宗旨的達
成與否，應來得重要而可信。

如圖6.2所示，除上述的三方面外，教師對高中生在其他七方面宗旨的表
現，均有相當保留。約有三成教師不同意（33%、28%、30%）學生在「有清

晰的就業或學術目標」、「體育發展表現良好」及「藝術發展表現良好」的表現；
同時，約有四成教師不同意（40%、36%、38%、44%）學生在「認同國民身
份」、「成為有識見的公民」、「具備廣闊的知識基礎」及「善於運用兩文三語」
方面的表現。這是相當負面的評估。

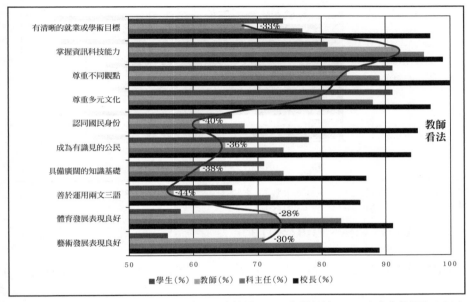

來源：「新高中研究 2011」。回應人數 86 名校長、515 名科主任、838 名中六教師及 4,614
名中六學生。學生被問及其在學習上的表現。

取材自：CDC、EEA、EDB（2013）

圖 6.2 學生在「七個學習宗旨」的表現：教師的意見（同意、不同意％）

　　學生的評估除與校長教師相近的那三方面宗旨外，對其他七方面的意見相
當保留。如圖 6.3 所示，在「有清晰的就業或學術目標」及「成為有識見的公民」
二方面，有兩成學生（26%、23%）不同意其表現達到。在「認同國民身份」、
「具備廣闊的知識基礎」及「善於運用兩文三語」方面的表現，有約三成多學生
不同意（34%、29%、34%）。在「體育發展表現良好」及「藝術發展表現良好」
方面，有約四成多學生不同意（42%、44%）。

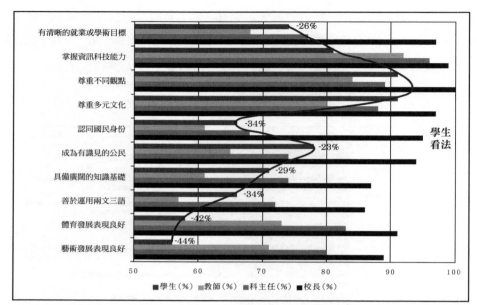

來源：「新高中研究2011」。回應人數86名校長、515名科主任、838名中六教師及4,614名中六學生。學生被問及其在學習上的表現。

取材自：CDC、EEA、EDB（2013）

圖6.3 學生在「七個學習宗旨」的表現：學生的意見（同意、不同意%）

　　如圖6.4顯示，中學生對新高中學習所有甲類科目的意見，有兩成多學生不同意「從這科所學的方法及技巧，有助我學習其他事物」（24%），「我覺得學習這科有趣味」（22%）及「我喜愛學習這科」（21%）。有三成多學生不同意「這科有助我學會獨立地學習」（35%）及「我有信心學習這科」（35%）。值得關注的是，有多過一半學生（54%）不同意「我覺得這科的學習容易」。

　　從以上教師與學生對學習宗旨表現及所有甲類科目學習的回應，可見有二成至四成多的保留意見，實在看不出教改如何已達致「所有學生都能學習，學有所成」、「所有學生都能夠接受高中教育，以釋放學生的潛能」、「關注全人發展、知識、共通能力、價值觀與態度、拓寬思考角度及全球視野」等目標。

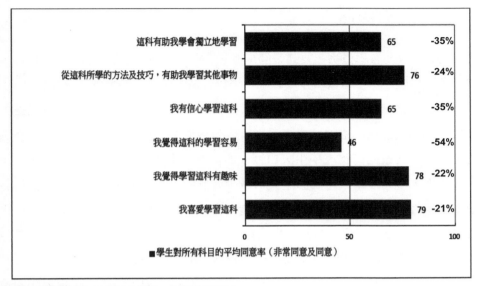

來源：學習領域檢討，2009/10至2011/12。回應人次：27,894
取材自：CDC、EEA、EDB（2013）

圖6.4 中學生對新高中學習的意見—所有甲類科目

　　根據教育局公佈的「高中科目資料調查」結果，在過去五年（2011/12至2015/16），每學年中五學生相比同一批學生在讀中四時，人數不斷減少，每年放棄修讀新高中課程的人數，約由4,000至4,800人，數目頗大。棄讀人數比例逐年持續增長，從2011/12的6.1%增至2015/16的6.8%，創下新高中學制推行以來比例新高。至於2015/16畢業的中六生，過去兩年（即中四、中五）共累積近7,300名高中生選擇棄讀新高中課程，最終都沒有參加文憑考試。[20] 這些數字說明，新高中課程未能適應大量學生的需要，最後每屆學生有數千人要放棄文憑考試。再加上前面所論，在過去四年新制中學文憑考試中（2012－2015年），有三成學生（約30.5%－31.7%）不能「達到文憑基本標準」，可見新高中課程及考試存在着基本結構性問題及實施上困難，[21] 使大量學生無法有效達成新課程目標。如何談得上新課程改革成功，讓「所有學生都能夠接受高中教育，以釋放學生的潛能」呢？

　　總的來說，這樣翻天覆地的教改，多年來卻未帶來更有效能的教育！

» 三、教師隊伍更能發揮？

教改成敗及教學優劣，要靠教師。雖然「拆牆鬆綁」為教師創造有利條件，曾是教改口號之一，但教改多年以來，學校及教師所承受的境況究竟怎樣？

教育異化不務正業：自2004年，我多次公開指出，香港學校教育已進入樽頸危機，教師情況嚴峻，學生受影響。但很遺憾，得不到多大的回應。在過去十多年，教改同時經歷學生人口減少的浪潮，由2000年初小學開始，十年內逐步進入中學，本來可由學生人口減少而剩餘下來的大量資源，用作支援教改或改善教育條件，但是當局堅持以縮班殺校政策，繼續強化學校競爭，以學校存亡的危機壓力，推動教改及學校轉變。我認為這是錯誤的。

為什麼呢？縮班殺校、惡性競爭的不安局面，使教師人人惶恐，不務正業，派傳單，擺攤檔，推廣市場，掙扎求存，耗竭精力。這樣，不單樽頸困境進一步惡化，教師身心崩潰，更嚴重的是教育異化、泡沫化，教育的崇高內涵消散，教師專業尊嚴失落，無法安心教學，終而學生受損。過去十多年，不論是傳媒報道，還是我個人與學界的接觸所聞所見，有關教育異化的實在事例或個案，比比皆是。現總結一些常見異化現象，以說明問題嚴重所在。

學校自評外評，異化為學校存亡考驗，全校出動，多月準備，文山文海，以確保萬無一失。教師進修，異化為沉船前的救生圈，多一些好一些，在縮班殺校時，轉工保職，多一點保障，多疲困也要去。課外活動及服務外展，異化為市場推廣，學校宣傳，出奇制勝，橫額鬥大鬥多，處處飄揚。與家長學生的交往，異化為接待顧客，市場買賣，失去教育的寶貴精神。

融合教育，異化為搶學生，以廣招徠，不理會配套專才如何不足，不論特殊需要學生如何特殊，不理對這些學生或正常學生是否適合，多多都要，簡直是求存的悲劇、反教育的異化。市場競爭，異化為最高的神聖教育原則，默默工作的增值學校、優質學校也被縮班殺校，卻被視為教學差劣，應受市場淘汰，這傷透教師的心，最後僅有的尊嚴也奪去。

教育異化的現象非常普遍，例子多不勝數，拋棄了教師的正業，受害的最終是學生的正常教育。不論教聯、教協以至院校的多個研究報告都指出，教師

非教學工作不斷增加，有的竟佔到三至四成（詳見第四、五章）。

不利的工作條件：不提供足夠配套（例如小班教學或改善師生比例等），在中學強行將學生能力組別五變三，又在中小學強行融合教育，班內學生個別差異迅速擴大，學生問題愈來愈嚴重，對教師及學生的教和學，都愈來愈不利，教師實難以全面照顧學生，如何可以在三四十人一班中處理學生情緒問題、照顧個別需要？加上教師忙於非教學工作，無時間與學生傾談，輔導學生力不從心。再加上，在缺乏資源及配套下，大搞校本課程發展及創新，成為「家家煉鋼」，大量虛耗教師精力及時間。結果，教學與培育的工作全面傾向弱化，問題叢生。從這點來看，教師更難於滿足家長及學生對教學及公開考試的期望，後者從而要找尋課外補習，來加強「拔尖補底」的作用。這也說明教改以後，為何學生補習需求不斷增加。

多年之後，當局才從2009/2010學年起，在公營小學的小一開始，逐步實施小班教學，才有機會減輕小學縮班殺校的壓力。

新學制改革的樽頸：自2009年起，高中實施新學制的課改及考改。正如我在第五章所分析，這是翻天覆地的大規模改革，除當局有限的政策資源外，中學及教師肯定要付出重大代價，面對不少困難。從2010年至2015年期間，有不少教育團體多次就課改及考改的實踐、教師學生及學校面對的困境及挑戰，作調查研究，並發表報告，[22] 要求改善或解決。

我在香港中學校長會及香港津貼中學議會主辦的新學制檢討報告研討會上（鄭燕祥，2013a），將上述報告中共同關注的問題及困難，作初步分析總結，分為：

1. **課改困難**：學生教師普遍經歷不少課程的結構性困難，超出他們能力所能解決，比起教改前更花時間更困難失效，包括「學習差異大、難於教與學」、「整體學習課時過多、補課不絕」、「課程過深過闊、師生俱難」、「其他學習經驗記錄繁碎，學習概覽費時，效果成疑」等；

2. **考改困難**：內外評核系統複雜，涉及範圍太多太廣，師生工作量及時間成本太高，運作困難，包括「多科校本評核，程序繁複，消耗失效，師

生難於應付」、「一科多卷考，虛耗嚴重」、「通識獨立專題探究，缺乏
基礎，師生皆難」及「4＋2X，中五放棄，選科少」等，也多是考改的
結構性困難；

3. **教學條件困難**：由於課改及考改上複雜而廣闊的結構性要求，形成工作
量及時間成本太高，師生的教學條件變得非常困難，包括「學生學習時
空不足，窮於應付」、「教師人手與工作質量不配」、「班人數太多、分
組太多」、「行政支援不足」及「應用學習資助不足」等；

4. **課改、考改與教學條件之間配合困難**：由於課改考改的結構性限制過
多過繁，不易互相配合，包括課改與考改配合、課改與教學條件配合、
考改與教學條件配合等並不容易。因為資源、人手非常有限，加上缺乏
有關經驗和知識，問題困難叢生。

第五章的分析已指出，因教改原有的新舉措繁多，已在每間學校形成樽頸
困境，再加上2009年推行新學制的大規模課改及考改，帶來巨量的課改及考
改工作量及難度，進一步惡化了原有的樽頸結構，其中教學條件更加困難，如
圖6.5所示，師生窮於應付，叫苦連天。

過去六年，主要的教育團體已就這種苦況及困境作出報告，要求改善。當
局在2013年及2015年進行中期檢討，計劃在高中課程及考評上作出調整修
訂（CDC, EEA, EDB, 2015），希望紓緩學校、教師及學生面對的部分苦況。
能否解決樽頸困局，讓教師們有一個合理而安穩環境做好核心的教學工作，看
來言之尚早，並不容易。

士氣低沉專業失落：教改方向迷失，工作量多而教育異化，教師隊伍忙碌
而難務正業，成果不彰，專業失落。加上連年縮班殺校的威脅，令教師精神狀
態低落，普遍耗盡。在2004年，已有多個報告指出教師已陷入身心危機。[23]
例如，中文大學的報告指出，中小學教師有25.2%患上情緒病，約有1.2萬。
這報告和教聯報告都發現，有約2,000－2,500教師（4%－5.2%）有自殺傾
向。港澳治療中心、教協和教聯都報告，約50%－52%中小學教師感到工作不
受控制及精神受到過大的壓力。教師士氣顯得非常低落。中大、教聯及教協的

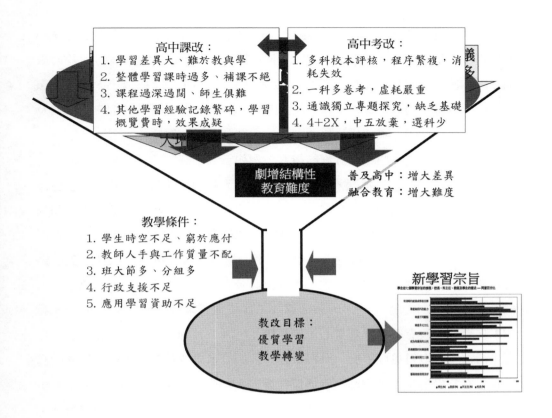

圖6.5 新高中課改考改的樽頸現象

報告都指出，約有37%－56%中小學教師考慮辭職。這些非常高的壓力和離職數字，都說明整個教師隊伍精神狀態崩潰。學生的教育情況非常嚴峻。

在2006年，教師不堪壓迫，過萬教師上街遊行抗議，當局才發現問題嚴重，匆忙拋出十數億元減輕教師工作量的措施。教育統籌局（現稱教育局）於2006年2月成立教師工作委員會，檢討香港教師工作和相關問題，於同年12月發表總結報告，並採取一些紓緩教師工作壓力的措施。但是，是否有效呢？

在2007年及2010年，香港教育學院（現為教育大學）策略規劃處曾進行二次「中小學教師工作量」相當全面的調查研究，並在2011年3月發表調查報告，[24] 結果顯示，在2010年本港教師仍然面對沉重的工作壓力，在工作與生活難以取得平衡。近九成（88%）教師表示，整體工作量比三年前（2007）增

加，35%表示工作量大幅增加。逾半受訪者更表示多項非教學工作的工作量亦有所增加。超過57%教師表示每週（包括星期六、日）工作（連進修）平均時數逾61小時，而27%小學及25%中學教師更須工作71小時或以上。結果又顯示中小學教師平均每上課日工作9.8小時（不包括小息、午膳時間）。星期六及日則須工作9－10小時。

這研究發現，一些正在實施的措施，例如新高中課程改革、自評外評、全港性系統評估、融合教育等，仍對教師造成莫大壓力，教師的行政工作量也沒有明顯改善。多數教師對非教學工作的滿足感較低，希望減少，並在備課和輔導學生等工作投放較多時間。超過80%小學教師認為，工作量增加的最重要因素是校外評核、全港性系統評估、學校自評及融合教育。超過80%中學教師則認為新高中課程改革、校外評核、學校自評及在公開試引入「校本評核」令他們的工作量增加。超過80%的教師認為工作使他們感到身心疲累，約75%認為工作令他們沒有時間舒展身心。過半數（56%）教師認為與去年相比，工作與生活並未能取得更好平衡。有四分之一教師表示未能在工作中得到足夠的滿足感；有超過一半教師表示有考慮離開現時教師的工作。情況與2004年的相近，[25] 教師仍處在教改帶來的工作壓力困境，身心疲憊，士氣低沉，難以發揮。

» 四、持份者更滿意更團結？

教改在1998年醞釀到2000年推出前後，主事者多次發動家長及公眾參與造勢大會、動員大會，讓家長充滿期待，美好教育很快來臨。

家長失去信心：但教改八年後，多項資料都顯示，家長對香港教育缺乏信心、並不滿意。例如，在2006年6月，港大民意研究中心調查發現家長對本港整體教育制度評分偏低，信心指數在100分中只得46.5分。又例如，同年另一調查發現，家長認為香港持續發展的十大重要元素上，教育排第一，但他們對教育現狀滿意度倒數第三。在2006年11月《南華早報》的調查公佈顯示，商界領袖及社團代表對政府在教育的表現不滿，在10分中，平均評分僅4.3分，較在6月做的調查更低；對於本地學校的表現，除了學生普通話水平外，

在其他所有學習領域及培養的指標，評價均差於國際學校或英基學校。

根據政府統計處的《主題性住戶統計調查報告書》（第9號及46號）〈在香港以外地方就讀的香港學生〉的數據（政府統計處，2001，2011），可追蹤香港人打算將子女送到外地就讀的原因，以及在教改十年的變化。在教改初期（2001年），港人出外就讀的主要原因，不外關乎學習的得着，例如，前第一至六名原因為「接受另一種模式的教育」（47.9%）、「學好英文」（42.0%）、「取得在外地讀書的經驗」（25.7%）、「學習自立」（21.6%）、「不滿意香港畢業生的素質」（19.7%）及「香港以外地方的學習氣氛較好」（18.3%）等。而制度性原因很少關注，例如「不滿意香港的教育制度」原因，只排第12名（5.8%），是尾二，毫不足道，如表6.1所示。

表6.1 打算到香港以外地方就讀的原因排序與比較

2001年 原因排序	百分比 %	2011年 原因排序	百分比 %
1.接受另一種模式的教育	47.9	1.提高英語水平	42.1
2.學好英文	42.0	2.學習獨立	31.8
3.取得在外地讀書的經驗	25.7	**3.不滿意香港的教育制度**	**23.6**
4.學習自立	21.6	4.學術上有更多的接觸	22.4
5.不滿意香港畢業生的素質	19.7	5.香港以外地方的學習氣氛較好	19.6
6.香港以外地方的學習氣氛較好	18.3	6.在外地就讀有更好的就業機會／前途	17.9
7.為日後在香港以外地方工作鋪路	12.1	7.不獲香港的院校取錄	11.3
8.未能進入香港的好學校	12.0	8.有親友在當地	11.3
9.日後較易找工作	10.4	9.在一個新的教育及社會環境重新開始	11.2
10.在香港讀書壓力太大／功課太多	9.4	**10.不滿意香港的教育改革**	**10.3**
11.在新的教育及社會環境重新開始	6.9	其他	33.4
12.不滿意香港的教育制度	**5.8**		
13.與家人同住在該處	2.9		
其他	4.9		

註：資料取材自政府統計署（2001，2011）

但是教改十年後，在2011年打算到外地就讀的原因排序有特別的變化，「不滿意香港的教育制度」的原因，竟由2001年第12名（5.8%）跳升至2011

年的第3名（23.6%），與其他主要學習得着的原因（例如「提高英語水平」〔42.1%〕、「學習獨立」〔31.8%〕、「學術上有更多的接觸」〔22.4%〕、「香港以外地方的學習氣氛較好」〔19.6%〕等），並立在前列。[26] 雖然教改已施行十年多，理應習慣淡化，但「不滿意香港的教育改革」（10.3%）仍然是打算到外地就讀的原因。

可見教改多年以來，所承諾的教育美景尚未兌現，家長及社會人士對香港現時教改後的教育狀況普遍失望，轉而希望送子女出外留學的家長不斷增加，每年約達15,000人以上，教改八年升幅逾四成，每年流失資金近70至100億元。家長對教育失去信心的情況是嚴重的。

家長失去知情權及選擇權：前特首董建華把香港教育擺在最優先位置，投入資源「絕不手軟」。但很遺憾，當局擾民的教育政策多，卻贏不到主要持份者家長、學校甚至社會人士的信心和擁護。例如，英中與中中二分法的教學語言政策，是香港回歸以來大受非議的教育施政，令普遍家長不滿。按辦英中的三大指標，少於八成半中一生適合用英語授課就要做中中，但是為什麼沒有告訴家長到底其子女是否屬於適合用英語授課的一批？為什麼八成四或八成二的適合用英語授課的學生及家長沒有選擇權？這不是嚴重剝奪家長選擇權嗎？[27]

雖然教改不斷用家長選擇權及知情權，要求學校及辦學團體來服從當局推動的新措施及問責要求，但是在教學語言政策上，卻不顧家長對子女能力的知情權及對學校的選擇權。

教育伙伴分裂：還記得，教改之前，香港有優良的多元社團辦學的傳統，當局、辦學社團、專業組織、教師校長、學術團體及社區都有密切的伙伴關係，共同為教育發展而努力。但教改以來，這些持份者的伙伴關係及團結難再復現。在教改高峰期間，當局強勢主催的市場競爭、政策傾斜、縮班殺校的形勢下，盟友伙伴逐漸變為對手。當局與不同持份者經常出現互相指責。校本條例更令當局與最大的辦學團體勢成水火，訴諸官司達六年之久，至2011年11月。

教改多年，各主要持份者對教育缺乏信心，更不幸已形成互相角力的局面。香港教育能否持續發展下去？這是當局要面對的關鍵問題。香港原有多元辦學的優勢，[28] 相信要在一段頗長時間才能恢復。

» 五、教育施政更有認受性？

在教改期間，教育施政有各式各樣的新政策，已分不清哪些是教改，哪些不是，不分優次，缺乏嚴謹正反論證及細心檢驗，以教改名義一併上馬。不少學者過去多次公開質疑這些政策是否有足夠認受性和一致性，卻不獲接受。最後造成學界和家長不少困難，甚至教改的困局。

缺乏認受性：例如，在2010年教學語言政策微調以前，局方規定對津貼中學一定要符合八成半或以上中一生適合用英語授課，才能做英中，沒有妥協餘地。為什麼是八成半而不是七成半，卻拿不出什麼教育原則。為什麼七成中一生適合用英語授課的，卻一定要接受中中教育，沒有選擇權。如果這是至高的教育原則，為何同樣接受公帑津貼的直資中學，又予以放鬆？這政策缺乏認受性。

又例如，一條龍學校是教改的重要政策，鼓勵小中學教育一貫，讓學生有較穩定一致的學習環境。但是，強制性教學語言政策，直接干擾或打擊了一條龍政策，使一些英中憂心一條龍小學未能提供八成半適合用英語授課的中一生，要求斷龍，使學校與家長都憂心不已，極為不滿。後來，面對強烈反彈，當局對一條龍學校的要求，可降為七成半。這是什麼政策或教育原則呢？

不利流動、階級分化：教育政策的認受性除在優化學生的教育質素外，也須顧及教育對社會流動性（social mobility）的影響。教改以來，學校教育是否更能幫助弱勢學生依靠教育向上流動，還是處於教育劣勢走向下流？這是評估檢討教改成敗非常重要的問題。在2005年6月28-29日，我已公開指出（鄭燕祥，2005c），教改提出的升中派位機制有嚴重弊病，因用中一分班試成績來調整原來小學分數的辦法，無形中令香港弱勢學生上流渠道已受原來社區或階級規限，即弱勢地區的學生，要承受師兄師姊在中一分班試成績差的限制，無法靠自己努力而出頭。

這是甄選不公平，違背「個人績效選拔」的原則。第一，用以調整學校分數的中一分班成績，不是當屆學生的成績，這是不公平的，為何命運要由上一屆或其他人決定？第二，更重要的是，任何學生的個人表現和升中甄選結果，都要受制於原校的水平高低。例如，一個能力好的學生進入了水平差的小學（因

住近低下階層地區），就難以擺脫困境；除學習情境不利外，會因調整分數向下，再不能用自己的能力和成績進入較好的中學，追求更好前途。又另一例子，一個能力較弱的學生，因家庭背景較佳及所住地區理想，進入水平高的小學；除學習有利外，更因調整分數，有機會進入好的中學。換言之，找到「名牌」小學，就有升學的保證。再加上父母或兄姊為校友，有優先權入選的因素，促成學校階級化，甚至世襲化。這機制違背了過往香港以績效選拔、促進階級流動的優良傳統，對低下階層學生極之不利。

教改形成的局面是，弱勢區域及低下階層的高能力學生也處於不利，難於進入英中或較強的中中，而這些中學幾乎壟斷所有政府資助的大學學位及高增值的學系。整體來說，低下階層學生升入政府資助大學的機會大減，若要讀其他專上課程，將要自費負擔。

最近，《香港01》（2016年9月23日）[29] 根據學生資助處的資料，發現過去十年（2006/07至2015/16），「八間受公帑資助大學的學額雖一直增加，但獲得助學金（須經入息審查）的學生人數及比例，卻分別錄得跌幅。就讀八大的清貧學生，由2006/07學年每10人中有3.8人，減少至2015/16學年的約2.4人。[30] 清貧生比例減少，未必值得高興。有學者認為，過去十年本港貧窮問題未有顯著改善，數字反映政府靠『做大個餅』、即增加資助學額，藉此扶貧及協助青年上流，實際並不奏效，新增資源恐被原來家境較佳的學生瓜分。……公營學府內清貧學生比例下跌，是否意味他們輸在更少時？連踏進大學校門的機會亦減少？」若從上面有關升中派位機制的分析來看，清貧學生在公營大學的人數及比率在過去十年不斷減少的現象，只是這派位機制弊病的必然後果，非常不公。

教改期間，政策向收費的直資學校傾斜，有利吸收優質津貼學校轉為直資，將中上階級教育精英化，直資學校數目由2002/03學年的40間，上升至2012/13的73間，升幅達83%。同時教改對資助學校諸多干預，增加管理及教學難度，教師缺乏時間空間做好教學工作，特別影響對弱勢學生的細緻關顧。但是直資學校及國際學校則有足夠自主性和財政資源，免受教改干預，有更安定環境進行教育工作，學生在升學上更有優勢。結果是，教育階級兩極

化，對低下階層不利，升入公營大學機會減少。

教改以來，政策不一致，缺乏認受性，形成不同層次不同形式矛盾。結果教育系統內耗，伙伴不和，學校弱化，教師耗盡，學生受損，家長不滿。爭拗、角力繼續在教育界湧現。加上香港近年的政治化，這些矛盾或認受性問題將易引起更大的社會風波，要小心處理。

» 六、五點期望

市場不等於萬能，香港的競爭對手新加坡及教育強國芬蘭也沒有用淘汰競爭來推動教師及學校，但是他們的教育都是做得非常出色。教育是心智密集、情意感染的工作，需要學校教師長期專業承擔，一心一意去培育學生。不是用錢或競爭就可解決問題。

教改多年，整個香港社會及教師隊伍付出極大代價。從教育的效能、教育隊伍的發揮、持份者對教育的信心及教育施政的認受性來看，教改雖然大多已在進行，但後患不少，教育未來的發展存在隱憂。

我對當局有五點期望：

1. **全面檢討教改十六年以來的教育生態局面、政策成敗、社會代價及教訓**。這檢討應是獨立客觀的，有助重建教改策略及施政的知識基礎及正當性，對未來施政有百利而無一害。特別是當334制改與翻天覆地的課改及校本考改綑綁一起，強制推行，將對整個教師隊伍及學界帶來廣泛而沉重的衝擊。這檢討非常有助調整急進革命式的做法。近兩年新學制的中期檢討，是值得鼓勵的開始。

2. **穩定整體教師隊伍的士氣**。透過小班教學及逐步減少工作量，讓他們有時間、有空間，安心做好正常的教學工作，擁護有意義的教改，進行教學創新及範式轉變。沒有教師的精誠，教改沒有未來。

3. **重建家長及社會人士對香港教育的信心**。努力形成更廣泛更團結的聯盟伙伴，為香港教育的未來而努力。當局和辦學團體，加強互信而不是

互相指摘。

4. **重建教育政策的認受性和一致性。** 要香港教育可持續發展，就要理順政策，消除互相矛盾互相干擾的弊端，從而減少混亂內耗，增大認受性。目前教育政策的水平及質素薄弱，往往有良好意願的新措施，也成為社會的矛盾，爭論不休。

5. **檢討及重整目前決策及諮詢的機制。** 擴闊擴大決策的智囊團，加強其中的專家知識含量和代表性。在重要的決策，不要偏聽偏信，更不要相信長官意志及公關技巧可以戰勝，一定要有大量而深入的正反論證，以確立其認受性、一致性及可行性，避免求多求快。[31] 諮詢不是推銷宣傳，應是真正諮詢，吸收各方的意見，改善政策。

公眾期待着教改的全面檢討，會為香港教育未來持續發展帶來新希望。

按：本章內容部分取材、修改及更新自鄭燕祥（2006e, f; 2013a; 2014）

註釋

1　在2015年5月6日，香港中學校長會發表致教育統籌委員會的公開信，標題是「誰來擔起教改的歷史責任？」，要求教統會作為教改推動者對教改，特別是新高中學制，應有責任作全面整體的獨立檢討。

2　關於我發表的分析文章，可詳見 http://home.eduhk.hk/~yccheng/edu_reform.html。

3　由香港中學校長會及香港津貼中學議會主辦（2013年6月20日）。

4　由香港教育學院管治與公民教育中心、香港政策研究所及 Roundtable Education 合辦（2014年12月12日）。

5　例如，香港中學校長會致教育統籌委員會的公開信（2015年5月6日）、張國樑（2016）、黃家樑（2016）及凌友詩（2016）等。

6　可見〈「教育2.1」四範疇倡優教，提供「不一樣的教育」，梁錦松盼育「T型」人才〉，《文匯報》，2016年7月5日。也可參見許為天（2016）。

7　可參見凌友詩（2016）對香港教改後患的評論。

8　這教育系統四方面的功能，套用自 T. Parson（1966）的社會系統的結構功能。

9　或有人歸因於香港或東亞重視考試的文化，有時重視考試與重視教育，不容易分割。看來重視考試與重視教育，都可與這三項因素有重要關係。

10　零分生，即全部成績考獲 F 級（最低級）或不獲評級的考生。

11　中學文憑考試成績是水平／標準參照（criteria referencing），而不是常模參照（norm referencing），故不存在要一定百分比學生分佈在低水平。不達到某一水平的，就是真實

的不達到某一標準水平。

12 在甲類學科中，成績分第5** 級（最高），第5* 級，第5級，第4級，第3級，第2級，以及第1級（最低）。在乙類學科中，「達標並表現優異」等於甲類學科的3級，「達標」等於2級。

13 香港小童群益會、香港教育專業人員協會及教育學院畢業同學會（2014）：「香港學童餘暇生活調查2014」的調查報告（http://www.bgca.org.hk/news.aspx?id=ad559c0c-8202-4ef9-83b3-d840a34b793c）。

14 香港小童群益會、香港教育專業人員協會及教育學院畢業同學會（2014）。

15 香港研究協會（2014年4月）：「香港學生時間分配型態調查」報告，http://www.rahk.org/research/1162/1162chart.pdf 及 http://www.rahk.org/research/1162/1162newsX.pdf。

16 參見〈求學只為求分數，補習盛行豈無因〉，《東方日報》「正論」，2010年9月12日。

17 香港青年協會（2013年3月）的「香港中、小學生補習現象」調查報告，青年議題點評系列（一）。

18 引自香港青年協會（2013年3月）的調查報告。

19 這些數字範圍的估計是基於香港青年協會（2013年3月）的「香港中、小學生補習現象」調查報告，以及香港小童群益會、香港教育專業人員協會及教育學院畢業同學會（2014）的「香港學童餘暇生活調查2014」的調查報告。

20 參見〈「跳船」棄讀新高中　上學年比例創新高　四個選修科退修率逾兩成〉，《星島日報》，2016年9月22日，F01版教育。

21 下面有關「新學制改革的樽頸」部分，將討論這些結構問題及實踐困難。

22 例如，香港中學校長會（2013，6月）、教育評議會（2011，6月）、香港津貼中學議會（2012，3月）、香港教育專業人員協會（2013，2月）、香港教育工作者聯會（2012年，4月）等作出的調查研究報告。

23 詳情見第五章。

24 以下有關調查結果，引述摘要自香港教育學院策略規劃處－黎國燦等（2011）「中小學教師工作量調查報告」（http://www.ied.edu.hk/saap/publications/Digest/issue3.pdf）。

25 教改十多年以來，已有不少社會團體及專業組織就教師工作壓力作過調查研究，結果大致相近。

26 參見黃家樑（2016）的分析。

27 有關教學語言政策的討論，可詳見第七章。

28 見第三章。

29〈「輸在更少」：八間大學清貧生減少背後的隱憂〉，《香港01》，2016年9月23日，A/香港時政。

30 2006/07學年有38.1%（21,693人）全日制本地生獲助學金，在2015/16學年則有24.1%（18,689人），與10年前比較，清貧生減少3,004人，但同期非清貧生卻增加23,734（由35,195增至58,929人）。資料來自《香港01》，2016年9月23日。

31 關於教改的諮詢落差，進而影響政策制定及業界的反應，可參見大公網（2016）：「……回望十多年的教改，經過反思的羅范椒芬，認為有三大不足之處……她認為教改推行之前並無『摸清家底』，即當局無就二千年時的教育場景作一個全面審視，結果陳義高，理想宏大，但教育前線的老師，可能因為所受的教育不同，其水平、文化未能配合，當推出一系列教改政策後，必然會有很多人跟不上，反彈情緒自然強。……羅范椒芬又稱，過去的教育諮詢委員會雲集最優秀的校長、最專業的校長、最有理想的老師，對他們來說什麼也行，什麼也能完成，但亦因此未能全面切合到不同程度的學生的需要，令到當局不時都推出政策，明明經過諮詢，推出時卻很多反響。」

第三部

教育政策改革

第七章
教學語言：強制與校本

香港位處東西交匯點，是國際金融中心、全球化城市，又機遇中國崛起。在這背景下，香港教育的教學語言政策應有怎樣的角色呢？應有怎樣的改革才可讓學生有最大發展、掌握未來呢？在2005年2月初，教統會工作小組發表的教學語言與升中機制的政策諮詢報告（Working Group, 2005）非常重要，影響深遠，涉及香港整體的未來發展。其中的建議，繼續自1997年強制實行的母語教學政策，一刀切分中學為「中中」和「英中」，限制英中的數目，但強制要求其他中學一律用母語教學，極富爭論性。雖然社會持續有強烈的反應，但當局還是強力推行。[1] 到2010年，當局才調整這項政策，讓中文中學部分班級可彈性地用英文授課，又不分英中和中中（Education Bureau, 2009）。但香港長遠的教學語言政策應是怎樣？沒有解決。在這一章中，嘗試從不同角度剖析這教學語言政策的發展及影響，並提出一些政策檢討和實踐的建議。

» 一、全輸局面

由於教學語言涉及的因素複雜和影響廣泛，制定政策時要非常小心，應有嚴謹的理念和清晰的前景，作為討論及共識的基礎。顯然，工作小組曾下過不少功夫，研究母語教學的文獻。但很可惜，所提的建議缺乏說服力，特別在沒有清晰的前景下，繼續一刀切政策，分英中和中中，對英中作更嚴厲的教學管控，造成的效果和印象，只是為進一步鞏固英語教育的精英地位。

例如，要選拔更精英的學生（85%以上第一組優質學生）入英中，又要全面保證英語教育效果及純英語環境，不惜翻教師的舊賬，查看他們在會考或高考的英文科成績水平；推行「英中落車」制，要求不合已訂的學生水平和教師條

件的英中下車轉為中中。但對中中，卻沒有對學生和教師有類似質素的要求，以確保英語或中文教育在中中的效果。這是什麼理據？

這政策的片面做法，將使絕大部分的持份者成為輸家、對香港教育長期不滿，也對香港整體發展不利。

難為英中：這政策要將所有英中，放入一個六年上落車的不安機制上，長期擾亂學生學習及家長選校的心，而校長教師也極難安心教學及辦學。上落車，是根據英語教學的一些輸入條件（例如：85%以上優質學生，教師以前的英文科成績水平等），而不是教學過程及成果（例如，升大學率，科目公開考試成績，學生學習成果等）。這是不合理的，違背了績效取向的原則。例如，有英中的學生只有75%是優質生，但經過教師們多年的辛勞栽培，各科成績及表現，高於同水平（輸入方面）甚至擁有85%優質生的學校，這樣的英中不是應受鼓勵嗎？

這政策完全不理會「校本管理」精神，由中央微細控制校本運作，干擾學校用人的情況，翻教師的公開考試舊賬，不理教師的專業資格，不信任學校及教師。由於上落車機制，有些英中已考慮放棄與一些小學建立直屬關係，以求保證收生有85%優質生。無形中，這政策損害了中小學「一條龍」提供完整教育的良好意願和現行政策。

歧視中中：中中已多受到社會人士誤解或歧視。這政策對英中要求有85%優質生，加上「上落車制」、「30%自主收生」，「較佳中中可轉為英中」，於是數年後的局面，是將全港最好的30%學生逐步全入英中。換言之，進一步確保所有英中教最好的第一組別學生，而中中則只能教第二、三組別能力較差的學生。無可避免，中中將進一步被標籤為次等學校。

同時，由於適齡人口逐年縮減，中學正開始面臨殺校的危機。既然中中被標籤為次等學校，較不受家長及學生歡迎，自然首先成為縮班殺校的犧牲品。所以有能力而表現較佳的中中，多會考慮爭取上車成為英中，以顯示優勢，也可積極防止被殺校。故此，中中若不能轉為英中，被歧視為次等之外，面臨更大的封殺風險。

忽略弱勢：這政策以強烈措施保證學生有英語可教性，卻忽略弱勢學生的

教育需要。所提的派位制，繼續將學生五個組別合為三個組別，忽略過去這政策（1997－2005年）做成的嚴重弊病：

1. 將以前第五組別（約最底10%－25%）特別需要照顧的學生，也多是延續隔代貧窮、無法適應常規中學教育的學生，全部隱藏入第三組，無法分別出來，於是這些學生再無法得到應有的特別照顧和教導，卻反成為學校正常教學的沉重負擔，對所有學生不利；

2. 在校內及班內造成巨大學生差異，加上每班人數眾多，工作量大，教師普遍無法應付個別差異和需要，整體教學質素已受到嚴重影響，造成大量教育不達標或會考零分的現象；

3. 三組別的派位法，也造成目前有些英中再難達到85%以上優質生的結構原因，而非單是個別英中問題；同時，中中亦同樣面對校內及班內差異極大問題，難於有效提升英語及學業水平。

這報告疏忽弱勢學生的照顧和學生差異的弊病，任由學校及學生自生自滅。這對弱勢學生及其他所有學生的教育，都是不公平和不負責的。

教學更難：在2004年，我曾引用五個研究報告（鄭燕祥，2004b）指出，香港教師的工作狀態已陷入危境。其中主要原因之一，是教改將派位制度改變為三組別，全港中學教師因而要照顧大量校內及班內巨大個別差異，工作難度在短時間內急劇增加，並因經常性超高工作量及教改推行，造成了大量勞損、精神崩潰的廣泛現象。這政策將繼續超高工作難度的情況，大量教師亦將繼續受勞損，對所有學生的教育不利。

壓制家長需求：這政策號稱以母語教育為主流，行強制性英中及中中，漠視廣大家長、學生和公眾對英語教育的強烈需求和期望，卻提不出大眾理解和樂於接受的前景和理據，並將這種廣泛需求視之為「追求名牌」的虛榮，而加以限制。顯然，當絕大多數社會領袖、決策官員和精英份子的子女，都是接受英中教育或海外教育，這種壓制方法就已缺乏認受性和前景，卻只會積壓家長和社會人士的不滿，造成教育系統的長久混亂和隱患。

如何避免全輸家的政策？有沒有可共識的政策前景，讓學校、教師、學生及其他持份者的積極動力釋放出來？

» 二、欠缺前景

教學語言與升中機制的政策討論，應關注三個核心的問題：（一）這政策的前景是什麼？（二）要解決什麼問題？（三）現時所提的政策和方法能否解決這些問題，達成共識的前景？第一個問題至為重要，沒有高瞻遠矚前景的政策，只會製造更多問題，而所提的管控方法只會造成全輸的局面。

要確立教學語言政策的認受性，就需要清楚交待這政策對個體、不同階層，以及整體香港社會的發展前景，讓公眾討論，達成有根據的共識。例如，這政策應深刻說明以下的前景問題：

1. **文化資本**：語言能力是主要的文化資本（cultural capital），[2] 在本地及國際市場上有顯著不同的價值和發展可能性，那麼英中、中中將會為學生及香港的未來發展，帶來什麼文化資本呢？有什麼不同呢？雙語中學有何不可？

2. **社會流動**：教育是香港社會階級流動（social class mobility）[3] 的主要動力。但是，這政策將中學分為英中和中中，強化英中的精英地位，這是否在惡化階級分隔？還是加速階級流動？

3. **經濟發展**：在面向全球化及經濟轉型的挑戰，香港要成為國際大都會，那麼這語言政策是回應經濟高增值發展，還是落後整個競爭形勢？是否有滿足公眾和家長對英語教育的強烈需求？

4. **教改形勢**：教改出現的樽頸危機，班內及校內學生差異極大，教師陷入超工作難度和超工作量的困境，這政策是否有助解決這些問題？還是惡化而不利教改推行？這政策的嚴厲管控與校本管理的精神，有什麼關係？

很可惜，這份工作小組報告沒有幫助公眾理解這些核心前景問題，大家只集中教學語言管控措施方面的爭論。

欠缺認受性：雖然報告書強調廣東話教學為主流，但在家長、公眾，甚至教育工作者之間卻非常缺乏認受性。2005年，我在一個語言政策研討會中，向在座三百多位中小學校長和資深教育工作者提問：「若可以，您為自己子女選英中嗎？還是中中？」只有三位選中中，其他壓倒性地選英中。這說明什麼問題呢？他們都是最熟悉學校教育情況的人，而且多數是在中中或母語學校工作，但是他們都不選擇中中。

當我再問他們：「您估計香港官員、決策階層、中上階層的子女，有多少在本地英中或海外英中就讀？」他們全面回答有九成以上。這又說明什麼問題呢？無論是否真的九成以上，都說明這一刀切的教學語言政策，缺乏應有的認受性。

欠缺信服的數據：由於這政策將強制性地劃分中學為英中和中中，而當局大力鼓吹中中的好處，那麼就有責任向所有家長、學生及公眾，提供清晰的資料及數據，說明中中畢業生在升學、就業及未來發展，相較英中生來說，並無不利不公平的境遇。可以提供這些資料嗎？

有沒有做過研究分析，說明英中或中中畢業生進入本地大學的醫學、法律、精算、環球商管等高增值的專業學系機會有多少嗎？一般認為，中中畢業生的機會非常渺茫，可以用數據澄清這是誤解嗎？加上近年本地的名牌大學（如港大、科大、中大）正要大力國際化，是否可以向公眾說明中中及英中畢業生在本地及海外的升學前景沒有重大分別？會信嗎？

作為影響深遠的強制政策，若拿不出信服的數據，就會非常危險，使人懷疑是否「閉門造車」，甚至「表面鼓吹母語教學，實在維持階級分隔」。

欠缺天時地利人和：這政策是否具備天時、地利、人和的成功條件呢？天時，可以理解為它的認受性和未來前景。如上面所論，這政策是欠缺認受性和前景的。地利，是指政策在目前環境下推行的合適性。這政策所提的六年英中上落車的不安機制、85%優質生條件對中小一條龍教育的衝擊、學童人口縮減的殺校威脅、學校間的劇烈競爭、公眾對英中的偏愛對中中的歧視、中中教材

的落後欠缺、廣東話教學不是真正中文教學等，都是不利這教學語言政策推行的。換言之，政策欠缺地利條件。

人和，是指主要持份者（家長、學生、學校教師、顧主等）對這政策的接受和滿意，願意合力推行。但如上文的分析，這政策將出現全輸家的局面：英中被無理為難、中中進一步受歧視、弱勢學生被忽略、教師繼續疲困、公眾對英語教育的需求受壓制，再加上引來中中與英中的相爭、津中與直資的相爭，香港教育將陷入長期不穩定的局面。何來人和？

如何解答上述前景問題，以提升有關政策的認受性、合適性及接受性呢？

» 三、文化資本與階級流動

教學語言及升中機制的政策討論，既是微觀的教學效能問題，也是宏觀的文化價值及社會發展的功能問題。對學生來說，不單是用廣東話學習的好壞問題，更重要的是未來日子在香港及世界上的發展機會高低。故此，在自由社會及全球化的趨勢下，這政策能否為學生好好準備未來，在文化資本及社會流動方面，有較優的發展機會呢？

語言資本：透過學校教育，學生不只獲得有形的知識和技能，還會獲得無形的文化資本，包括語言資本、世界觀、價值觀、信念修養、同儕人脈、校友網絡，以及學校品牌的庇蔭。在不同背景的學校，學生獲得的文化資本可以完全不同，高低有別，因而未來的發展大有不同。不少中上階層家長都會深明其中道理，所以會用盡各種辦法，力爭子女進入「名校」。而低下階層的，沒有那麼多辦法，也知道「名牌學校」可改變子女的命運。古代孟母三遷的故事，可說是父母為子女追求文化資本的苦心例子。我們不應視之為貪慕名牌。

語言資本是文化資本的重要部分。何種語言、何種教育會帶來更高的資本價值呢？這應是今次語言及升中政策的關鍵課題。從國際通用性、市場供求量及傳統權威地位來看，語言資本的潛在價值在香港市場上，是有高低分別的，一般認為英語最高，廣東話則較低，而普通話則在快速上升中。雖然我們心理上並不一定願意接受這樣高低的現象。

文化資本分配：當英語的資本價值較高而廣東話的較低時，這政策卻強制性地將中學二分為英中和中中，強迫大部分學生接受廣東話教育，而讓小部分學生享受英語教育，自然有公平問題。如前所論，這政策並用「上落車制」、「英中要有85%優質生」、「英中教師英文水平」、「純英語環境」等條件，強化英語教育的精英地位，對英中學生獲取高價文化資本，接軌進入本地及國際大學，未來發展絕對有利。

但是，這政策卻對中中教育沒有相類似的保證要求，而中中又往往要收取組別較差的學生，其中包括最底10%－20%的弱勢學生，帶入不少低層貧窮文化（culture of poverty）[4]的負面因素，校內及班內學生差異極大，學習氣氛較難營造，加上中中往往受到歧視為次等的主觀及社會因素，無形中，中中學生較難獲得優質文化資本，如語言資本、世界觀、自信及學校品牌的庇蔭等。

這樣的二分法，就在學生小學畢業後，進行文化資本分配，讓他們進入發展前景大有不同的英中和中中。這政策是不公平的。

雙語與文化資本的創造：面對全球化的挑戰，本地的經濟命脈、社會文化活動及高等教育發展要更趨國際化，英語愈來愈需要。同時，中國已崛起成為經濟大國，中文及普通話也日益重要。香港作為中西經濟文化的交匯點，其生存和發展的基本模式，是要在不同經濟文化體系的交流、交換、交易、轉運及服務活動中，增值創值，從而贏取利益，繁榮起來。過去如是，將來也如是。故此，中英雙語能力愈來愈重要，應成為香港整體及新一代，在激烈的全球化競爭中，非常戰略性的創值增值的文化資本，影響個人及香港的未來與生存。

從這點來看，香港的教學語言政策應高瞻遠矚，有長遠策略發展學生的中英雙語能力的，而不是簡單的分英中及中中教育。當學生具備雙語能力，就能獲取更廣闊的文化視野和資訊接觸面，從而更有效為自己創造新的文化資本，並可由文化意念及識見的交流及轉移，成為珍貴的個人及香港整體創造力。

最好的是我們的學生做到：「我能與世界多數人溝通」；「我有信心用英語或中文學習不同科目」；「我有雙語能力閱讀及應用萬維網上最新的資訊和知識」。

階級分隔：如第三章所述，過往香港有非常優秀的公營學校系統，提供最便宜的世界級教育。這系統最能推動社會階級流動，無論家境如何貧困，學生

都可以靠自己的努力，讀上最優秀的學校，進入大學，然後創造自己的事業。香港無數社會精英的奮鬥歷程，已見證了這系統的優勢。

但是，近年這優勢已逐步受到破壞。學校的階級分隔性愈來愈強。這政策進一步強化英中與中中之分隔。透過英中精英化的管控，精英會更精英化，鞏固了中上階層；中中主要收的是較差組別的學生，受到擴大學生差異的嚴重負累，弱勢學生和其他中等學生的教育，皆處於十分不利境況，較難取得高價值的文化資本，當然不利於階級向上流動。

可以說，這教學語言政策及升中機制，會造成文化資本的強制性不公平分配，進一步加劇階級分隔，有違背自由社會所倡導的「階級流動」、「績效競爭上流」原則，亦無助提升香港在國際社會中的地位和競爭力。

» 四、中央管控與校本管理

決策者和不少論者都清楚知道，教學語言的政策討論是複雜而富爭論性的。但是，卻很少人認識到，愈是由政府中央嚴苛管控，爭論會愈大，產生的問題愈多，人們愈不滿，其期望和動力愈受挫敗和抑壓。決策的結果不是全輸家，就是不公平的偏幫和壓制。換言之，這政策的討論，正陷入一種古典「中央管控的迷惘」。

管控的迷惘：這中央管控的迷惘和困局，有以下一些特徵（例子）：

1. 政策愈要鼓吹母語教育為主；但不幸的，卻要英中愈精英化，而中中進一步受誤解和歧視；
2. 政策愈要為社會好學生好，嚴厲地控制英語教育的供應；但遺憾的，廣大的家長、公眾和學校的期望和需求，卻愈受強烈壓制而不滿；
3. 政策愈要避免對學生的標籤效應；但竟然，愈強化英中及中中之分隔，用上落車制說明英中優越性、中中次等；
4. 政策愈要堅持單英語沉浸環境對英中生學英語的重要性；但明顯的，愈不要中中生有這樣的環境去學習英語；

5. 政策愈要以強制措施保護學生的教育質素，「甚至不怕得罪全世界」；但不幸的，對公營學校（直資、津中）的教學語言政策有不公平的雙重標準。公眾不明是教育理據、市場理據，還是政治理據？

管控的失效：每項中央政策的原意是那麼美好，為何會這樣事與願違，充滿矛盾呢？實在，不足為奇。過去二三十年本地及國際的教育改革經驗，都已說明這樣的中央管控的失效、弊病和限制性，不足以改善教育滿足社會多元多變的需求，故此，政策上有範式轉變（paradigm shift），推動校本管理。[5] 這次語言政策的困境和迷惘，只是再重複過去中央緊控的弊病，十分古典。

中央管控，往往假設決策者有無限智力（unbounded intelligence）和能力，能充分了解大小教育問題的複雜性及各層面的不同需要，並提出有效而相當全面的策略、標準辦法和程序，解決教育系統及校本的各樣問題。這樣的管控，又多假設家長、教師及學校能力不足，不可信賴，要中央周全照顧及監察。故此學校的管理工作，須依中央指令執行，並不照顧校本特性和需要。這次教學語言政策，就是這樣的思維。

但是，由於社會急速發展，公眾對教育的期望和需要，變得多元複雜而高企，中央管控的一刀切政策，完全應付不來，各方面不討好，迷惘失效，損害了各持份者的積極性。中央管控的原來假設，不切實際。

校本管理與質素保證：在九十年代初，香港已推行學校管理新措施（SMI），在2000年起全港公營學校進一步實行校本管理，目的在下放決策權力到學校，讓學校（教師、校長、校董）及有關持份者（包括家長、校友及其他社會人士）有相當大的自主權和責任承擔，根據校本需要，共同為學校發展長短目標進行規劃，並運用資源解決面對的問題，進行有效的教學活動（Education Commission, 1997）。現在香港學校的運作，理應有足夠參與性、透明性、發展性、規劃性、專業性及問責性，對教學、考試、課程以及語言教育，可自我管理和監管。

換言之，教學語言政策應適當信任學校及其持份者，容許較大程度的校本自主，讓他們根據校本條件和需要，努力去計劃、準備、發展及解決面對難

題，以滿足不同背景及水平的學生需要，從而擁有最大發展及成長機會；同時，又可滿足家長和公眾對語言教育的多元期望。

» 五、強迫政策的認受基礎

我是母語教學長大的，我相信，母語教學是有一定的成效，但亦有一些限制性。在基於學校自決家長選擇的條件下，沒有人會反對母語教學。目前教學語言政策是強迫性的、一刀切的，剝奪了絕大多數家長、學生及學校的自決權，公眾當然非常關注它對學生及香港帶來的衝擊。所以政策討論的核心，不是母語教學是否有效，而是政策的強迫性及其代價和影響，家長、學校及公眾是否理解及接受，而政府有沒有提供足夠嚴謹的理據，讓政策在公眾中有認受性。

目前教學語言政策的強迫性的認受基礎，是當局要令公眾相信母語教學在其他科的成效有絕對優勢，同時絕不會以學生英文水平及未來發展（升學就業）為代價，要兩者兼得。若不能明確證實兩者兼得，那麼這政策就要失去認受性，就請還給家長、學生及學校應有的自決權。故此，香港學生英文水平是否下降，是必要關注的。

英文水平沒落：強制性教學語言政策自1998年推行後，2005年8月10日是第三年有關學生的會考成績放榜。不少人認為這三屆學生成績優劣，應可顯示這政策的母語教學的成效，特別是否中中學生可以提高所有科目包括英文的學習。

放榜後，當局指出，中中學生在差不多所有科目的合格率持續上升，[6] 包括英文科有很大進步，甲乙兩卷合格率都創新高，由此說明母語教學的成效，英文也可以更好。但是，一些社會人士很快發現，這些表面數字是不可信的，因為有大量能力中等的中中生轉考了程度較淺的 A 卷，於是 A 卷的合格率是扯高了，而 B 卷因少了能力較弱或信心不足的考生，於是合格率又無形升高了。

實際上，整體香港會考生的英文水平是上升還是下降呢？多年以來，無論升學或就業，大家都公認，獲得 A 卷的 C 等成績，只是相當於 B 卷的 E 等合格成績。若以此換算，就可以得到整體中學生的英文合格率，然後進行各年的比

較。將日校考生在母語政策後各年會考成績與2002年（政策前一年的考生）的比較，如表7.1所示。我們可以看到以下令人憂心的現象：

表7.1 整體英文科合格人數及百分率的比較

會考生年份	考英文A卷人數（百分率）	考英文B卷人數（百分率）	考英文A卷及B卷的總人數	英文總合格人數（A卷獲C以上＋B卷獲E以上）**	英文總合格率	合格率與2002年的比較	合格人數與2002年的比較
2002年（政策前）	15 889人（21.26%）	58 843人（78.74%）	74 732人	41 809人	55.94%	————	————
2003年	18 652人（25.28%）	55 127人（74.72%）	73 779人	38 918人	52.75%	少3.19個百分點	少2 891人
2004年	22 933人（31.03%）	50 978人（68.97%）	73 911人	38 814人	52.51%	少3.43個百分點	少2 995人
*2005年	28 733人（37.31%）	48 276人（62.69%）	77 009人	40 478人	52.56%	少3.38個百分點	少1 331人
自2002年以來，母語教學政策引致英文合格人數下降的總數（亦是香港在英語能力方面的生產力受影響的人數）							共少7 217人

* 2005年的數字，根據考評局在8月10日公佈的數字

** 依考評局公佈數字及百分比計出，四捨五入

　　每年英文科整體合格率都低於2002年的55.94%：2003年是52.75%，少了3.19個百分點；2004年是52.51%，少3.43個百分點；2005年是52.56%，少了3.38個百分點。母語教學政策實施後有畢業生的三年，香港學生整體英文水平一直下沉，由3.2－3.4個百分點不等，實在看不到當局及傳媒所高調宣揚的創新高。由於涉及學生總數七萬多，這些下沉百分比也影響及1,300－3,000人。

　　由於2003年整體英文會考合格率的下調，當這屆學生（尤其是考A卷的）在2005年面對難度更高的高考英文科，合格率就相應的被扯下來（比2004年低了3個百分點，與會考相若），創十年來新低，在社會引起極大反響，質疑母語教學的成效。2005年，我曾預測「可以預見合格率下降已成趨勢，2006

年及2007年的高考英文合格率，仍將會在低位」，不幸言中。在2007年，高考英文科合格率（73.9%）跌至12年新低。在2008年（74.4%）、2009年（76.4%）稍為回穩，但與2004年政策前一年最後畢業生（79.6%）相比，仍下滑近3.2－5.2個百分點。

英文信心沒落：多年以來，英文甲卷是非常弱勢的，認受性十分低，在1996－2005這十年間，成績差劣不獲評級（U等）的百分比，一直是31.1%至37.8%（即10人中便約有3－4人是U等），是所有科目最高的，最近三年內U等人數一直急升，共達24,301人，慘不忍睹。這樣的卷，實不足以論成效。

長久以來，在找升中六學位時，甲乙卷都會相同計分，就算這樣，不論英中或中中的學生，大多不考這卷，在1998年強迫政策推出的前三年（1996－1998），考甲卷人數只有10.48%到12.5%。

所有學生都知道，B卷是主流的英文課程，在升學及就業都有絕大的認受性，但若捨B卷而考程度較淺而認受性不高的A卷，在相當程度上，表示學生對自己學習英文能力沒有信心。所以，考A卷人數百分率，無形中成為學生對英文能力缺乏信心的指數。

自1998年開始母語教學，考A卷百分率由12.19%上升至2002年的21.26%，增幅為9.07個百分點。但到2005年，考A卷百分率竟達37.31%，是2002年的1.75倍及1998年的3.06倍（見圖7.1）。這些數字都充分顯示，自母語教學實施後，愈來愈多香港學生對自己的英文能力缺乏信心，英語學習文化大降已成為趨勢。[7]

由於整體英文合格率下降，自2002年後，每年為香港培養英文合格（B卷或同等）的人材都比實施母語教學前減少（表7.1），在2003年少了2,891人，在2004年少了2,995人，在2005年少了1,331人。三年合共少了7,217人。長遠來說，這將累積成相當龐大的數字，對這群學生個人升學就業發展固然不利。同時，正在嚴重影響香港整體在英語能力方面的生產力和國際競爭力，長此下去，這教學語言政策的殺傷力非常危險，不可不認真檢討。

公眾及當局都相信母語教學在其他科的成效，是不應以英文科為代價，應

該兩者兼得。抱歉，上面的分析說明這可能是一廂情願的想法，英文科並沒有真正進步，反而是很大的退步，弱勢漸成主流。

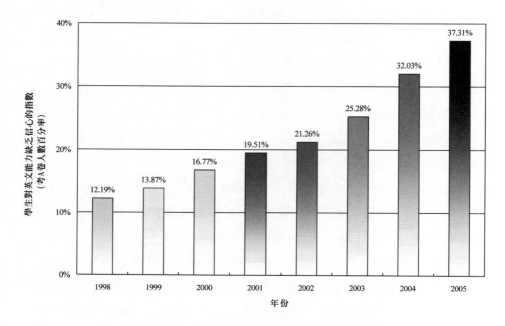

圖 7.1 學生對英文能力缺乏信心的指數

» 六、政策微調

如上所述，「一刀切」的強迫性教學語言政策的認受性及效果成疑，面對頗大挑戰，長期受公眾責難。在2005年2月22-26日和7月13日，我在報章發表連載文章，公開詳細分析問題及弊病所在，要求取消強分英中及中中的一刀切政策，放寬強迫性，讓學校有多些彈性，以校本方式來進行多元的雙語教育，辦雙語中學；讓家長有多種的選擇權，滿足期望（鄭燕祥，2005b, d）。可惜，這政策一直沒有改變。直至2009年，當局才提出教學語言微調方案諮詢，在2010年實行（Education Bureau, 2009），不分「英中、中中」，但給予學校彈性，依據學生能力，可在校內分「英文班」、「彈性班」及「中文班」。這次政策調整，可說是一項進步的舉措。

在2009年諮詢期間，我作過分析，公開回應，總結過去十年發展，指出政策主要有三種選擇（鄭燕祥，2009a）：

(1) **維持目前「一刀切」**：即中學只分「英中、中中」，行「上落車」制；

(2) **當局新提的外控微調**：即不分「英中、中中」，但校內可分「英文班」、「彈性班」及「中文班」；及

(3) **校本微調**：即不分「英中、中中」，而校內如何分班、分科、分時，用何教學語言，皆校本自決。

何者上策？我們應從不同層次，包括宏觀趨勢、語言發展機會、學習歷程理據、政策認受性、政策可持續性，以及質素保證機制等，全面分析三者利弊。

宏觀趨勢：教育為未來。面對中國興起的機遇、全球化的挑戰，學生未來發展與中英雙語學習能力息息相關。「一刀切」卻以廣東語（母語）教學為主要政策，絕大部分中學生不准盡早用雙語學習，與時代需要背道而馳，也與整個中國普通話教學政策相違。

外控微調，仍堅持廣東話教學，但依英語教學三條件，有限度開放，分班形式，可英語或雙語學習。校本微調，則沒有母語教學政策，依學校本身宗旨及條件、學生能力、家長需要，大勢所趨，決定教學語言，可形成多元多途徑，多類別的雙語中學。從配合時代趨勢、未來發展及多元需要來看，校本微調顯然較優。

雙語學習能力發展機會：哪個政策能提供最大機會，發展學生雙語學習能力？「一刀切」規定25%津中為英中，約有550班中一學生用英語學習，數目遠少於原來約40%–70%有能力用英語學習的學生（見表7.2）。換言之，相當部分（15%–45%）有能力學生錯配，被強迫用廣東語學習，失去用英語學習的機會。這政策對學生未來發展不利，也不配合當年60%學生入專上教育的政策期望，[8] 亦無助改善雙語學習的語境及文化。

外控微調，是讓40%有能力的學生有機會用英語學習，提高可用英語或雙語學習的彈性班數目，在中一約達至900班。而中文班可有25%延長時間，讓

學生最高有45%英語教學時段。這政策，可配合60%學生入專上教育，有計劃改善學習英語的語境及文化，較「一刀切」大有進步。

在校本微調方面，學校基於香港發展趨勢，將傾向提供最大機會給大部分學生用雙語學習，配合學生未來需要，根據學生能力初步估計，全港將逐步有40%－80%學生雙語學習，而另有10%－20%學校堅持母語教學。這政策最能配合香港邁向高知識社會、讓80%或更多學生入專上教育的趨勢，亦有利於形成多元、多層次的雙語學習的文化環境。

表7.2 雙語學習能力發展機會

「一刀切」	外控微調	校本微調
• 25%中學為英中，中一約550班[9]英語學習，不能滿足40%－70%[10]有能力用英語學習的學生 • 相當部分有能力學生被強迫用廣東語學習 • 不配合60%學生入專上教育的趨勢 • 無助改善學習語境及學習英語文化	• 讓40%有能力學生用英語學習，中一900彈性班 • 中文班有25%延長時間，讓學生最高有45%時間用英語學習 • 配合60%學生入專上教育 • 有計劃改善語境及學習英語文化	• 基於發展趨勢，學校將傾向提供最大機會給大部分學生用雙語學習 • 40%－80%學生雙語學習，10%－20%堅持全母語教學 • 配合邁向80%學生入專上教育趨勢 • 形成多元、多層次的雙語學習文化

學習歷程論據：三項政策選擇，都說為學生的學習歷程着想，但所持的論據相差甚大，故目標和方法不同。「一刀切」抱靜態觀點，較簡單化機械化，認為學生用英語學習的能力不再發展，所以中一能力不好，就不能再用英語學習，只能用廣東話。又認為學英語或用英語學習，只能用全校全語境進行，不容雙語環境，故只能分為「純中中」及「純英中」。

外控微調的論據，略進步，有彈性，認為學生用英語學習的能力可發展；但中一入學水平已有決定性，故須根據教育局指定措施，分英文班、彈性班及中文班的模式進行，加以監察，確保英文班用全英語境學習，中文班以廣東話學習，彈性班可有不同選擇。

校本微調較切合教育發展的理念，認為中學生英語或雙語學習能力起點，

雖快慢不同，但可發展的，不是全由小六成績所決定，學校教導角色至為重要。由於學生及學校的條件不同，發展時序及方式有頗大差異，不宜用單一指定模式進行，應讓學校發展適合自己學生的雙語學習環境，合情合理。

從宏觀形勢、發展機會及學習歷程來看，校本微調應最可取，外控微調次之，「一刀切」應放棄。

政策的認受性：政策發展涉及社會長遠福祉。分析教學語言政策的優劣，除看教育理據外，還要研究影響成敗因素，例如認受性、可持續性及質素保證機制等。

從公眾認受性來看，目前「一刀切」政策是強迫性的，有三大弊病：

(1) 不配合社會發展期望，剝奪絕大多數家長、學生及學校的自決權，強迫15%－45%有能力學生全用廣東語學習，失去用雙語學習機會。引起社會人士長期不滿；

(2) 只針對津中。直資中學（直中）也受公帑資助，但不須遵從規定，可自訂校本教學語言。政策不公，沒有教育理據；及

(3) 與教改倡行的中小「一條龍」矛盾。英中收生有外在規限，小學中學再不易結龍來發展學生的整體教育。

當局新提的外控微調又怎樣？因是外控，中央指定教學語言，由「分校分流」轉為校內的「分班分流」，其強制性與「一刀切」一樣，津中必須執行，而直中可以不從，不公仍存。外控的分班政策，亦有違「一條龍」整體教育的原意，與校本管理政策矛盾。不少學校反對。

若實行校本微調，讓津中根據學生及學校本身條件，自訂教學語言，將與直中一樣，符合校本管理的原意，沒有不公問題，也不會與「一條龍」矛盾。多年來，直中行之有效，政府及公眾受落，相信津中也應可以。

政策的可持續性：在「一刀切」政策下，大部分津中不幸被視為弱勢學校，只宜用母語教學，執行無前景的教學語言政策。師生積極性受削弱，對前途對英語教學，普遍缺乏信心。這境況不利香港長遠發展。加上學校「上落車」機

制，成者英中，敗者中中，中中將被看作失敗者學校。學校系統循環受震盪，遺患深遠，非改革不可。

外控微調政策較有彈性，但仍由中央管控，將學校「上落車」的社會震盪，轉化為校內「上落班」震盪，成者英文班，次者彈性班，敗者中文班。校內英文班數目成為學校成敗的指標，影響家長選校取向，也主宰師生對前途及自我的信心。所以，這種中央規定的分班法，有整體標籤效應，造成校內學習環境長期不穩定，師生不安心，但學校面對縮班殺校的壓力，為求生存，不得不追求更多英文班。這將不利校本雙語學習的發展。更可能的，是造成更大管理困難，教學、備課及營運的工作量及成本，都因有不同語言班而倍增。可預見教師工作壓力將激增而影響教學質素，打擊政策的可持續性。

根據國際校本管理的經驗，校本微調政策，不存在強迫性，應最能發揮家長、師生及辦學團體的積極性。因根據校本目標及條件決策，應最能優化學校資源的使用，安排如何分班、分科、分時及運用何教學語言，多層次多方式，配合學校學生不同階段所需，故政策可持續發展。過去直中的校本做法，已提供寶貴的成功經驗，相信不用當局嚴密外控。

質素保證的機制：政策的質素保證理念不同，機制將有異。「一刀切」和外控微調的質素保證重點，在中央管控，分別用強制的「分校分流」或「分班分流」，保證英中或英文班有純語境學習及全英語教學。雖然當局近十多年大力推動校本管理，但在教學語言上，就是不信任津中的校本管理及其質素保證機制，也不信任學校自評及外評的監察功能，所以對校本微調總是不放心，恐怕放權就混亂。做法是矛盾的。

既然直中校本微調可行，為何津中不可行？故此，當局應堅守校本管理的問責精神，信任津中現有的質素保證機制，讓自評及外評提供全面的監察。

近來不少語言學者都指出，促成學生以英語學習或學習英語，有各種不同途徑，可因應情境及條件不同，各施各法；而英語純語境雖然是學英語理想條件，但不是唯一條件，要在香港多語言社會中，強求所有津中保證有這些條件而行英文班，是不切實際的。

故此，當局的工作重點，不是監控津中的枝節操作，例如是否「英文書中

文教」或「英文班純語境」等，煩人煩己，而是確保學校整體的校本管理及自評外評機制有效運作，為學校、學生及教師的長短期發展及表現，作最佳的規劃、管理及問責。

總言之，維持「一刀切」是最差選擇，絕不可取。外控微調有很大進步，雖稱微調，實是大調整，提供可行的彈性，但其認受性有局限，政策矛盾仍在，難於持久發展。校本微調是上策，有認受性，富彈性，能配合學生多元需要及雙語教育發展，發揮校本積極性，可持續發展，但早期推行，需要大量專業支援，降低殺校壓力，讓教師安心教育工作，並發展合適的校本教學語言。

» 七、政策建議

教學語言政策涉及教學效能問題，也與文化資本、社會流動，以及未來發展機會有深切關係，影響深遠。基於前面的討論，我對教學語言政策有下列的總結。

檢討及改革教學語言政策：雖然香港教學語言政策已在2010年作出「微調」，但已落後於香港整體的發展形勢，使絕大多數學生及整體社會，在未來十至二十年，於大中華地區及全球的競爭和發展中處於不利位置，肯定需要深入檢討及改革。主因有二：

第一，在全中國，都不是推行母語教學，而是用普通話教學，讓口語和書面語最有效配合；就算是廣東省，也不用廣東話教學。回應中國崛起之大形勢，就應有長遠策略，逐步在中小學發展普通話教學，而非強制性地迫令絕大多數中學進行廣東話教學，讓口語與書面語分離，成為全中國學習中文或以中文學習的最困難地方。

第二，香港要回應全球化的挑戰，進一步提升國際金融中心地位，鞏固作為中國對外的最重要窗戶，不被其他城市代替，英語教育應成為香港學校的核心部分，而學生以英語學習而走向世界的能力，就成為個人及香港社會未來發展的最大資產。故此，不應強制絕大多數中學成為廣東話中文中學，妨礙個人及香港的未來發展。

簡言之，中英雙語學校應是香港要逐步推行的主流教育，而非廣東話教學。

採用較彈性政策：基於過去校本管理和中央管控的發展經驗和分析，我們可以改變中央管控的強制性政策，不堅持用全英語沉浸環境學英語的概念，不再強迫分中學為英中及中中，讓津中可由現在的「外控微調」逐步轉變為「校本微調」，有一定自主權，根據校本條件及需要，發展適合學生現在及未來需要的校本教學語言政策。

這樣達成的作用有三：一是讓校本持份者在語言教育上發揮積極性，並承擔教育質素的保證及問責，因而更符合校本管理的原則和精神辦教育；二是能更有效配合學生需要，提供較多元而配合不同持份者期望的語言教育服務；三是避免以過分簡化的二分法或中央管控，壓抑公眾及家長對語言教育的強烈需求。平心來說，這是香港人歷來靈活做事的傳統，你說是「港式教學語言政策」也可以。

協助轉型為雙語中學：如我在2005年提出，中英雙語資本，將是香港整體及新一代未來發展所急切需要而非常戰略性的文化資本。對不同行業及不同學生的發展，所需的雙語資本的程度是有很大的分別，有些需要英文多些，有些需要中文多些，有些則中英同樣非常需要。「英中」和「中中」，只是不同類型或不同程度的雙語中學的兩個極端。換言之，我們若要加強雙語中學教育，就不應再將香港中學只簡單化分為英中或中中，所有中學都是雙語中學，但在教學及課程的雙語類型或程度可以不同。

基於這幾年「微調」政策的經驗，有關當局可鼓勵及協助各中學用六至十年時間，按校本條件及需要，逐步轉為不同類型或程度的雙語中學。初步提議如下：傳統的中中用英文教學時量或內容，可按校本需要逐漸增大，例如初中增15%–30%課時，高中增30%–70%。增加方法：有（1）英文課及相關活動、（2）科目教學及（3）延伸學習方式。同樣，傳統的英中也增加中文教學時量或內容，由15%–40%不等。雖然雙語在教學上的含量，各校因學生需要可能有所不同，重要的是讓學生有基本雙語能力，以及有使用雙語學習一些科目的機會、經驗、信心和能力，為未來發展奠下基礎（鄭燕祥，2005b, d）。

這樣，雙語中學就是香港未來的戰略優勢，沒有明確英中及中中之分別，

可消除對中中的歧視及長期不利的因素，也不必難為英中要上落車或要純英環境，讓所有學校、學生及持份者都能有較開闊而平等的發展前景，各就所長，各取所需，努力做好教育工作。香港整體因此而得到共贏而快速進步的未來。

確保教學語言質素：雙語中學目的在提供環境，學習雙語及使用雙語學習，從而獲得最大價值的文化資本。雖然在不同學校、不同科目，甚至不同學生組別，雙語使用程度會有差異，但絕不應是口頭上的混合語、中英夾雜。當然容許不同科目用不同語言授課，例如用英語教數學或生物（包括口講、書本、評核），又可用中文教通識或聖經。在不同過渡期間，特別在高年級，亦容許「港式」的實務做法，即用英文的教材、作業及考卷，但用廣東話或普通話講解及討論，我們不應譏諷之為「掛羊頭賣狗肉」。重要的是學生在科目上的表現及成績，能達致期望的合理水平。

至於整體校本教學語言政策以及哪科用哪種語言，應要有清晰的校本計劃及質素評審機制，交由校董會審批和監察，並送教育局備案。當然，教育局的外評機制亦有重要的監管角色，保證質素。若要設定一些準則，作為全校或科目教學語言選擇的指引或參考，則應以既有績效表現、增值程度為主，而不是以輸入因素（例如教師當年英文科會考成績）為決定因素。

長期的語言政策建議：研究和實踐經驗都指出，兒童有學雙口語（不應是混雜語）的天生能力，愈早開始培育愈好。可以說，口頭英語或普通話，愈年幼學，愈易學，效果愈佳。既然雙語能力是香港整體及新一代的最大文化資本，對幼兒及小學的雙語教育，應及早大力研究及推行。若只在中學階段才加大力度提升學生雙語能力，是不足夠，時間配合上也不理想。

有關當局應有長遠策略，發展及改善幼兒教育和小學教育的語言學習環境，例如語言師資、小班、教師工作量、課程配合等支持雙語教育的有效發展。有恰當的教育配套和質素保證，讓每個小學畢業生，有能力及有機會在中學進行雙語學習。這可大大改善在中學時使用英語或普通話互動及學習的困難。目前兩岸三地中學生及大學生用英語學習時，閱讀和書寫方面問題較少，但在聽講時較困難，形成學習時被動。

優秀的中小幼語言師資，對香港雙語教育的成功是非常重要。要有長遠的

語言教師培訓政策，吸引優秀人材成為中小幼的雙語教師。沒有優秀教師，什麼語言政策和教育新措施也做不來。在香港實施雙語教育，仍有不少技術及認知上的困難和挑戰，需要大量研究及發展工作支持實踐，當局應考慮成立一個雙語研究及發展中心，推進這方面的發展。

最後我希望，這一章有關教學語言政策的討論，能消除一些不必要的誤解，為香港整體及新一代的未來發展，提供一個可參考的前景。

按：本章部分內容取材自鄭燕祥（2005b, d, e, f; 2009a），更新修改而成。

註釋

1 有關背景，可詳見第 2 章。
2 可參考一般論述 Wikipedia: Cultural capital: https://en.wikipedia.org/wiki/Cultural_capital。
3 可參考一般論述 Wikipedia: Social mobility: https://en.wikipedia.org/wiki/Social_mobility。
4 可參考 Wikipedia: Culture of poverty: https://en.wikipedia.org/wiki/Culture_of_poverty。
5 有關中央管控和校本管理的理念分別，可參考 Cheng（1996, Ch.4）。
6 官方公佈母語教學成效時，沒有提供各科各組的基本人數和合格率，也沒有數據說明多少中中在高中時已轉為不同形式的雙語或英語教學，也沒有分析高中教學語言與會考成績關係，不知道這不是雙語教學或其他原因的影響呢？研究上難於歸因。可公開數據，進行深入分析。
7 在 2006 年最後一屆會考，考英國語文科（課程甲卷）學生再增 13.9%，共 32,722 人，而考課程乙卷人數再下降至 43,350 人。
8 在 2000 年，時任特首董建華在施政報告中公佈，要在十年內把適齡人口接受大專教育的比例增至 60% 或以上。
9 依 2009 年數據。
10 40% 為歷來討論的官方數據。根據小六全港系統性評估，英文科達標率為 71%－72%，若以此為準，有能力用英語學習的學生應約 70%。

第八章

國民教育：廣義與狹義

　　教改要回應社會的重大轉變。1997年香港由英國殖民地回歸為中國特別行政區，實行一國兩制。雖然生活方式、經濟模式保持不變，但這轉變，除在正式的管治主權改變外，也無可避免地帶來不同層次的、無形的、互動的改變，例如在一國兩制下，國民身份、社會期望、政治實踐，以及文化認同等方面，與殖民地時期已經不同，應有怎樣的發展？怎樣的準備和轉變，才能讓一國兩制健康發展下去，而香港作為中國的特別行政區得到最大而持久的發展機會？

　　從教育角度來說，學生及年青人應怎樣學習以準備這樣的轉變，推動香港、中國而至世界的發展，從而擁抱美好的未來？這都是涉及國民教育的核心問題，影響着整個香港現在和未來的發展。

　　自1997年回歸後，香港大力推行教改。但十多年來，國民教育從來不是教改的重心，也沒有明確的長遠政策去指引、推動和發展這方面。只是在2001年推行課程改革時，將德育及公民教育列作四個關鍵項目之一，並在2008年推出《新修訂德育及公民教育課程架構》，修訂相關的學習內容。可見在教改十年後，還沒有足夠重視國民教育的政策，幫助上述多層次多方面的社會轉變及身份轉變。還只是在「德育及公民教育」[1] 的層次，談不上國民教育政策。

　　直至教改十二年後，在2010年10月特區行政長官發表《2010-11施政報告》，當局邀請課程發展議會檢視中、小學的德育及公民教育課程架構，設立德育及國民教育科，國民教育問題才凸顯出來。在2012年4月，課程發展議會發表《德育及國民教育科課程指引（小一至中六）》，其後發生「反國民教育」的社會風波，當局同年10月宣佈擱置這指引，不會要求學校使用（課程發展議會，2012）。

對不同人士而言，國民教育的涵義可以相差很大，有指是國民身份認同的教育，有指應是公民教育或國防教育，亦有指是政治教育或國籍教育，更有認為是文化尋根教育。既然涵義有異，施教或學習的內容及方法自然有別，應否用單一「德育及國民教育科」或多元多科的全面浸透方式來實施，難有定論，在乎視點，各言其是，但各有局限，各受非議。[2] 最近，有關爭論更演為化為政治風波。

這一章嘗試從一個廣闊的角度，分析國民教育的理念及實踐，希望可提供一個較全面的架構，幫助理解國民教育的多元涵義、功能及可能實踐方式，從而達成共識，制定長遠而全面的政策，推展有前瞻性的廣義國民教育。

» 一、國民教育的涵義

在公眾政策討論或是學術探討中，對國民教育的目標、構想及功能，往往有不少分歧。以下是一些常見的看法：

1. **身份認同**：國民教育是國民身份（national identity）認同的教育，幫助年輕人擁有清晰共同的身份，聯繫家國，以面對內外變化及挑戰帶來的混亂、模糊及不安穩的衝擊。[3] 國民身份往往指政治身份、社會身份或文化身份。

2. **公民教育**：設定國家是一個公民社會（civic society），國民教育自然是公民（civic education）教育或市民教育（citizenship education），培養年輕市民行為有公民社會的公民特質（Osler, 2011; Camicia & Zhu, 2011），發展他們在公民社會所需的視野、態度、技巧及理解力。

3. **政治社化**：國家本身就是政治實體（political entity）。在全球化及國際競爭激化的內外政治環境中，國民教育無可避免是政治教育，幫助年輕人政治社化（political socialization），服務國家的政治長遠發展和穩定性（Osler & Lybaek, 2014）。

4. **國家安全**：在當前國際動盪、恐怖主義橫行、外來滲透干擾的背景下，國家安全（national security）愈來愈受關注。國民教育有重要角色，幫助年輕人裝備應有的知覺、態度及技巧，貢獻國家安全。國民教育也可以是一種國防教育。[4]

5. **文化認同**：一個國家或地區有悠長文化根源及傳統，需要承傳及發展，故此，國民教育應協助年輕人文化尋根，建立文化認同（cultural identity），擁抱及發展這些文化遺產（Tonge, Mycock & Jeffery, 2012）。

由上可見，國民教育的涵義是那樣多元，故此，在政策討論、課程設計，以至教學實踐上的爭議無法避免（Ngai, Leung & Yuen, 2014）。實在，我們應怎樣理解這些分歧而作出統整，從而讓國民教育的政策討論走出困境呢？

教育目的在發展。看國民教育的本質，可從個人、社會、國家及世界的發展入手，相信會有前瞻性，對學生、香港及中國的未來會有建設性。在二十一世紀全球化的衝擊下，不論個人（國民）或社會，還是國家或世界，其發展是多元的、多層次的、互動的。可以有科技、經濟、社群、政治、文化及學習等方面的發展，也有個人、社會、國家及世界等不同層面的發展，都是緊密互動的。個人作為社會（例如香港）或國家（例如中國）的一份子，不論是公民還是國民，其多元的發展，自然貢獻社會及國家的多元發展，甚至世界的多元發展，反之亦然，世界、國家及社會的多元發展，無可避免影響個人的發展。[5]

由這些多元發展的概念，我們可以相應有多元國民（個體）（multiple national）的理念和特性，例如科技國民（technological national）、經濟國民（economic national）、社群國民（social national）、政治國民（political national）、文化國民（cultural national）及學習國民（learning national）等不同特性和期望，如表8.1所列；同時，亦可以有相應的多元社會特性，例如科技社會、經濟社會、社群社會、政治社會、文化社會及學習社會等；同樣，可以有多元國家及多元世界的特性。

表8.1 多元多層面的廣義國民教育

科技功能	經濟功能	社群功能	政治功能	文化功能	學習功能
培養多元國民					
科技國民 · 科技應用 · 理性求真…	經濟國民 · 競爭能力 · 創值增值…	社群國民 · 服務社群 · 關愛他人…	政治國民 · 公民態度 · 權利責任…	文化國民 · 文化信念 · 價值規範…	學習國民 · 終身學習 · 適應求進…
發展多元社會					
科技社會 · 科技建設 · 高科技應用…	經濟社會 · 優質人力 · 經濟創展…	社群社會 · 社群整合 · 社會平等／流動…	政治社會 · 政治認受／發展 · 民主團結…	文化社會 · 文化同根 · 價值共同…	學習社會 · 知識型社會 · 持續完善／發展…
貢獻多元國家					
科技國家 · 科技競爭力 · 科技昌明…	經濟國家 · 經濟競爭力 · 產業轉型…	社群國家 · 和諧共處 · 人本向心…	政治國家 · 法治開明 · 民主平等…	文化國家 · 文化延展 · 繼往開來…	學習國家 · 知識型國家 · 不斷求進…
邁向多元世界					
科技世界 · 科技全球化 · 科技應用擴散…	經濟世界 · 經濟全球化 · 產業合作…	社群世界 · 地球村共建 · 國際友誼…	政治世界 · 聯盟共識 · 和平安定…	文化世界 · 多元文化共融 · 全球文化共享…	學習世界 · 知識型世界 · 學習全球化…

「國民身份」（national identity）既是多元的，也是多層次的。在個人層面，是自我個體；在社會層面，一般指公民或市民；在國家層面，是國民；在世界層面，是地球村民。應用哪個身份稱號，既看文化習慣，也看處境，難以定論。但重要的是記着國民身份的多元性及多層面性，其中息息相關，難以分割。例如，文化國民身份往往與社群國民身份有緊密聯繫，互有包含。

同時，不容易說是哪些方面、哪些層面較為重要，還要看其他處境及文化

因素。例如，在西方，社會或國家層面的身份不一定比個人層面身份來得重要，但在東方傳統中，往往強調大我（社會或國家）重於小我（個人）（Fung, et al., 2016）。又例如，不應假定政治國民身份，一定會比文化國民或經濟國民的身份來得重要。不同身份，都各有其特色和重要性。

所以，國民身份的認同及實踐，是複雜而動態的發展現象和過程，應以多元、多層次、互動而又整合的觀點，來構想及組織國民教育的內涵和實踐。不宜採用機械靜態或單層次單領域的觀點。這就是廣義國民教育的基礎，與傳統的狹義國民教育完全不同（見表8.2）。

「廣義國民教育」（broad-based national education），就是一般國民應接受的基礎教育，準備年輕人在科技、經濟、社群、政治、文化及學習等不同領域中，在個人、社會、國家及世界等不同層面上，有所定位，有所認同，發揮所長，貢獻本地社會、國家以至世界的發展。[6] 在一定程度上，廣義國民教育體現了儒家思想的「修身、齊家、治國、平天下」[7]的境界。

傳統國民教育往往是狹義的，集中在個人層面某特定方面的發展，例如促進政治身份認同、服從社會規範、接受政治社化或某些思想薰陶等。假設國民身份是單元的、單層次的，往往是指個體在政治上、政權上或族群上的國民，可與文化上、社群上、經濟上、科技上的不同身份分割開來，進行處理。所以，國民身份的認同及實踐，往往是有關範疇的知識、態度、信念及技能的傳授及社化現象和過程，要以明確方向、清晰範疇，有效系統達成傳授的目標，盡量避免採用複雜動態、層次繁重的觀點，來組織國民教育。

「狹義國民教育」（narrow-based national education），是指一般國民應接受的某些特定的教育，以確立某類型身份認同、國民價值、公民態度、社會規範或人生信念，以配合及適應社會或國家的需要，例如：政治教育、公民教育、民族教育或信仰教育……等（見表8.2）。由於是狹義的、特定的，自然難滿足其他國民教育觀點的期望，在理念上實踐上，爭議無可避免（Ngai, Leung & Yuen, 2014）。

表8.2 廣義與狹義國民教育的比較：理念、本質與功能

廣義國民教育	狹義國民教育
基本理念	
● 多元發展：個人、社會、國家及世界的發展是多元的、多層次的、互動的 例如多元中國：包括文化中國、政治中國、社群中國、經濟中國、科技中國及學習中國……	● 單元發展：集中在個人層面某特定方面的發展 例如促進身份認同、社會規範、政治社化、思想薰陶、或……
● 多元國民身份：身份是多元的、多層次的，例如，文化國民、政治國民、社群國民、經濟國民、科技國民及學習國民；各身份各層面息息相關，難以分割	● 單元國民身份：身份是單元的、單層次的，往往是指個體在政治上、政權上或族群上的國民，可與文化上、社群上、經濟上、科技上的不同身份分割開來，進行處理
● 動態發展現象：國民身份的認同及實踐，是複雜而動態的發展現象和過程，應以多元、多層面、互動而又整合的觀點，來構想及組織國民教育的內涵和實踐 ● 不宜採用機械靜態或單層面單領域的觀點	● 傳授社化現象：國民身份的認同及實踐，是有關範疇的知識、態度、信念及技能的傳授及社化現象和過程，應以明確方向、清晰範疇，有效系統達成傳授的目標 ● 不宜採用複雜動態、層面繁重的觀點
國民教育的本質	
● 一般國民應接受的基礎教育，準備年輕人在文化、政治、社群、經濟、科技及學習等不同領域、不同層面上，有所定位，有所身份認同，發揮所長，貢獻本地社會、國家以至世界的發展 ● 廣義的「修身、齊家、治國、平天下」	● 一般國民應接受的某些特定的教育，以確立某類型身份認同、國民價值、公民態度、社會規範、或人生信念，以配合及適應社會的需要 ● 例如：政治教育、公民教育、民族教育、或信仰教育……等
國民教育的功能	
● 全面多元功能：對個體、社會、國家及世界的科技功能、經濟功能、社群功能、政治功能、文化功能及學習功能（見表8.1）	● 偏重部分功能：例如政治功能、社群功能
● 四大系統功能：對個體、社會及國家的生存及發展的： 1. 維模性 2. 整合性 3. 目標進取性 4. 適應性	● 兩大系統功能：往往集中在對個體、社會及國家的生存及發展的： 1. 維模性 2. 整合性

» 二、多元功能

如表8.1所示，廣義國民教育對個體國民的多元發展，有科技功能（technological functions）、經濟功能（economic functions）、社群功能（social functions）、政治功能（political functions）、文化功能（cultural functions）及學習功能（learning functions），使之成長為多元國民（multiple national），如科技國民、經濟國民、社群國民、政治國民、文化國民及學習國民等。由於成功培養國民的多元發展，本地社會得以發展為多元社會，如科技社會、經濟社會、社群社會、政治社會、文化社會及學習社會，進而貢獻國家的多元發展，成為科技國家、經濟國家、社群國家、政治國家、文化國家及學習國家。這樣的多元多層面發展，有助世界邁向一個多元世界，如科技世界、經濟世界、社群世界、政治世界、文化世界及學習世界等。

這些國民教育的多元功能之間，往往是息息相關的，不易分割孤立來看。例如古語說，「衣食足知榮辱」，經濟功能提供基本物質條件，可影響社群功能或政治功能的發揮。又例如，社群條件也可影響經濟功能或政治功能之效應，俗語所說的「家和萬事興」正是此意。這都說明國民教育應採用廣義的觀點。

由於狹義國民教育重點在個體層面某些特定的教育，例如：政治教育、民族教育或信仰教育，故偏重某些部分的發展功能如政治功能、社群功能等，從而忽略了文化功能、經濟功能或學習功能，未必能發揮國民教育之全面果效。

從社會學功能主義觀點來看，在變動環境中個體、社會及國家的生存及發展，要依賴四大系統功能：維模性（pattern maintenance）、整合（integration）、目標進取性（goal achievement）及適應性（adaptation）（Parson, 1966）。廣義國民教育，對個體、社會及國家的生存及發展，就要提供這些功能及相關的價值（見表8.2）。

維模性：社會及國家運作，需要規律程序，有所依據。國民教育的維模性功能，是要為年輕國民準備應有的認知、態度及行為，參與並維持社會及國家運作發展之秩序及常模，例如，尊重程序／科層理性（procedural／bureaucratic rationality），守護法治精神，認同文化同根的身份，依循社會

規範等。國民教育的維模性功能，在協助維持社會及國家的常態運作，讓其中所有不同個體、團體、機構、組織都知所協調依據，從而減低社群及政治的混亂，對社會安定及國家穩健非常重要。所以，不論廣義或狹義來說，維模性往往是世界各地國民教育的重心。在頗大程度上，維模性也是政治功能、社群功能及文化功能的體現。

整合性：在社會和國家中，有各式各樣的持份者、族群、利益團體、階層、行業、職位角色，其中可涉及相異極大的觀點、好愛、利益，甚至文化傳統。這些差異，若不能有效整合包容，小則衝突無日無之，大則陷於內部鬥爭或內戰。國民教育要有重要角色和功能，推動社會及國家的整合性，為各種不同背景的學生準備應有的能力，正確認知這些差異性，抱有包容態度，化解矛盾，並能發展有效的技巧及行為，領導及推動不同類型的社群整合共處。故此，國民教育的內涵，多強調社群理性（social rationality）、團結合作、和諧共處、調協共力、消除內耗等。國民教育的整合性，也可說是社群功能及文化功能之體現。

目標進取性：在新世紀，受到全球化挑戰及國際競爭影響，世界各國更加努力進取。社會或國家的發展，要有創新的目標和方向；為現在及未來，要有能力達成更佳的建設，那麼就需要培養新一代的國民。無形中，國民教育要肩負上這些目標進取性的功能，讓年輕國民擁有為自己、社會及國家達成目標的信心和實踐能力，在認知上有較強的工具理性（instrumental rationality），追求效能效率及目標成就，並以之為重要的價值，努力貢獻經濟及社會建設，推動科技昌明。目標進取性，也可說是國民教育的科技功能和經濟功能的整合體現。

適應性：整個世界的環境都在急劇改變，帶來持續不斷的挑戰和機遇，不論個體、社會或國家，都要努力改變現有的狀態，以適應內外環境的改變，尋找較優的境遇。培養國民這樣的適應能力，有賴於國民教育。國民教育的適應性功能，在培養學生認知上的適應理性（adaptive rationality），在態度及行為上，能保持彈性應變，追求持續發展及終身學習，主動改進，並能自發創新。適應性，是國民教育的學習功能之重要體現。

由於傳統狹義的國民教育，往往集中在政治或社群中的身份認同、國民價

值、公民態度或社會規範，故此，其功能偏向個體、社會或國家在發展上的維模性和整合性，而忽略了目標進取性及適應性，不免有所限制。

我們可以用「繼往開來」四個字來總結廣義國民教育的功能。「繼往」可代表國民教育的維模性及整合性，承繼維持過去工作成效、運作模式及文化價值，並整合協調內在各部差異，建設和諧合作社群。「開來」代表國民教育的目標進取性及適應性，開放面對外來挑戰，積極進取目標，適應變動環境，開創未來。傳統狹義的國民教育則偏重「繼往」，忽略「開來」。

» 三、廣義國民教育的實踐

廣義國民教育的實踐，可就課程與教學、適用條件及限制性等方面來討論。

課程教學：廣義國民教育涉及多元、多層面的功能，故此，課程設計的目的是培養學生有包括認知、態度及行為方面的能力，成為科技國民、經濟國民、社群國民、政治國民、文化國民及學習國民，發揮四大系統功能及相關的價值，包括維模性、整合性、目標進取性及適應性，並在個體、社會、國家及世界各層面上，有所定位及認同，擁有跨層面的抱負、視野、體驗、內化及開拓能力，從而「繼往開來」（見表8.3）。

由於多元多層面，廣義國民教育課程應該跨學科、跨科目，涉及整個基礎教育的所有科目、聯課學習、其他學習經驗等，正規非正規、課內課外、校內校外，全面浸透方式學習。這需要全校課程及學習活動協調統整，各方配合。單獨一科上課式的國民教育，根本做不來。

各區各校的辦學宗旨、學校條件、師資配套、社區資源等會有不同，課程設計可以校本區本，較能配合學校情境及學生特性，達成擴展視野，加深體驗，促進內化及開拓思維的廣義國民教育目的。

有效的教學，在鼓勵學生多向積極參與互動，在廣闊多元的學習活動中，開放建構學習經驗，培養多元自主思維能力，開拓世界觀，孕育出自己的社會抱負、國家情懷。廣義國民教育的精義，是讓學生主動探索學習為主體，單向灌輸是做不到的（見表8.3）。

表8.3 廣義與狹義國民教育的比較：課程與教學、適用性

廣義國民教育	狹義國民教育
課程與教學	
● 有效能的廣義國民教育：	● 有效能的狹義國民教育：
1.課程目的在多元功能價值、多層及跨層的視野、體驗、內化及開拓；繼往開來	1.課程聚焦在某特定方面或層面的功能，較易組織相關的內容和活動，進行傳授及社化，達成課程目標；重點在繼往
2.跨科課程，多科滲透，需協調統整，各方配合	2.單科課程，目標清楚，容易管理及安排
3.課程設計在校本區本，配合情境及學生特性，擴展視野，加深體驗，促進內化及開拓思維	3.課程設計配合中央所訂的課程架構，有限度校本區本課程裁剪，促進傳授及社化過程
4.教學方式在鼓勵多向積極參與互動，開放建構的學習經驗，培養多元自主思維能力，開拓世界觀，孕育出自己的社會抱負、國家情懷	4.教學方式主要單向有效傳授和接收所訂的內容，包括相關的知識、技術、行為和態度，從而養成特定的國民素質
5.學生主動學習探索為主體	5.配合學生特性，有效吸收、社化及內化
● 失效能的廣義國民教育：	● 失效能的狹義國民教育：
1.科目繁多，失去焦點，亦未能融合	1.單科單薄，與他科無異，易流於考試求分，失去國民教育的內涵
2.多元價值、多層觀點的內容流於零碎，難於內化統整	2.局限於某特定範疇傳授，難於開拓思維
3.教師中心，教材主導，考試取向，學生被動反動，流於灌輸	3.教師中心、教材主導、考試取向、學生被動反應，流於灌輸

　　多元思維能力：廣義國民教育包括認知、態度及行為，但應以理性認知為主導，而認知的基礎，在於學生能否發展及應用多元思維能力，在科技、經濟、社群、政治、文化及學習等不同領域中，探索思考個人、社會、國家及世界的生存與發展問題，從而知所反思、定位及認同，發揮自己的貢獻。

　　如圖8.1所示，廣義國民教育的多元思維的學習層次，包括資料（data）、資訊（information）、知識（knowledge）和思維能力（thinking ability）。在學習循環中，學生通過觀察、評價學習過程和成果，或者根據經驗和觀察獲得多元的資料（multiple data），包括有關科技、經濟、社群、政治、文化和學習的資料。通過對多元資料的詳細分類、描述和比較，學生可以獲得一些實際的意義或理解，這將轉化成有關的多元資訊（multiple information）。學生再

通過聯繫和分析各種資訊，獲得更可靠而一致的理解，這種理解將變成學生有關的多元知識（multiple knowledge）。通過概念化和整合性分析，將知識內化成高層認知（mega-cognition），這將成為學生的內在的多元思維能力（multiple thinking ability）。這些開放廣闊的多元思維能力的培養和獲得，對學生作為國民、對社會、國家及世界的未來發展，都非常重要。[8]

如圖8.1的左邊所示，學生可利用已有的多元思維能力，思考各種與個體、社會、國家及世界發展有關的問題，進行概念建構，利用相關的多元知識來預測、解釋各種因素及其間的關係，這些關係成為推論而得的資訊。學生可進一步透過在真實情境的資料收集，測試和證實所推論的資訊及所用的知識及思維是否正確。如果可以一致地證實假定的基本原理、相關知識、預期資訊資料與真實的情況相符，那麼現有的思維模式和相關知識將得到肯定和鞏固。但是，如果在實際情況中，發現這些東西並不相符，學生需要以實際結果為基礎，思考如何修正已有知識和思維的漏洞或錯誤。然後，開始另一次學習的循環（鄭燕祥，2006b，Ch.2）。

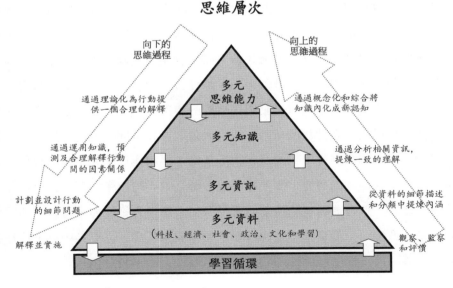

思維層次

向下的思維過程　　　　　向上的思維過程

通過理論化為行動提供一個合理的解釋　　多元思維能力　　通過概念化和綜合將知識內化成新認知

通過運用知識，預測及合理解釋行動間的因素關係　　多元知識　　通過分析相關資訊，提煉一致的理解

計劃並設計行動的細節問題　　多元資訊

解釋並實施　　多元資料（科技、經濟、社會、政治、文化和學習）　　從資料的細節描述和分類中提煉內涵

學習循環　　觀察、監察和評價

修訂自鄭燕祥（2006b，Ch.2）

圖8.1 廣義國民教育的思維層次

換言之，廣義國民教育的多元思維能力，不是由灌輸而得的，而是透過學生多次主動探究驗證的多元思維學習循環而培養出來。

失效實踐：廣義國民教育的實踐，可成可敗。由於涉及科目繁多，不易協調以確保國民教育的精髓貫透各科目及各學習活動中，課程安排若不妥善，容易失去學習焦點。又因包含多元價值、多層觀點，課程內容若欠整體規劃，教學容易流於零碎，學生難於內化統整。在教法上，若流於教師中心、教材主導及考試取向，則學生會變得被動反應，成為灌輸對象，難於主動探究以發展多元思維能力。所以，廣義國民教育的實踐也可失效。

適用條件：要成功推動廣義國民教育，需要一些適用條件，包括（1）各主要持份者明白多元多層面國民教育的涵義、重要性及實踐難度，全力支持；（2）實踐時期可以較長，在各領域、各層面按部推動，然後累積成果；（3）資源準備較充分，可全面多元多層面展開；（4）要具備優秀師資，創造出學生為中心的多元而全面的學習環境，進行有效的廣義國民教育；及（5）有良好的中央及校本的課程協調機制，以確保多元功能及價值在各種活動中實現。

限制性：廣義國民教育的實踐，也存在一些常見的限制性。雖然各主要持份者的支持是必要的條件，但是，要全面確保他們明白國民教育的涵義及重要性，並不容易。實踐多元多層面國民教育時，要避免繁碎割裂，難度也頗大。目前的通識教育，也強調多元多層面，在課程目標內容上與廣義國民教育頗有重複，如何協調配合，也成為推動國民教育的樽頸，不易解決。由於廣義國民教育涉及範疇頗大，在課程改革時，需要大量資源和時間，但是在現實上，往往不足夠。最大的限制性，一般是在教師質素水平和變革領導。廣義國民教育的推行，是教育範式的轉變，需要將傳統教師為中心的教學，轉變為學生為中心的主動學習，以發展新世紀所需的國民多元多層面思維能力，這是一種教學文化的基本改變，對師資水平及課程變革領導要求甚高，也不易培養，校長教師若對廣義國民教育沒有深刻的理解、認同及決心，不易實行變革。

» 四、狹義國民教育的實踐

狹義國民教育的實踐，與上述的廣義國民教育明顯不同，兩者比較，摘要如表8.3所列。

課程教學：狹義國民教育重點在某些領域的發展功能，課程聚焦在某特定方面或層面的功能價值，例如政治身份認同，故此，較易組織相關的內容和活動，對學生進行傳授及社化，達成課程目標。單科課程目標清楚，容易管理及安排。重點往往在學生有能力「繼往」，不在「開來」。課程設計多配合中央所訂的課程架構，有限度的校本區本課程裁剪，以促進傳授及社化過程，達成課程架構所訂的目標。

教學方式一般是傳統的，主要是單向有效傳授，讓學生有效接收所訂的內容，包括相關的知識、技術、行為和態度，從而養成特定的國民質素，例如政治身份認同或民主抱負及態度。在教法上，亦可人本取向，配合學生特性，讓學生更有效吸收、社化及內化。

失效實踐：狹義國民教育在實踐上，也是可成可敗的，要看推行的方法和情境因素。若推行以單一科目為主導，則較為單薄，與他科無異，或與他科一起競爭教學資源，又易流於考試求分，失去國民教育的內涵。由於課程內容局限於某特定範疇的傳授，難於開拓學生的多元思維。加上教法上，容易以教師為中心、教材為主導、考試為取向，則學生易流於被動反應，接受灌輸，有違新世紀教育之精神，國民教育失效。

適用條件：狹義國民教育要推行成功，需要一些適用條件，例如：（1）在目前社會或國家情況，國民教育某方面的功能特別重要，各方持份者都同意在課程及教學上，須明顯地加強這方面發展，所以要辦獨立單元的國民教育，例如，在香港一國兩制下的國民身份的認識、認同及培養，可能是必須加強的；（2）國民教育需要較短時期在某方面達成明顯的效果，而各主要持份者也贊同支持的；（3）雖然廣義國民教育會較全面，由於教育資源有限，未能全面多元多層面展開，故以優先次序，選出較急需的某些方面進行，故此狹義；及（4）推行時，師資要準備良好，能配合學生的學習特性，進行傳授及社化。

限制性：狹義國民教育本身，有一定限制性。例如，哪些國民教育的功能和理念較重要，往往成為政治爭論，難於理性討論和達成共識。不同政見或立場，會有相反的演繹，例如某些政治功能的知識、技術、行為及態度的傳授、社化和激勵，可看作負面的「洗腦」或政治宣傳，引起爭論，難於推行。更大的限制性是，教師學校都要承擔政治風險，難於有效專業運作，最近香港的國民教育爭論，正好說明這點。故此，狹義國民教育的推行，除政策確立外，往往需要頗強大的教師、家長及社區支持，才能推行，但是這也不易做到。

» 小結

上述的分析，說明廣義國民教育，有多元、多層面的功能，培養學生的認知、態度及行為，有多元思維能力，在科技、經濟、社群、政治、文化及學習等不同領域中，主動學習探索，思考個人、社會、國家及世界的生存與發展問題，從而知所反思、定位及認同，發揮自己的貢獻，成為多元的國民，包括科技國民、經濟國民、社群國民、政治國民、文化國民及學習國民的角色，並擁有跨層面的抱負、視野、體驗、內化及開拓能力，從而「繼往開來」。廣義國民教育也發揮四大系統功能及相關的價值，包括維模性、整合性、目標進取性及適應性，以支持及開拓個體、社會、國家及世界在新世紀的發展。

如表8.2和表8.3的比較，廣義國民教育與狹義國民教育，各有理念和特性，在實踐上也各有效能、適用條件及限制性。整體來說，廣義國民教育較具前瞻性，兼顧「繼往開來」，在協助個體、社會、國家及世界，面對全球化的挑戰，邁向未來的發展，應是必需的。

本章雖然以廣義國民教育與狹義國民教育相互對比來論述，但實踐上，兩者合用，並無不可。例如，以廣義國民教育為主，並在某些急需功能上，兼用狹義國民教育為輔，也是可行的策略。重點是根據客觀的條件，採用合適的方法組合，培養年輕人為公民或國民，具有前瞻性的多元發展能力，而非被動接收灌輸。

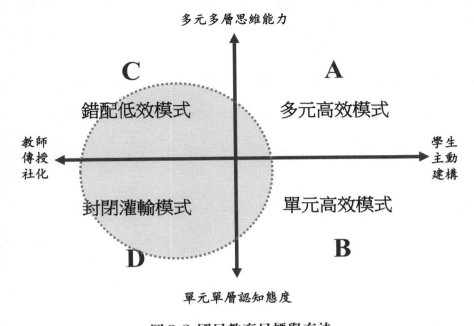

圖8.2 國民教育目標與方法

　　如圖8.2所示，不同的國民教育目標和教學方法，可以構成四種基本的國民教育模式，包括「多元高效模式」（A）、「單元高效模式」（B）、「錯配低效模式」（C）及「封閉灌輸模式」（D）。其中多元高效模式，強調學生主動探索的建構性學習，以發展多元多層思維能力，應是配合廣義國民教育有效推動的模式。單元高效模式，也重視學生的主動建構學習，以培養學生在某單元單層上的認知及態度，這屬於有效推動狹義國民教育的模式。至於錯配低效模式，則主要是教師以傳授社化的方式，培養學生多元多層思維能力，效果不佳，因是教育目標與方法的錯配，思維能力是必需學生自我主動學習，才能建構發展，而不是被動灌輸而獲得的。封閉灌輸模式，強調教師以傳授社化的方式，培養學生局限在單元單層上的認知、態度及行為，這是較傳統封閉的國民教育。

　　從目前世界各地教育改革的發展趨勢來看，國民教育的模式正逐步由主要的錯配低效模式及封閉灌輸模式，邁向多元高效模式、單元高效模式，或其混

合體的應用，讓學生擁有多元能力，成為多元國民，繼往開來，創建多元社會、多元國家及多元世界的未來。

按：本章取材自鄭燕祥（2013b）及 Cheng & Yuen（forthcoming）。

註釋

1　顯然，公民教育與國民教育有不少相同的地方，但不能簡單地說兩者是一樣。這也是長期以來學界及公眾爭議的問題。
2　可參見 Chong（2013）、Kan（2012）、Ngai, Leung, & Yuen（2014）。
3　可參考 Law（2013）、Splitter（2011）、The Future of American Democracy Foundation, n. d. 、Cheng & Berman（2012）。
4　可參見 Klein, J. I. & Rice, C.（Chairs）, Levy, J.（Project Director）（2012）、〈專家解讀：要把國家安全納國民教育〉，《文匯報》，2016 年 4 月 17 日。http://paper.wenweipo.com/2016/04/17/CH1604170003.htm
5　可 參 考 Osler（2011）、Buckner & Russell（2013）、Cheng（1996, Ch. 1; 2005b, Ch. 14）。
6　有關層次的討論，可參見 Heater（1990）及 Camicia & Zhu（2011）。
7　《大學》第一章：http://www.chiculture.net/0701/html/c16/0701c16.html。
8　有關多元思維力及創造力的發展，可詳見 Cheng（2013）或鄭燕祥（2006b, Ch.2）。

第九章
融合教育：效率與公平

　　隨着社會的發展，人們對教育的功能及效能，有非常高的期望，希望教育可以解決所有社會的重大問題，滿足所有人的期望。在目前特殊教育與融合教育的政策討論中，一方面，我們希望學校教育能容納能力不同的學生一起學習，實現教育機會平等；另一方面，我們有各種現實和資源的限制，卻要追求多元甚至矛盾的教育理想及政策目標，要求學校及教師將它們實現。真的可行嗎？

　　香港教改十多年來，融合教育愈來愈受社會關注，在政策和學校實踐上，涉及不同持份者，各抱不同期望、分歧理念，一直爭論不休，不易達成共識。當然，一方面政策資源的限制及分配方式，往往是爭論所在，但在另一方面，學界、家長、決策者以至一般公眾，卻對本地融合教育的理念、實踐與政策方面，缺乏較全面的理解和認識，容易像盲人摸象，只執著片面或表面的經驗，難於達成有意義的政策討論，去解決融合教育及特殊教育的發展問題。

　　在2013年，我受香港特殊教育學會邀請，在它的周年研討會作主題演講，探討香港融合教育面對政策及實踐上的主要問題（鄭燕祥，2013c）。這一章是基於那次演講，總結過往一些思考，並大膽提出一些基本理念及相關問題與大家分享，希望藉着這些問題的討論，可以對今後特殊及融合教育的發展，有積極的推動作用。

» 一、四個基本問題

　　討論融合與特殊教育的政策時，需要從最基本的問題着手，否則只會執著實踐過程中的部分難題或表面現象，容易顧此失彼，不明袖裏，爭論不休，

甚至訴之政治壓力。這方面的政策討論，有四個基本問題要素，分別是「教育成效」[1]（education outcomes & impacts）、「社會公平」（social fairness）[2]、「實踐條件」（implementation conditions），以及「師資條件」（teacher conditions）。

首先，教育成效包括效能（Effectiveness）與效率（Efficiency）兩方面，無論融合教育或特殊教育，都要考慮達成怎樣的教育目標及政策效果，這是效能問題；又要考慮如何調配及使用有限的資源，解決現實的限制，以達成目標及效果，這是效率問題。兩者同樣重要。

第二，為什麼會有「社會公平」問題呢？正常來說，在主流教育比較少見，一般弱勢學生的教育機會被損害時才會出現。不過在融合教育中，「社會公平」一詞常常出現。近年融合教育得以實施、推廣，是基於「社會公平」或「機會平等」這個基本的人權觀點，即學生的受教育機會不會因學生是否有先天性的困難或後天的殘疾而受到影響。因此，融合教育中「社會公平」的提出，主要是為照顧有特殊學習需要（後稱SEN）的學生的不同需求，讓他們與主流學生有相同的受教育機會。這樣就牽涉到不同持份者之間公平的問題，例如其他學生的學習機會是否受到影響呢？「公平」的涵義也就變得複雜了，對誰平等？對誰公平？更值得考慮與關注的是：「機會平等」（opportunity equality）是否等於「教育公平」（education equity）呢？

第三，融合教育不單是理念的問題，更是教育實踐的問題，不能實踐的教育，流於空想或妄想，再好也是沒有意義的。但是，實踐的成敗需要有一定客觀條件，不以人的主觀意志為依歸。例如，融合教育需要有可融合性的客觀條件，沒有這條件，就算花大量金錢或資源，也是枉然。這都是本文要探索的。

第四，教育的有效推行，需要教師。主流教育、特殊教育、融合教育以及資優教育是不同的，所需的教師專業才幹也不同，所需的師訓條件也有很大分別。要成功推行融合教育，所需的教師專業才幹，究竟與其他師資有何不同？應該怎樣培養？

» 二、融合教育本質

在一般統計規律中，普通一群學生的能力往往按常態分佈，如圖9.1所示。在圖中，我給予學生能力的界定，可分為ABC三方面表現，A為情意性（Affective），B為行為性（Behavioral），C為認知性（Cognitive）。大部分學生能力，分佈在中間部分（即D1、D2、D3部分），成為主流。能力在主流學生以下的有弱勢學生，以上的有資優學生。從理念來看，有特殊教育需要SEN（Special Educational Needs）[3] 的學生雖然一般指弱勢的較多，也應可考慮包括資優的學生。總言之，主流以外的學生，大致可視為SEN學生。

哪些方面的因素會影響學生們之間ABC能力的差異？例如：身體殘弱的學生，在B能力上相應弱一些；智力障礙的學生，在C能力上相應弱一些。從圖9.1可知，有SEN的學生，包括弱勢及資優，所佔的比例一般不高，[4] 都是小眾、小數（minority）。

教育跟隨社會發展，多因社會資源及學校資源有限，往往優先發展主流教育，滿足大眾學生的需求。主流教育的發展，也經歷了不同時期的變革，如從早期的簡陋辦學（例如複式教學）不分年齡、年級，將學生放在同一班房，一起教導的大融合，到按學生能力，分流、分級、分班，甚至將學校分流成三到五等級，於是有所謂「分流教育」（streaming education）。

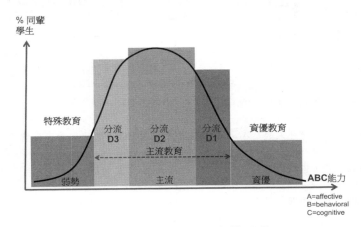

圖9.1 學生能力的常態分佈

廣義的「融合教育」理念也有很多種，包括不分學校及學生間類別的主流大融合，即將分流D1、D2及D3合併起來，不分能力高低一併教。現時香港教育界所提倡的，是特殊教育向主流教育的融合，將不同SEN學生，融合到主流學校中；也有家長或學校所渴望的主流教育趨向資優教育的融合，讓其子女或學生享有「最優」水平的教育。

為進一步分析融合教育所面對的問題，我們可對分流教育與融合教育各自的理念、運營及師資等三方面，作對照比較，如表9.1、表9.2及表9.3所示。

» 三、理念比較

分流教育與融合教育各有理念和目標（見表9.1）。分流教育是將依學生能力不同分流來教，有分校分班分組之別；又將能力相近的學生放在同一校、一班或一組來教。分流教育做得好的話，可以因材施教，對待不同能力的班級，採用不同的管理及教學模式，變相達到照顧不同能力學生的效果，讓他們得到所需的教導。

表9.1 分流教育與融合教育：理念比較

分流教育理念	融合教育理念
· 分班分流、因材施教	· 同班合流、避免標籤
· 讓學生得到所需的教導	· 消除歧視，讓不同學生有平等受教育機會
· 拔尖補底，強者愈強、弱者可進	· 合流互助，減少強弱差距，成為社會楷模
· 分流公平，意在人盡其才	· 合流公平，意在弱者有機會
· 班大人多，也較可行	· 班小人少，方可推行
· 目標在於達成課程目標	· 目標在於社會融合、平等

不同層次的學生分流，可針對學生不同能力組別之需要，集中照顧管理，有焦點地運用資源，既可以「拔尖」，又能夠「補底」，使能力強的學生充分發揮所長，能力稍弱的學生受到照顧，人盡其才，這也是重要的教育公平的體現。在理想的分流教育，即使班內學生多一些，但因能力相近、質均，可集中管理教導，學習目的較清楚，課程的內容及進度較易安排，有效運用資源，達成預定的課程目標，配合該組別學生需要。

與分流教育相比，融合教育的主張是將不同能力或學習需要的學生，安排在同一個班級中教學，現在常見的，是將SEN學生放入主流學生的班級中學習。理想的融合教育可達至無標籤，消除歧視，做到教育公平、機會平等。同學之間可以互相幫助，縮小學生間能力的差距。對於能力高的學生來說，可以學習如何幫助弱者；主流學生學習接納SEN學生，SEN學生享有主流學生相同學習機會。此時教育公平的意義在於讓弱者或不同學習需要者亦得到相同學習機會，以達致社會融合公平這最核心的關注點。至於這是否有效的教學以讓所有學生達成課程目標，不是最優先的問題。但值得注意的是，班小人少的教學才有利於融合教育的推行。

可見，融合教育與分流教育的理念完全不同，故此教育目標是有不同，甚至教育公平的涵意有別，不能說哪一種教育是更公平，要看實踐的對象、條件和效果。

» 四、營運比較

在營運方面，分流教育與融合教育也各有特色（見表9.2）。分流教育中，因為班級內學生能力相近，所以無論是教法的選擇，還是課程的安排，或是目標的確立都變得容易了，進而時間成本與實踐成本都可以降低。這也是為什麼在過去很長一段時間裏，香港乃至亞洲地區，即使資源、條件有限，也可以透過分流教育擴大班級規模，以擴展教育的原因。[5] 簡單說，分流教育追求的就是高效率，以有限資源追求有效的目標達成。

表9.2 分流教育與融合教育：營運比較

分流教育營運	融合教育營運
· 同班學生能力較均質	· 同班學生能力差異大
· 一般教法、課程，較易配合學生需求	· 需要多樣化教法、課程，不易配合學生需求
· 學習目標較明確、統一	· 學習目標要個別化、多元化
· 時間及實踐成本較低	· 時間及實踐成本較大
· 資源有限，也較可行	· 資源配套俱備，方可推行
· 效果、效率較高	· 在乎可融合性

但是融合教育就完全不同，班內學生能力及學習需求都差異很大，需要多元性的教學方法、多樣化的課程安排，教師、學校需要付出更多的時間及更大的成本，為的是能夠同時照顧有SEN的學生及其他主流學生；甚至還要考慮到不同的SEN，所需要專業技術及教學配套，可以差別很大、成本更貴。融合教育關注的是不同需要學生教育的可融合性，而要達到這個崇高的願景，必須有更高標準的人員配備以及資源配套才能實現。但是，在現實的條件下，這些配套所需的大量資源和人才往往不能做到，[6] 卻要推行融合教育，最後，由學校師生承擔不良後果。

》 五、師資培訓比較

在師資方面，分流教育與融合教育也有完全不同的專業期望，如圖9.2及表9.3所示。

由圖9.2可知，特殊／弱勢教育、主流教育、資優教育下的學生，分屬不同能力水平，有不同的學習需要。所以這三種教育中，各有不同的教師培訓課程、範疇，以培養不同才幹的教師，以配合學生的學習需要。融合教育的教師，才幹既要求「博」，又要求「精」，既要能夠分辨學生不同的特殊學習需要，又要有能力處理這些需要。[7]

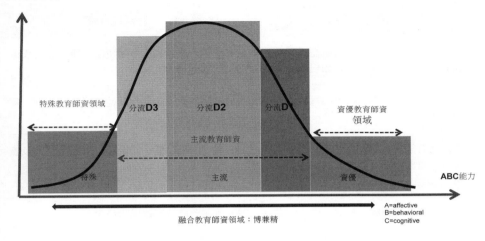

圖 9.2 融合教育的師資領域

如表 9.3 所示,分流教育與融合教育的師資培訓各有特色。在分流教育中,每一分流的學生學習能力相對較為均等,師資隊伍所需的專長,可根據各分流的學生主要特性,在教學上較有焦點和涉及範疇較明確,故此,教師在教法、課程及輔導上所需的專業技巧較為精專。目前根據教育分流,師訓也分流,有主流、特殊及資優教師的培訓。其中主流教育的師資培訓,主要配合主流學生需要,而特殊 / 資優教育的師資,焦點則在 SEN 及資優的學生。由於師訓分流,師訓時間及實踐成本也較低,資源就算很有限,師訓也可行。

但是,在融合教育中,學生合流差異大,教學難度增大,師資隊伍所需的專長及要應付的範疇相應增加,故此,教師在教法、課程及輔導上的專業技巧,既要多樣化,又要精專,挑戰性遠較分流教師所面對為大。所以,融合教育的師資,應是主流師訓外,還要加上不同 SEN 或特殊教育的師訓。師訓時間及實踐成本相應倍增,非常昂貴。顯然,將所有主流教育的教師,培訓成兼備特殊教育才幹,以有效推行融合教育,很不容易,成本頗高,若有資源,也可推行。

表9.3 分流教育與融合教育：師資比較

分流教育師資	融合教育師資	
• 學生能力均等，師資隊伍所需的專長，根據各分流特性，較有焦點和規範	• 學生合流差異大，師資隊伍所需專長及範疇相應增大	
• 教師在教法、課程及輔導的專業技巧，較為精專	• 教師的教法、課程及輔導的專業技巧，多樣化且精專	
• 主流教育師資：面對主流大眾的學生 • 特殊／資優教育師資：面對SEN或資優學生	• 融合教育師資：同時面對主流、SEN及資優學生	
• 師訓時間及實踐成本較低	• 師訓時間及實踐成本昂貴	
• 資源有限，師訓分流也可行	• 資源配套俱備，師訓方可推行	

　　由上面的分析，我看到香港現行融合教育可能有三種現象。當我們制定政策去實踐融合教育，可以參考。我逐一在下文討論。

　　「融合教育的第一現象」，指教育上融合的程度對教學效能及效率有直接影響，可用下列的子命題說明：「將不同學習需要的學生融合在一起愈多，則

1. 學生間學習能力的差異愈大；
2. 在學生學習、教師教學、學校課程及班級管理等方面遇到的困難愈大；
3. 教師對學生進行個別照顧愈難；
4. 學習效果愈容易受到影響；及
5. 對教師精力及專業能力的要求及挑戰愈高。」

　　這些子命題實在說明融合教育在實踐時將遇到的客觀制約及困難，影響教育的運作及效能，甚至教育的公平性。

» 六、可融合性與公平性

在前面的內容中，曾提到「可融合性」，可融合性是什麼呢？為什麼重要呢？我們可以用融合的後果來考慮可融合性，有兩方面：對SEN學生的利弊及對其他學生的利弊來分辨可融合性。如圖9.3所示，有四種情境（象限），來代表不同的可融合性：

1. 「最理想的融合」（第一象限），就是對所有人都有利而無礙的「有效融合」，也即對SEN學生及其他學生的教育公平。一般政策制定者都假定，這種情況是可以做得到的，成本也不應太高；若是做不到，這應是學校教師的問題，要他們改善；

2. 「不良融合A」（第二象限），即不可融合的融合。就是對有SEN的學生學習有礙，對其他人無礙。這種不良融合教育應是對SEN學生的教育不公平的。由於不同原因，例如，SEN學生「太特殊」、教師無力無能照顧、課程不配合、其他學生不配合、設施不配等等，這SEN學生不單沒有應受的教育，身心問題反而惡化；

3. 「惡性融合」（第三象限），即是絕不可融合的，就是對任何學生，包括SEN學生及其他學生都是有礙或不利的融合，是對所有學生不公平。例如，其他學生對SEN學生欺凌，或者SEN學生經常情緒發作，干擾其他學生的學習，班內形成慣性惡劣氣氛；及

4. 「不良融合B」（第四象限），也是不可融合的融合，但與「不良融合A」不同的是，它對有SEN的學生有利，但卻給其他學生的學習帶來持續性麻煩、妨礙，對他們教育不公平，引起不滿。這樣的融合也不會長久，最終對SEN學生不利。

可融合性是融合教育的精髓，沒有可融合性的融合，只會為學生帶來不公平的現象，不論對SEN學生還是其他學生都不好。

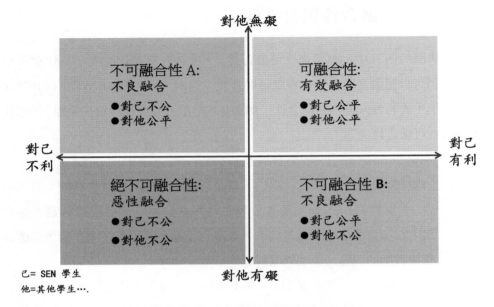

己= SEN 學生
他=其他學生….

圖9.3 可融合性與公平性

» 七、可融合性的條件

對融合教育，我們要從最基本的問題開始思考，深入探究，不能片面執著。就我所見，香港對可融合性的研究極少，了解不多。香港是法治社會，所以很多時候學校為了尊重法律，體現教育機會平等，對學生來者不拒，卻沒有應有的可融合性知識，也缺乏應有的融合配套。這樣很容易出現不可融合性的反教育效果，反過來對所有學生都不利不公，家長及學校卻不知如何應對。目前香港不少學校就是面對着類似的困境。[8]

由上述的討論，我們可總結出「**融合教育的第二現象**」，即不可融合性的程度，對教育公平有影響。用以下的子命題說明：「沒有確保可融合性的融合教育，則

1. 對SEN的學生不公平，使他們身心容易受到損害；
2. 對其他學生、家長等同樣不公平，他們被迫要付出代價；及

3. 學校、教師要承擔教育不公平的責任及後果。」

　　第二現象主要是針對教育公平問題的。在這個問題上，需要兼顧兩類學生需求和特性，以及教師、學校的能力。首先，沒能確保可融合性的融合教育，對 SEN 學生而言是不公平的。因為要在那麼多同學面前將自己的缺點暴露無遺，對誰都是困難的，會傷自尊心的。雖然教師們可以想辦法將這種現象變得溫和些，婉轉些，甚至有教育性，但這對教師們或學生們是個極大的考驗，必須有可融合性的條件。其次，沒有確保可融合性的融合教育，對其他的學生或家長亦是不公平的，因為當學校不能保證做到可融合性的時候，其他學生及其家長就變成了實驗品或犧牲品，誰會為他們討回應有的權利呢？最後，只能向教師和學校問責。

　　為了避免這些不公平的情況出現，需要做科學研究。例如研究如何可以達到 SEN 學生及其他學生之間相容性，或者至少可以明確知道，哪些範疇、水平、類型的 SEN 學生在哪些情況及條件下是可以融合的。然後再解決教師的師資培訓問題，規定教師要接受哪些培訓，便可以管理、照顧融合教育班級；要求及幫助學校做到，增加相關輔助人員或配套設備去實行可融的融合教育。將融合教育的可融合性及相關制度配套規範化，保障所有學生的教育公平。

　　總的來說，可用圖 9.4 來表達可融合性與 SEN 學生特性、其他學生特性、師資條件及其他實踐條件的關係。可融合性包括有先決條件和必需條件兩部分。前者有 SEN 學生的相容特性和其他學生的相容特性，而後者有師資條件及其他實踐條件。

　　由上所論，我們可得出「融合教育的第三現象」，說明「確保融合教育中的可融合性，必需要有先決的條件，包括以下：

1. 可融合性取決於 SEN 學生與其他學生間 ABC 能力的相容特性；
2. 不論師資條件如何發展，都不能取代第 1 點中的先決條件；及
3. 師資條件及其他實踐條件，只可在可融合性下操作。」

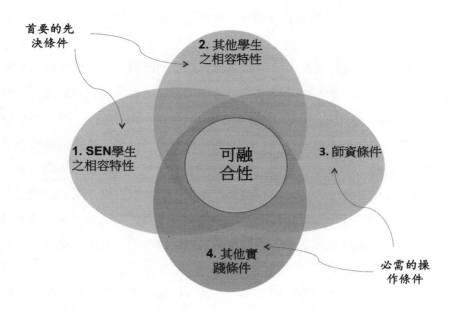

圖 9.4 可融合性的條件

對融合教育來說，是不是單單增加資源及師資條件，就可以有效進行呢？答案是否定。資源配套及師資培訓只是融合教育發展及實踐的必需條件，但不是先決因素。可融合性取決於有 SEN 的學生同其他學生間 ABC 能力的相容性，因學生的教育是最核心的目標，絕不能讓任何一個學生的教育受損，不論是 SEN 或是其他學生，故此他們本身的相容性是先決條件。師資培訓做得再好，也不可以代替先決條件；沒有先決條件，不可以算是成功的融合。SEN 學生同主流學生，在 ABC 能力上可相容，能夠一齊學習，兩方面都有增益，才是大家希望看到的結果。

目前有些學校為處理 SEN 學生與主流學生不可融合性，多採取一校分班（主流班及 SEN 班）或一班分組（主流組及 SEN 組），將他們分流分隔，以防止不良融合的負面影響。顯然，這種主流學校辦特殊教育是不理想的。學校及教師都要負上很大責任及更多工作，而效果不佳，失去融合教育的原意，成為教育的不幸。

» 小結

　　總的來說，分流教育及融合教育，各自的目標、理念、師訓、師資等方面是完全不同的，教育的效率、效能也各異。在有限的資源及缺乏配套情況下，融合教育的難度更大，成效更低。若為防止不良及惡性融合的負面影響，需要有嚴格的可融合性評估做保證。在社會公義方面，公平及可融合性，是兩個對融合教育十分重要的概念及先決條件。入學機會平等，不一定代表教育公平，沒有可融合性的保證，對SEN學生及其他學生同樣教育不公平。希望上述的分析及討論，對目前融合教育政策制定、推行及相關的教育實踐，有一些啓發作用。

按：本章內容取材自鄭燕祥（2013c），更新補充而成。

註釋

1　可參考Cheng（1996, Ch. 1）和Cheng、Cheung（1995）。
2　關於香港教育機會平等及公平的詳細討論，可參見謝均才（1998）。
3　一般有關特殊教育需要SEN（Special Educational Needs）的學生類別及相關資料，可參考義務工作發展局，義工專輯，2015年9月：http://www.volunteerlink.net/newsletters/20150930/20150930.htm。
4　根據立法會融合教育小組委員會2014年的報告，約有33,830個殊教育需要學生（小學17,390人，中學16,440人）在2013－2014學年就讀於公營主流學校，約接近一成。
5　網上有大量關於分流教育的特色、經驗及策略的文獻，這裏不詳細引述。特別指出的，新加坡是分流教育的典型例子，目標清晰，可參見：維基百科－新加坡教育2014/1/13（https://zh.wikipedia.org/wiki/新加坡教育）及新加坡留學聯盟（2013），〈淺析新加坡的分流教育制度〉，2013年9月30日（http://www.edusg.com.cn/news/20130930_00096437.html）。
6　有關本港融合教育實踐與營運面對的問題和困難，可參考：香港特別行政區立法會教育事務委員會（2014）、教聯會（2016）、徐國棟等（2006）、羅耀珍（2008）、譚偉明、梁昌才（2008）等。
7　有關官方及教師團體對本港融合教育師資培訓的要求和期望，可參見：教育局（2015）和香港教育專業人員協會（2014）。
8　可參見註5。

第十章
高等教育：發展與樞紐

　　踏入二十一世紀，全球化、國際競爭、經濟轉型和科技進步的影響紛紛湧現，多個國家的存亡和發展因此面臨挑戰。在全球局勢嚴峻、競爭激烈之際，不少人認為促進教育改革和發展是為個人及社會日後所需培養人力資本的關鍵，而當中又以高等教育為首務。[1] Becker（2002）指出，當今乃「人力資本時代」（the age of human capital），國家和國民的福祉離不開整體人口的技能、知識和進取心，而不再依賴少數精英。高等教育是未來之所繫，「磁性社會」（magnet society）概念正是佐證。該概念指出，高薪職位將集中於教育水平高的國家，因此政府應普及高等教育，以便民眾考取較高學歷（Brown & Halsey, 2006; Brown & Lauder, 2001）。

　　香港因應時代的迫切需要，在九十年代迅速透過嚴格的學術體制的評審，將主要政府資助的專上院校升格為大學，從而建立起有國際水平的大學教育系統，內含富有活力的質素保證的機制及學術文化。在新世紀初，香港高等教育（高教）發展面對更大的內外挑戰，大學教育資助委員會（教資會）曾對香港整體高教的當前營運及未來可能發展，作過詳細審視及報告（University Grants Committee, 2002, 2004a, b）。在2010年，教資會更發表高教檢討報告《展望香港高等教育體系》，幫助政府及公眾反思香港高教目的、世界趨勢，以及高教系統發展的策略(UGC, 2010)，引起學界及公眾很大的討論。面對挑戰，香港高等教育應如何發展下去？這是本章討論的核心部分。

　　九十年代以來，各國愈發重視高等教育，世界各地的大學入學率大幅提高。本地及海外對高等教育的需求巨大，對於部分國家及城市而言，當務之急在於如何發揮本身潛力，成為教育樞紐（education hub），吸引有才華的學生和教授前來，向國際及本地學生提供教育服務。[2] 部分國家的高等學校着力培育

非本地學生，極具成為教育樞紐的潛力。英國國際學生事務協會（UK Council for International Student Affairs, 2014）指出，2012年英國高等教育院校共有425,265名留學生，而高等教育統計局（Higher Education Statistics Agency, 2012）的數據顯示，同年英國高等教育院校學生總數為2,340,280人。換言之，留學生人數佔英國高等教育院校學生總數約18%。無獨有偶，澳洲教育部（Australian Government Department of Education, 2012）的數據表明，2012年澳洲高等教育院校共有230,923名留學生，佔澳洲高等教育院校學生總數的18%（Australian Government Department of Education and Training, 2012）。

近年來，香港政府開始認識到發展教育樞紐的重要作用。2007年，香港政府發表《中國「十一五」計劃與香港發展》行動綱領，建議設法吸引更多非本地學生來港升學，把香港發展成為區域教育樞紐（Hong Kong Government, 2007）。2009年，教育服務列入香港經濟發展的六大產業之一（Task Force on Economic Challenges, 2009）。政府多管齊下，例如從2008－2009學年起，將非本地學生收生率上限由10%提高至20%，此外，政府撥款為本地及非本地學生增設獎學金，並設立了180億港元的研究基金，供香港高等教育機構從事研究（Cheung, Yuen & Yuen, 2008）。

過去數年，本地傳媒積極報道香港建立區域教育樞紐，引發公眾熱議，但在香港深入全面調查相關議題的研究及報告卻不多見。我和同事的研究（Cheng, et al., 2008 & 2009）相信是為數不多的例子。由於缺乏全面的調研和分析，香港可能低估了在地區及全球局勢下建設教育樞紐的複雜程度，而難有實質進展。這是本章另一個討論核心。

本章提供一個大圖像，說明世界特別是亞太區及中國的教育發展大趨勢，指出香港所處的形勢及未來發展的挑戰及機會。然後分析香港高教發展方向、定位及面對的矛盾和迷思。為解決現存的難題困境，香港要發展新思維，重新思考高教的本質、目的、內涵、營運，以及與發展教育樞紐的密切關係。最後，本章將討論教育樞紐的基本功能、發展的可能模式、應有的條件，希望對高教政策討論及實踐有一些幫助。

» 一、亞太大圖像

由聯合國教科文組織統計所的2014年統計數字（UNESCO Institute of Statistics, 2014），可見過去四十多年高等教育在世界各地不斷擴展，在亞太區（特別是中國部分）增長最大。英國文化協會（British Council, 2012）指出，2002－2009年間，中國帶領全球高等教育的增長，在全球的總增加人數5,500萬中，佔有超過1,700萬的增長。預計未來十至二十年還會繼續高速增長。值得注意的是，美國及西歐在全球高等教育入學的百分比，雖在七十年代初佔近一半（48%），但持續下跌至2007年的23%。根據UNESCO（2014）的數字，全球高教入學人數由1970年的3,200萬增至2011年的1.82億，有458%增長，其中過半學生是來自東亞和南亞。

在2007年，亞太區學生進入高等教育比率約為26%，若以歐美地區60%－70%水平作參考，亞太區高等教育尚有頗大的上升空間。換言之，在亞太區已有一個龐大的高等教育市場出現，而且正在不斷高速增長。

在2007年，中國大陸高等教育的在學人數是520萬（入學人數180萬），而中學在學人數是2,510萬（入學人數730萬），進入高等教育比率約為25%。在2014年，入高教比率已躍升至38.6%。同樣，若以歐美平均水平作參考，中國在未來十至十五年還是有很大高等教育需求，以達至入學率50%－60%，換言之，中國高等教育市場也正在高速增長。

在亞太區及中國教育澎湃發展的過程中，高等教育在數量、質素、創新、適切性及國際化等方面，都有非常龐大的需要。香港作為國際城市，又是高等教育的先進地區（OECD-PISA, 2006, 2009, 2012; Times Higher Education World University Rankings, 2010-2014），在這龐大的發展機遇中，應有什麼角色、定位和貢獻，因而香港本身在未來二十年擁有更美好發展的前景呢？在這大趨勢下，香港的教育產業化及教育樞紐，應有什麼策略角色和功能？與香港高等教育的進一步發展有什麼關係？

» 二、珠三角發展

香港教育產業化的未來，與珠江三角洲地區（珠三角）發展息息相關。香港雖然是國際城市及金融中心，有先進的社會基建及國際網絡，但是人口僅700萬，面積只430平方哩，社會規模太少，本身不足發展成為如紐約、東京或倫敦等世界級大都會。過去三十年中國改革開放，香港與珠三角的經濟逐步融合。珠三角經濟圈包括廣州、深圳、珠海、佛山、江門、東莞、中山、惠州和肇慶等九個城市，輻射泛珠江三角洲區域，人口超過5,000萬，在2011年國內生產總值（GDP）已達43,720億元人民幣，可為香港各方面（包括教育）發展提供廣闊腹地。

在2008年底，中國公佈珠江三角洲地區改革發展的國家計劃綱要，由2008-2020年，珠三角要大力發展現代服務業，全面將現有的製造業改革升級為先進的產業結構，具有世界先進水平的科技創新能力；並由粵港澳三地分工合作、優勢互補，成為全球最具核心競爭力的大都會之一。

可見，未來十多年珠三角需要全面提升人力資源，培訓及再培訓大量專業人材，提供大量科研人材及具國際視野的優質高教畢業生，並有國際先進水平研究中心群作後盾，以支持整體產業結構轉型創新，並發展高增值服務業。換言之，這又是龐大教育市場及商機。在這非常戰略性發展背景下，香港具有國際先進水平的大學群及專業群，對提升珠三角的人力及競爭力，無形中就具舉足輕重的地位，非常寶貴；情況猶如上海的重點大學群，對長江三角洲經濟圈發展的重要性。同時對香港來說，珠三角結構轉型也為香港發展教育產業、教育樞紐，甚至國際大都會，提供了不可替換的歷史時機。香港應如何掌握這機遇呢？

» 三、高教方向及定位

教育產業及樞紐的發展，除與亞太區及中國的教育需求與趨勢有密切關係外，亦取決於香港本身高等教育及社會的內在動力。

當前，高教系統發展受着兩大張力影響：一是「公帑經營與自費市場」的張力；二是「全球取向與本地關注」的張力。在2002年，我曾用這些張力來理解及分析當時的香港高教檢討報告「宋達能報告」（University Grants Committee, 2002）及政府的一些主要提議和做法（鄭燕祥，2002a）。基於這些張力，高教發展方向及策略，可以有A、B、C、D型取向（見圖10.1）。

A型取向（公帑經營、服務本地）：多年來香港高教主要是A型取向，用公共資源經營，配合本地需要，提供本地社會必需的高教服務及人力規劃所需的人才，促進社會穩定發展。重要特徵是中央人力規劃（manpower planning），協調各院校供應，強調供求平衡，講求穩定，培養本地精英。對外來學生的數量有嚴格限制，避免公帑外流。但高校研究經費不多，研究成果不一定要與本地經濟關係密切。本地自費市場狹少，以海外經營者為多，以兼讀為主。

B型取向（公帑經營、面向全球）：以公帑來營造少數世界級大學和卓越中心，着重國際領先；以擇優為最高原則，強調各院校使命分工，有重研究，有重教學，資源分配有別。院校撥款，又將跟學生學分轉移而走，加強表現與撥款掛鈎。與所謂「新精英主義」[3]呼應，汰弱留強，增加競爭力。至於大專薪酬與公務員脫鈎，可視之為增加競爭力而提供的靈活性。

C型取向（自費市場、面向全球）：開展境內外自費市場，發掘多元資金來源，來適應因全球及外圍環境轉變而引發的教育需求。高教服務可多元化，擴展至中國大陸及亞太區，香港本身成為地域的教育中心。鼓勵國際交流合作，靈活適應內外市場。希望高教發展，可成為香港對外經濟的重要產業。

D型取向（自費市場、服務本地）：以自費市場來應付本地湧現的普及專上教育的需要。自2000年代初香港政府銳意在數年內，推動大量副學士課程。這都是用自費方式解決本地需要。後來更發展至不同類別的學士、碩士及博士的自資課程，以應付多元及更高的教育期望。

但自九七金融風暴後，高教面對不斷削資的財政壓力，再加上全球化及國際競爭的影響，高教院校多重新定位，如圖10.2所示，有如下三方面。第一，在大學教資會的資源支持和鼓勵下，高教開始面向世界及亞太區，追求世界級教育和營造卓越中心；以競爭擇優及國際水平為分配資源的原則；重視高教國

際化，吸收外來優秀人才，鼓勵教學及研究上的國際合作及交流（University Grants Committee, 2004, Jan）。

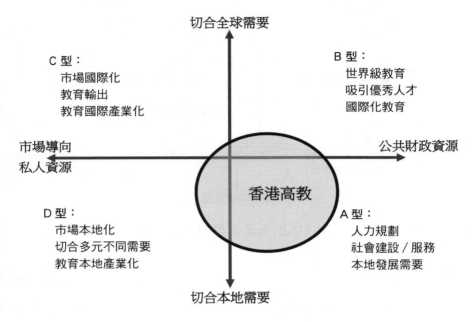

切合全球需要

C 型：
市場國際化
教育輸出
教育國際產業化

B 型：
世界級教育
吸引優秀人才
國際化教育

市場導向
私人資源

公共財政資源

香港高教

D 型：
市場本地化
切合多元不同需要
教育本地產業化

A 型：
人力規劃
社會建設／服務
本地發展需要

切合本地需要

圖10.1 香港高教的發展方向

　　第二，在政府政策支持下，高教院校大量開辦自費課程，以應付本地湧現的普及專上教育及多元的專業進修的需要，例如，在短時間內，推出大量副學士課程，滿足60%中學畢業生可修讀專上學位課程的需要。過去十多年，各院校在自費高教方面有非常可觀的貢獻及回報。這已開始了本地教育的產業化。

　　第三，有些院校已開始擴展中國及亞太區的自費高教市場，提供高增值的高教服務，例如所辦的國際MBA及EMBA課程，是其中的表表者。但是，目前發展的規模及範疇仍然非常有限，難言已是高教的市場國際化或國際產業化。過去十年的教育產業討論，正多是針對這方面的發展，希望有大規模的教育輸出。

　　總的來說，高教發展的趨向，一是「繼續增加本地關注，亦要面向全球發展」；二是「除維持公帑經營水平外，亦要大力開展自費市場」，如圖10.2所示。

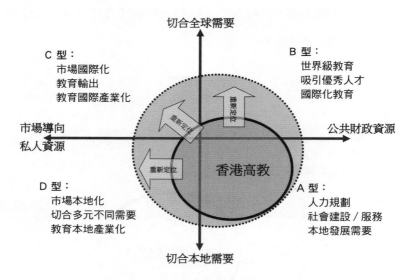

圖10.2 香港高教的重新定位

　　我認為，整體高教發展，應無可避免地由目前的A型取向，轉變為A+B+C+D的混合型取向，高教供應將變得多元化，廣闊度將大大增加。從長遠角度來看，整個系統應更有適應性，以應付香港內外發展的需要。

　　以上四大取向，說來容易，但實踐起來，又有什麼基本矛盾及難題，在過去多次的高教檢討及政策討論（University Grants Committee, 2002; 2004 Jan & March; 2010），都引致高教界頗大的回響呢？

》 四、矛盾與迷思

　　根據我的觀察和分析，高教發展需要克服以下的矛盾與兩難（dilemma），才能有新的突破。

　　自費與公營的矛盾：什麼高教項目或服務應用公帑？什麼要自費？是富爭論性的。例如，不少人質疑，為何不學美國英國，世界級大學由私人市場支撐，而不一定要用公帑營造。實際上，以香港現在或可見將來的實力，可辦哪種世界級大學呢？[4] 又既然社會有需要文憑課程或副學士課程，為何不用公帑

支持？……不少這類爭論，都涉及社會價值取向及香港未來發展的策略。

擇優原則的爭論：擇優撥款也許沒有太多人反對，但擇優所用的原則及標準，卻頗有分歧，難有共識。例如，最大的質疑是，為何只選二、三所大學作為研究大學，重點培養，而不考慮鼓勵院校競逐「多元卓越」（Multiple Excellence）呢？研究、發展、教學都是高教核心範疇，而學術亦有教學（scholarship of teaching）、應用（scholarship of application）、綜合（scholarship of integration）和發現（scholarship of discovery）等四大類，為何要特別偏重研究或某些學術類別，而不是各院校各學系因其所長而各顯神通，各自精彩，發展多元卓越？在香港現有條件及基礎上，應否繼續培養院校現有的研究者，以發展多元學術？還是局限在某些少數院校、集中資源在某些學術範疇，而放棄其他呢？論點各有利弊，要有新思維和遠見才能解答。

多元化與關鍵質量的兩難：兩者都是高教的核心取向。多元化（Diversity）取向，重視高教蘊含的多元價值及所衍生的多元創造性，鼓勵百家齊放，為個人、機構及社會，帶來更大更多更新的發展機會和成就。關鍵質量（Critical Mass）取向，強調凝聚有關人才設施及資源，集中力量，以發展少數富有國際競爭力的課程及研究範疇；故此，要擇優及集中營造少數重點研究中心或大學。顯然，香港資源有限，多元化與關鍵質量自然成為兩難。如何突破？

內部競爭的局限：傳統上，香港高教以Ａ型取向，用公帑經營，服務本地。過去二十多年，教資會以各種方式鼓勵院校在研究、教學及發展上，互相競爭資源及聲望，藉此提高院校的績效。由各院校近年的成就來看，這種競爭模式的做法非常成功，值得香港人高興。

就我的觀察，這內部競爭（internal competition）模式的效用，已到了一定極限，呈現樽頸，再增加競爭的力度，表現曲線亦未必繼續上升，但負面效果卻逐漸浮現。我們已開始見到不少個案，在研究、教學或發展項目上不願合作，但爭做「一哥」，各自忠於所屬的院校，在競爭同一資源上，雖未致「你死我活」，亦難免「敵勝我敗，你榮我辱」的心態，大大不利學術風氣的發展。各自分家，各有各做，學術成果易流於片面零碎，難成大器。

當年各院校對高教檢討的建議，反應極之分歧，有頗大的疑慮，認為將是

不公平的競爭。這些疑慮，也可算是內部競爭的必然結果。簡言之，這種競爭模式或再可增加個人或院校的鬥志，卻無助於推動院校合作，以凝聚關鍵質量，為香港高教帶來更大突破。

» 五、發展新思維

要解決上述的難題，為高教發展尋求突破，我們須有全球視野，深切了解香港的戰略處境，發展新思維。

高教是新經濟產業：如上討論，香港高教發展可以混合A＋B＋C＋D四大取向，兼備公眾服務及市場服務。特別是C型，開展高教內外市場，面向中國、亞太區以至全球的發展需要，大量招收海外生，逐漸將高教拓展為高增值經濟產業，成為香港新經濟力量，不單賺取境內資源，也包括來自海外亞太及中國大陸的龐大市場。

例如，英國、澳洲的高教早就在香港及其他發展中的地區，賺取龐大的外匯，以百億計算，現正進一步致力開發中國龐大的高教市場，估計回報極豐。據我所知，紐西蘭雖然人口和香港相差不遠，但也知道高教外銷的豐厚回報，現官民合力，急起直追。相信香港也應有能力做得到。事實上，有些院校已在中國內地設立分校。

發展為亞太教育樞紐：香港高教主要是公帑營運，要嚴格限制外來學生數量及對外輸出教育的安排。這形成結構樽頸，難於產生較大的自費市場。如上所述，若要高教成長為經濟產業，就要放寬外來本科生及研究生的限制，製造較大的對外自費市場，吸引中國內地及亞太區學生到來，這樣才有機會成為亞太教育樞紐。有關發展香港成為教育樞紐，將在本章後半部分詳細論述。

新的世界級內涵：世界級大學的涵義，在目前的討論頗為模糊。若以哈佛、劍橋等大學為標準，要綜合地在大多數學術領域獨領風騷或舉足輕重，不少人相信，即使香港所有院校合起來，二三十年內也未必做得到。但若將世界級的涵義，只放在一些領域（areas）、一些學系，甚至一些項目或課程，我就很相信，香港學術界可以很快做得來，甚至有些領域已經是世界一流。雖然我

們都明白，世界級大學是長期的目標，對香港聲望有莫大好處，但在行動上，目前的高教發展戰略，難於放在建立綜合性世界級大學，而應放在一些世界級領域、卓越中心或學術項目。當院校因這些卓越領域的成就名揚世上，被視為世界級，當然也是我們香港人自豪的美事。

倡導多元卓越：MIT（麻省理工）和哈佛都是頂級學府，同在波士頓的劍橋區，但卻有着完全不同的學術使命和文化，MIT不用模仿哈佛，哈佛也不用模仿MIT，同樣卓越非凡。面對全球化和多元化的大時代，有無限機緣，故此香港高教發展可倡導多元卓越，讓各院校各學系以本身既有的優勢及條件，找出獨有的發展空間，把創造力發揮出來，以滿足多樣化的社會需要，創展未來。

研究發展可多元化，課程教學可多元化，不限在理工科，文社藝教皆可卓越，院校及人才可在不同領域各自精彩。例如，科大長理工、嶺南專博雅，誰敢說不佳？香港、中國及亞太區多元而龐大的發展，所需的人才、領袖及開創者非常廣泛，故此香港高教的戰略角色，除在科技社會及人文研究外，發展培訓這些領袖及開創者，非常重要。科大和中大的工商管理碩士課程雖不是研究項目，卻在培訓工商領袖方面成就不凡，影響深遠，我們都應視之為卓越。若香港高教以圖10.1的ABCD混合取向發展，應有條件鼓勵多元卓越。

香港院校及學系不需要追求單一卓越、競逐相同的領域。最重要的是，讓每一個院校精英有機會發揮其專長及智慧，追求卓越，不會因其所在院校重點與否而浪費或抑壓。怎樣做得到？我會在下面「平台理論」會作解釋。

新的高教內涵——亞太領導力量：香港高教有着世上非常獨特的優勢。香港是位處東西文化交匯點的國際大都會，社會開放，人才匯聚，資訊流通，擁有世界級視野。故此高教的反思和發展，除重視系統結構、資源政策的改進外，亦需在高教內涵方面，將香港在經濟地理文化上的戰略優勢體現出來，強調融合中西文化精粹，帶引出新時代的文化價值、科技創新和睿智，為中國的崛起、為亞太區的昌盛、為全球化的動向，提供新的領導力量。

這樣的高教願景，才有可能將香港發展為亞太區的教育樞紐。過去多年，正當香港人忙於政治爭論，失去方向的時候，新加坡卻在努力與世界級名校合作，建立他們的亞太區教育中心。例如，中國派出各市的市長，到新加坡受訓。

據我所知，香港個別院校例如中大，很早已培訓中國的領導幹部；前香港教育學院（現香港教育大學）亦有培訓柬埔寨的國家督學、馬來西亞的校長及泰國的師訓教師。相信不少院校有類似的國際項目，這都說明香港高教有這方面潛力。問題是，我們香港人能否充分意識到這戰略優勢，有策略地結合到高教內涵，更全面將潛力充分發揮，成為亞太領導力量？

新的競爭內涵——聯盟合作：在前面我已指出，內部競爭對高教進一步發展的局限，一定要轉變。當高教由Ａ型（公帑經營服務本地）轉為ABCD混合型時，院校可獲得的資源不單來自公帑，也可以是境內外的自費市場。從中國大陸發展的勢頭來看，這個高教市場非常龐大。若香港院校要勝過其他國際競爭者，以成功分享這些市場，則他們相互合作遠較相互競爭來得有利。同樣，在研究、開發及教學培訓等工作上，院校合作當然較各自分家來得有實力。特別在一些高檔次的研發項目上，沒有足夠的關鍵質量的人才和設備，根本做不來。

顯然，香港人善於競爭，亦相信競爭帶來進步。但從高教目前的發展階段來看，要認真減低因競爭而生的內耗，鼓勵合作和凝聚關鍵質量。可重新定義競爭範疇，從以前只重「內部競爭」轉為強調「對外競爭」及「合作雙贏」的做法，重視院校聯盟合作，向外開拓，爭取境內外資源，追求國際及區域上的卓越。事實上，有些院校亦自覺地開始了一些互補性合作，例如，教院（現教大）曾和科大及理大有課程合作。又例如，研究資助局資助的卓越領域（Area of Excellence, AoE）項目和主題性研究項目（Theme-based Research Programme），都強調跨院校合作。

總言之，不論院校大小，可根據其本身的使命特色或教研項目需求，締結不同層次的國際及本地的聯盟伙伴，尋求最大的拓展空間和成就機會。

» 六、虛擬中央研究院

如何成功實現新思維，為高教創造新局面呢？顯然並不容易。最大的困難是，既要鼓勵多元卓越，各院校有發展，又要匯聚人才資源，勇闖世界級殿堂。如何做得到？在2002年8月，我提出一個「平台理論—虛擬中央研究院」

來探討這重要問題。[5]

　　過往三十年，香港高教薪酬條件不錯，各院校薪酬制度又相近，從世界各地吸收了不少出色人才到來，加上過去多年的教研表現考績和競逐，各院校逐漸達到一定國際水平，在不同程度上、不同領域中儲蓄和培養了一批專家及學者。問題是，如何製造更佳的機會，進一步充分發揮這批分佈在各院校的精英在教研上的專長，一方面可以形成「關鍵質量」，另一方面可以追求「多元卓越」？簡言之，他們可否保持在院校的隸屬身份及職份，但在學術及研究上，卻可有跨院的凝聚，形成不同領域的卓越隊伍？若可以，就可盡用香港高教的人才，追求世界級成就。

　　這就需要將整個香港高教系統發展為一個「高效平台」（effective platform）。[6] 平台是一個美妙的觀念和實體，主要是基於現有的資源、知識和技術，用以營造一個共用而最優化的知識、技術、管理及文化支援的工作環境，讓學者、專家、研究員、大專生及所有相關人士的才華智慧，主動地得到最大機會發揮。以目前管理思維手法的創新靈活，加上資訊科技的巨大力量，應可以改變現有香港高教的部分結構、制度及設施，使之成為一個有實力的高效平台，供各院校各學系各學者共建、共用、共通，從而優化各種資源及人才、在研究教學開發上的營運和發揮。

　　目前，八大院校圖書館有借書還書共通共用的做法，電腦網絡系統共通支援的做法，都是很好的平台表現例子，但還是少數，亦只限於較低的技術層次，離上述人才資源教研的互通、共用、合力境界，還是很遠。

　　為促成這高效高教平台的建立，請容我提出「虛擬香港中央研究院」（Virtual Hong Kong Central Institute of Research）的想法。這研究院是所有香港院校的中央研究院，實力全來自院校，本身也就是一個大平台，凝聚各院校教研人才及所需的關鍵質量，領導發展策略研究及卓越中心。每個專上院校教職員可通過評審，成為中央研究院不同領域研究員，參與研究開發及帶研究生。他們獲得的國際成就和榮譽，其所屬的院校皆理所當然地分享，以此為光榮。研究生所選的課，可由院校及中央研究院最優秀的學者研究員提供，由這研究院統籌。這樣，研究生可從這平台上，獲得優秀而又世界一流的培養，

對香港成為亞太區的教育樞紐或中心十分有利。

怎樣維持研究院的推動力？這可以透過對外競爭及與世界級名校的基準比較而產生。這點非常重要。個別研究領域、個別研究隊伍或個別學者的表現，亦用類似的國際標準作評估、作推動。這種中央平台式的做法，一方面可以減輕內部競爭的內耗，同時卻可以凝聚人才及關鍵質量，以對外競爭，成為世界級的卓越中心。同時，因這研究院是虛擬的，不用另起爐灶花大量資源，更不用合併各院校，因而破壞其現有的學術文化及使命特色，產生無窮的政治抗爭，為目前香港危機徒增不穩定的變數。

同樣，可以逐步用類似的平台理念，匯聚人才資源，共通共用，促進其他範疇如課程、教學及開發的創新，為香港高教拓展新未來。

當2001年911事件前夕，福特基金會（Ford Foundation）邀請我為非洲新世紀高教的發展及創新，提交一篇論文。我曾就自己的三重化理論，指出高教應範式轉變（paradigm shift），[7] 應大力推展高教的全球化、本地化及個別化，以吸收本地及天下之精英及資源，為每個學者及學生創造最優化的環境，在教學研究發揮所長。作為香港一份子，我很高興看到香港高教正邁向這方向。

我希望教育局及教資會將基於過往的成功經驗，協助建立這中央平台，讓各院校在更高的戰略水平，有更大的空間和能力，尋求各類型各層次的合作發展。同時在保證現有資助水平下，鼓勵院校拓展不同的資金來源，開發自費市場，吸引中國、亞太區，以至歐美的學生、人才及資源來港，把香港發展為國際學術及教育中心。藉着中央平台的幫助，每一位教授或講師，不論在哪一院校，只要有心有專才，都可以有機會發展成為一流學者，參與國際前衛領域研究及開發，帶領後進及研究生。每一位本科生或研究生，都可以上最好的課和向最好的教授請教。讓香港高教，勇闖世界級殿堂！

» 七、樞紐功能

教育樞紐的地位可帶來什麼優勢？根據國際經驗，教育樞紐的優勢可分為三點（Knight & Lee, 2014; Lee, 2014）。第一，有助促進教育業發展，帶

來重要經濟貢獻（Douglass, Edelstein & Haoreau, 2013）。澳洲外交貿易部（Australian Government Department of Foreign Affairs and Trade, 2014）的最新數據表明，教育服務已成為澳洲第四大出口項目。2003年，澳洲在跨境學位課程市場中佔9%，而在1990年只佔1%（Marginson, 2007）。Marginson（2011）指出，教育界在2009年成為澳洲最大的服務界別。英國文化協會（British Council, 2012）亦表示，教育服務業已成為英國第五大出口界別。而在新加坡，教育是舉足輕重的「知識行業」，佔國內生產總值的3%以上（Yonezawa, 2007）。

其次，教育樞紐有助高等教育國際化，以示學術機構順應全球化潮流（Altbach & Knight, 2007）。Cremonini（2009）認為，高等教育國際化是全球化的作用之一，各國應爭相吸引世界一流學者和優秀學生，以知識為國家增值。高等教育國際化亦能推動各國文化交流，增進各國邦交。香港英國文化協會負責在港推廣英國文化及教育，其網站便寫道：「我們與世界各地人士分享知識、交流理念，讓他們從中體會英國，建立互信。」（British Council Hong Kong, n.d. a）英國政府設立眾多獎學金，資助在政治、經濟、社會等方面具有領袖潛能的海外人才在英國大學深造。[8]

第三，發展教育樞紐有助吸引外國學生入讀當地高等教育院校，拓闊院校和本地學生的國際視野（Lee, 2014; Knight & Lee, 2014），從而提高本地院校和所在城市的國際地位。以香港作為教育服務樞紐為例，不僅可以培養人才、和中國內地精英合作，亦擔任內地人才與海外交流的橋樑（Jiang, 2002; Mok & Bodycott, 2014）。

當香港高教系統重新定位，面向全球亞太區的發展，並開展本地及國際的自費市場，若這樣的發展是有整體長遠政策的協調支援，而香港高教亦存足夠實力，就有可能形成一個區域的教育樞紐。這樞紐有兩種基本策略功能：「教育產業化」和「軟實力建設」。

教育產業化，可形成不同行業配套、專業群組、結構體制、法規法例、質素檢察、資格驗證、相關設施及軟硬件，以提供教育服務或輸出，滿足本地、珠三角、整個中國，以及亞太區正在冒升的龐大教育市場需要（鄭燕祥，

2009b; Cheng, et al., 2009），從而促進香港教育產業規模的擴大發展（例如形成更多高等院校）、獲得長短期的經濟回報、創造其他間接的社會利益（例如製造更多高增值職位及工作機會），以及貢獻亞太區和中國的發展（例如珠三角的經濟轉型及人材培訓）（Knight & Lee, 2014）。

在國際競爭中，社會要發展，就需要掌握戰略性資源，有硬軟實力兩種（Nye, 2004）：硬實力（hard power）多指貴重天然資源（如石油）及高尖的硬件及技術；軟實力（soft power）是指高質素的人材。要經濟轉型創新，發展知識型經濟、高科技產業及高增值行業（如環球商業、金融、通訊、創意產業、服務管理、物流等等），莫不需要人材。可以說，在全球競爭中，人材最重要（Becker, 2002; Brown, 2004）。

特別在中國及亞太區的未來發展形勢，香港成為教育樞紐，可以在區域以至全球吸收、爭取、培養、保育甚至可輸出優秀人材，是直接影響香港持續發展的競爭力的（Lai & Maclean, 2011; Mok & Bodycott, 2014）。在軟實力建設（soft power building）方面，這樞紐有以下四方面功能。

本地軟實力建設：類似一個磁力社會（magnet society），能吸引、發展及提供本地所需的高檔次發展所需之優秀人材，以面對全球化及經濟轉型的挑戰，並促成新的經濟、文化及社會建設的生長點，從而使香港在國際競爭中，可以有動力地持續發展及成長（Brown & Halsey, 2006）。

亞太區影響力：教育產業化，輸出教育，滿足中國及亞太區對優秀人材的龐大需求，不單對外賺取實質的經濟利益，更重要是建立無形的區域網絡及領導地位，從而區域上產生政治、文化及社會的長遠影響力。

高創值中心：教育樞紐有助在港繼續擴展世界級卓越研究中心及研究所的群組，在一些重要前沿領域，擁有國際先進領導地位，一方面有助吸引優秀人材及世界級專家來港貢獻，有利高教提升及產業化；另一方面，有助香港佔領先進的知識技術供應鏈的中上游，創造新的產業和經濟生長點，為香港的未來發展，獲取最大的競爭力和創值。

產業群的協同效應：教育樞紐既然匯聚區域以至世界的人材，有利國際多

元文化交流，為香港發展成為世界級金融中心及國際大都會，甚至其他範疇的產業（例如醫療、旅遊、測檢驗證、航運、創意文化等）的區域中心，提供深厚而優秀的人文氛圍及人材基地（Brown & Halsey, 2006），甚至各產業群的優勢互相合作（例如教育與創意文化的產業合作），互相補充，為香港的整體發展帶來更大的協同動力。

» 八、發展模式

從理論上來看，教育樞紐的兩項策略功能「教育產業化」與「軟實力建設」都是重要的。但是對不同背景的教育體系而言，因高教實力水平可以有很大分別，其對這兩功能的強調性及實踐力也可以有很大差異。香港公眾的討論、學者們的分析，甚至政府公佈的政策方向，也頗分歧而在變動，有些只強調軟實力建設；有些則重視教育產業化；有些兩者皆強調，全力追求；有些則以封閉觀點看高教在本地的供求，對兩者皆忽略，沒有教育樞紐的認識。[9]

實在，教育樞紐的理念及功能是動態的，「教育產業化」與「軟實力建設」的關係是互動的。香港教育樞紐發展的可能模式，可如圖10.3所示。當軟實力建設起來，自然有能力推動教育產業化。香港過去三十年來已發展的高教實力及專業群體，具有國際水平（階段A），當然有一定能力推動一定程度的教育產業化，開創教育市場（階段B）。當香港能夠從教育產業化及市場，獲得更大的經濟利益及其他有利資源，重投入軟實力建設，高教規模自然更大更優，吸引及培養更多優秀人材，為香港建設更強的世界級軟實力（階段C）。當然，因這實力的增強，教育產業化將會做得更有競爭力，支持亞太區、中國及珠三角的未來發展（階段D）。

值得注意的是，香港的教育系統規模不大，高教雖然卓越，但所擁有的院校群、研究中心群、教學發展中心群、專家隊伍，以及專業群組，數目有限，加上香港地方空間珍貴，對發展教育產業有頗大的局限性，初階段不宜大量全面做，否則會分散高教的寶貴實力，「不務正業」，在教育市場上也沒有競爭力，得不償失。

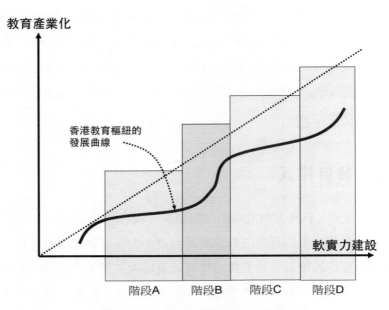

圖10.3 教育樞紐發展的可能模式

故此，香港教育樞紐的發展策略，應有以下特點：

實力建設帶動：是以「軟實力建設」為帶動為主調，重點在建設本地軟實力、伸延香港在亞太區的影響力、發展高創值中心，以及促進產業群的協同效應。當軟實力在某些領域已發展出足夠力量，才可發展這方面的教育產業，如圖10.3所示，樞紐發展的曲線是應較貼近水平軸（即軟實力建設）而增長。

發展高檔次產業：教育產業有高低檔次，增值及創值的水平也不同，長遠的影響力也有異。例如，低檔次的一般性教學課程或知識傳授，師資要求不高，在知識技術供應鏈下游，雖容易大量供應，但競爭大而增值不高，易受代換，難以持續長久。故此，香港優先要鼓勵要發展的應是高影響力、高檔次、高增值、高知識密集、高特色及高持續性的教育產業。例如，國際EMBA是很好的例子。這樣才可以創出香港教育產業的品牌和地位。這點亦與軟實力建設的目的呼應。至於低檔次的產業，可由市場決定。

跨越式聯盟合作：既然香港規模較細，應不論在軟實力建設上，還是在教育產業化上，香港高教應強調跨院校、跨科際、跨產業、跨地域的聯盟合作，

營造足夠人材的臨介質量（critical mass），發揮槓桿效應（leverage effects）及協同效應（synergy effects），提供世界級的教育服務。部分香港高校已開始這樣的策略，發展不同的本地及國際的策略伙伴，在研究、發展、教學或知識轉移等方面，爭取先進國際水平的表現。比香港更細的新加坡，過去十年在各方面的聯盟合作，做過不少新措施，已累積許多寶貴經驗，值得我們學習。

» 九、樞紐的條件

根據Knight（2014a, b）、Knight & Lee（2014）及鄭燕祥（2009b）的研究，教育樞紐的要素包括大量跨國教育活動、學生的國際流動、人才和知識／創新，以及相關基建設施和文化。那麼，政府可如何建立地區教育樞紐？要成功建立教育樞紐並非偶然，一般是靠制定正確的策略、考慮個別國家或城市獨有的長短之處、教育體制的背景等（Chan & Ng, 2008）。事實上，教育服務的國際市場、學生的國際流動、人才和知識／創新，以及相關基建設施和文化的發展等等方面是相當複雜的。

舉例而言，Marginson（2006）認為，全球高等教育市場可分為精英教育和大眾教育兩個界別，兩者的目標受眾及價格敏感度大相逕庭。市場定位對建立教育樞紐亦十分重要（Marginson, 2007），相關研究日益興起。[10] 以亞洲為市場的教育服務主要來自英國、澳洲及新加坡，而事實上，這些國家均有指定機構助其進行市場研究和推廣工作（Singapore Education, n. d.; Australia Education International, n. d.）。此外，政府及專上院校實施的支援政策，亦對促進建立教育樞紐至關重要。[11]

高等教育是教育樞紐不可分割的一環，至於高等教育在激烈國際競爭中的發展和變化如何影響教育樞紐的建立，這一課題仍有待探索。儘管有愈來愈多的文獻論述有關發展教育樞紐的各個議題（如教育出口、教育產業化及國際化、國際教育、教育市場等等），卻少有研究或文獻着眼於教育樞紐和高等教育的整體發展。

我可總結以上的討論，香港要發展成為區域教育樞紐，就需要考慮是否有

以下重要的內外條件，促成軟實力建設及教育產業化。

亞太區教育需求：是否存在一個龐大的教育市場需要，以支持香港教育樞紐營運呢？從上面所述的亞太大圖像，我們清楚看到未來十至二十年亞太區、中國，以及珠三角都有龐大的高等教育及專業教育需求。因全球化及國際競爭的影響，高增值高質素的國際教育需求也非常殷切。例如，根據OECD（2013），在2000－2011年間，國際學生增加超過一倍，達450萬在海外留學。全球所需求的國際教育估計到2025年，將增至800萬名學生，其中以亞洲學生為主（OECD, 2014），實在是非常龐大的教育市場，應可支持香港成為其中一個區域教育樞紐。

其他國家的經驗，說明外銷教育亦可顯著貢獻經濟收入（Cheung, Yuen & Yuen, 2008）。在2014年，英國和澳洲在教育輸出方面獲得的經濟利益，分別達210億美元及130億美元。新加坡也達每年23億美元。由於新加坡人口及教育規模較香港細，我們有理由相信，香港若成教育樞紐，其教育產業輸出應不少於新加坡（鄭燕祥，2009b）。

香港本身高教實力：香港本身是否有足夠強大的高教實力，作為教育樞紐呢？我們可以新加坡作基準，分大學排名、高教基建及大學資助等三方面作比較討論。

在泰晤士報高等教育特刊（2014－15年）的全球大學排名中（Times Higher Education , 2014-15），香港八所受政府資助大學中，有四所大學排在200名內，其中港大（第43名）及科大（第51名）更在60名內。這都是一些國際證據說明香港高教的強項，有助發展成教育樞紐。比較來說，新加坡的國立大學（第25名）及南洋理工大學（第61名）都在100名內。值得注意的是，新加坡國立大學不單排名高，而且全日制學生規模超過2.5萬多人，較港大與中大合起來還要多。南洋理工大學的學生規模也近2萬，遠超過中大或港大。換言之，新加坡的大學排名及規模合起來，雖可勝香港，但以目前香港的大學發展勢頭，應無礙香港有能力提供國際先進水平的高教及研究。

高教基建：以2014年數字來看，新加坡人口約387萬，只及香港一半（53.8%）（Singapore Department of Statistics, 2014; Hong Kong

Government, 2014）。中一至中五學生人數約23萬人，約是香港（39.5萬）的58%。但是新加坡提供的政府資助的學士學位總數是5.97萬個，與中學生人數之比約為26%，新政府在2015年，將之增至30%。而香港學士學位只有7.6萬個，與中學生人數之比約為19.3%，較未能滿足本地需要。顯然，新加坡的高教基建更為有利，學生擁有升大學的結構性機會較香港為高。從這點來看，香港高教基建尚不足本地需要。若要發展教育產業，滿足本地需求自然成為重點之一。

　　資助與投資：教育樞紐的建設和發展，是需要投資的。香港高等教育自九十年代高速發展，累積投入超過千多億元，在人才及設施上有一定優勢，匯聚中外精英、傑出專家三四千多人，一些院校更已擁有世界一流的學系及成就。但在1998/99年開始，卻面對連年不斷削資，八大院校在1999−2007年間，經常費被削由20%−30%多，八年來累積被削經常費約達123億元，嚴重影響高等院校及香港作為教育樞紐的競爭力。

　　如圖10.4所示，當香港不斷削減大學資助之時，同樣面對九七金融風暴的新加坡，卻有決心將經濟轉型，大量培養高質素人材，不斷增加大學撥款，例如，資助大學經常費大幅增加，由在1998/99年的29.64億港元，大增至2013/14的152.88億港元，增加超過400%。

　　在1998/99年，香港的大學經常費是新加坡的4.2倍（香港126.36億港元：新加坡29.64億港元），但到了2012/13年，兩者已非常接近同一水平（139.62億港元：134.16億港元）（Singapore Ministry of Education, 2014; University Grants Committee, 2013）。由於香港人口及中學生人口都約是新加坡的一倍，香港高教相較新加坡來說，已陷入資源弱勢，對發展教育樞紐相對不利。

　　一個地區用在研究與發展（R&D）的資金對高教研究及科技推進可以有頗正面的作用。根據世界銀行（World Bank, 2014）在2010−2014年的數據，香港用在研究與發展方面只有GDP的0.75%。比較其他區如韓國、以色列、芬蘭、日本、德國、美國、澳洲、法國、荷蘭、新加坡，以及中國內地的百分比由1.98%−4.04%，香港在研究與發展的投資及努力相差頗遠。由於研究與發

展的投資偏低，香港高教的發展及質素會受相當影響，故此有必要增加高教的投入，以增強香港作為教育樞紐的國際競爭力和持續力。在2008年，香港政府注入180億港元作為高教研究經費的補助基金，是有些幫助，但比起上述地區仍然相差很大。故此，當局有必要為高教的研究與發展，訂下長遠的未來策略和投資。

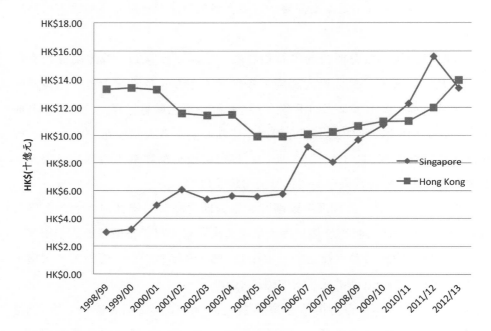

註：兌換率 1 SG $ = 5.052 HK $
資料來源：Singapore Ministry of Education（2014）and University Grants
　　　　　Committee（2013）

圖10.4 政府資助高等院校經常開支之比較

　　留學生政策及配套：招收世界各地來的優秀留學生，是辦教育樞紐的重要目的之一，香港有全面的收生、入境、居留及就業的人口政策和配套嗎？香港是很遲才認識到吸收世界優秀人材到港就學的重要性，要到2002－2005年間才將外來本科生比率從2%增至4%，到2005/06年擴展至10%，到2008年增至20%，並設立獎學金吸引外來生，放寬入境及就業限制，除在學時兼職及

假期工作外，准許他們在畢業後留港工作；籌辦更多學生宿舍。雖然尚未有全面而長遠的外來生的人口政策，但已邁出重要的一步，有助吸收優秀留學生來港長遠發展，讓教育樞紐吸收人材的功能可以發生（Cheung, Yuen & Yuen, 2008）。

可以參考新加坡的經驗。新加坡早在九十年代，已有向外吸收優秀人材及留學生的人口及居留政策配套，鼓勵海外學生前來，例如有些留學生可得80%資助，但畢業後要留在新加坡服務三年，可進而入籍。

在2014年，香港有外來生在教資會（公費）資助的課程內的人數還是很少，約有14,440多人。在所有外來生中，主要來自中國大陸，只有很少來自其他亞太地方。比較來說，香港尚未形成區域樞紐或教育產業化的規模。

辦學政策及配套：作為區域教育樞紐，應有一系列政策配套，以促進自資辦學、跨地域辦學及國際合作辦學，讓辦學的形式、內涵及資源多元化，以配合教育樞紐及香港本身的多元發展和需要。近年政府已推出多項支援計劃，以協助自資專上教育院校的發展，這都是非常重要的新措施，對發展自資辦學極有利的。至於跨地域辦學，例如到內地辦學，由於尚未有教育的CEPA或是G-G（政府對政府）的協議，目前不少院校或辦學團體獨自摸索交涉，困難重重，一籌莫展，不利香港教育產業化，以迎接珠三角、中國以至亞太區的龐大教育需求。故此，香港應有專責部門協助有關的政策及G-G協議的開展及制定。

國際合作辦學也是發展樞紐的重要一環。新加坡很早在這方面發展，在1990年代末已開始「世界級大學」計劃，與九所國際著名的大學例如芝加哥大學、麻省理工（MIT）等在新加坡合辦世界級大學，吸收海內外學生。在2000年，與賓夕凡尼亞大學華頓商學院合作成立新加坡管理大學，有焦點地培養區域內工商管理的高級人材及領袖。在2007年，澳洲新南威爾斯大學在新加坡開辦第四所大學，對象主要是中國、亞太區及歐美的自費生。此外，國內不少主要城市或地域（例如北京、上海、浙江、廣州、珠海等），都有非常蓬勃的、各式各樣的國際合作，與世界名校一起在當地推動教育產業化，適應國內龐大的教育市場，並提升當地高等院校的水平，與國際接軌。故此，香港在教育樞紐發展上，也應制定有關的政策配套，讓國際合作辦學有效成功推展。

政策領導及專責機構：教育樞紐及產業化是涉及香港整體長遠利益的重大政策，涉及不同政策局權責，以及G-G層面的交涉。故此，應有跨局的指導委員會（Inter-bureau Steering Committee）領導有關政策的發展和實行，協調各有關局部的工作，促成有關的國際協議（G-G）及教育CEPA的達成，並監察教育樞紐及產業化的進程及成效。參考英國（英國文化協會）、澳洲（澳洲教育國際）及新加坡（新加坡教育國際）的經驗，香港可在整體運作層面上，成立一個專責機構（例如，香港教育國際〔Hong Kong Education International〕），協調各有關方面（例如，貿易發展局、旅遊發展局、高教界、教育局及其他相關機構等），在亞太區及中國有策略地進行各種活動，推廣香港的教育產業及樞紐功能。

» 小結

面對全球化、經濟轉型及國際競爭的挑戰，香港需要高質素的人材。高教水平高低將主宰香港未來，故此高教發展的方向、策略和管理非常重要。面對內外挑戰及資源限制，香港高教發展的方向和定位會有不同取向，從而有不同的矛盾和迷思。要解決其中困境，實在需要新思維，包含高教是新經濟產業、發展亞太教育樞紐、新的世界級內涵、倡導多元卓越、新的高教內涵、新的競爭內涵，以及發展虛擬中央研究院等。

在區域及全球中吸收、培養及保育優秀人材的成敗，直接影響香港持續發展的競爭力。故此，在中國及亞太區的未來發展中，如何發展香港成為區域的教育樞紐，達成軟實力建設及教育產業化的策略功能，是香港一個重要的高教發展課題，必須深入研究。希望本章對亞太區教育需求趨勢及香港高教發展的分析，有助理解香港教育樞紐對香港長遠發展的功能和意義，並掌握建立教育樞紐的模式及條件。

按：本章部分內容取材自鄭燕祥（2002a, 2007, 2009b），Cheng et al.（2009）及 Cheng, Cheung, & Yuen（2016），更新修改而成。

註釋

1　舉例來說，時任英國財政大臣的白高敦（Gordon Brown）（2004）指出，在全球化環境下，政府的職責在於讓國民成為技能純熟、訓練有素的高學歷人才，這是唯一的成功之道。

2　有關教育樞紐這方面的文獻甚多，可參考：例如，Aziz & Addullah, 2014; 鄭燕祥，2009b; Cheng, Mahmood & Yeap, 2013; Douglass, Edelstein & Haoreau, 2013; Ibnouf, Dou & Knight, 2014; Mcneill, 2008; Mok & Bodycott, 2014; Mok & Yu, 2011。

3　可參考〈董建華倡新精英主義〉，《星島日報》，2001年11月19日。

4　請參考《明報》2002年10月29日〈港可辦哪種世界級大學〉訪問鄭燕祥教授一文，其中指出「以香港目前的架構以公帑辦學，合併個別院校對辦一流大學雖然有幫助，但距離仍相當遠」。

5　見鄭燕祥：〈香港高教平台、虛擬中央研究院〉，《明報》，2002年8月14日。

6　這裏所說的「高教平台」，在理念上，也和第二、三章所說的學校「教育平台相通」。

7　有關理論，請參見Cheng（2005b, Ch.1）或鄭燕祥（2003，章1）。

8　英國外交及聯邦事務大臣文禮彬（David Miliband）表示：「外交部門除推動政府及貿易的國際化之外，更注重人才的國際化，因此推出了志奮領獎學金計劃。各位象徵着英國為日後與各國的邦交奠下基礎。」（British Council Hong Kong, n.d. b）。

9　可參考Cheung, Yuen & Yuen（2008）；Cheng et al.（2009）；Hong Kong Government（2007）；Task Force on Economic Challenges（2009）。

10　見Gibbs & Knapp（2002）；Kehm & Teichler（2007）；Knight & Lee（2014）；Marginson（2006）。

11　可參考Beaver（2009）；Carrington, Meek & Wood（2007）；Lee（2008）；Mok（2008）；Obst（2008）。

第十章　高等教育：發展與樞紐

第四部

總結

第十一章
教改現象：制約與矛盾

在寫作本書的過程中，我重新思考教改現象的本質。無疑，教育有本身的複雜性，它所要達成的果效是多元的、多重的，不單在學生的個人成長上，也在行業、社區、國家，以至國際等層面發展上，有多元的功能，包括在科技、經濟、社會、政治及文化等方面的重大貢獻和影響力。[1]

教育既然複雜，要改革，自然並不容易。香港教改是系統性大規模的改革，更涉及多元複雜目標的轉變、課程教學的革新、體制營運的重構、不同持份者的利益改變、客觀物質和社會條件的限制，以及國際競爭和改革潮流的影響等，互相緊密關連，改革時往往要牽一髮而動全身。

本書中的討論，從不同層面、不同角度，探討過去十多年香港教改的歷程、成效和困擾，所論述的教改焦點是在香港的時空，與香港本身特有的社會文化、政治經濟息息相關，希望有助我們檢討及反思這場龐大教改的政策制定、推行和成敗，從而找出新的啓示展望未來。

從學術角度來看，香港十多年的教改提供了一個非常重要而全面的個案，有助探索目前世界各地普遍出現的「教改現象」，理解其中變化過程的制約、矛盾和特性，從而推動教改理論的建設，可幫助國際社會目前或未來教改的有效實踐，以應對新世紀的挑戰。

在地區或國際上，教改成為一種現象，多少有其普遍性及共同趨勢。新世紀初，為回應全球化、國際競爭、科技突破及社會轉型的衝擊，世界各地都進行教育改革，成為潮流，甚至互相傳染，一個地區有改革，其他競爭對手也要改革，甚至改革更多，多不理會本身的文化條件和現實需要，愈改愈亂，失去方向，後果愈失望，師生苦不堪言。這成為一種「教改症候群」現象。過去十多年，香港教改受困於這種現象。

差不多沒有教改的目標是不美好的，但可惜，教改最後多是挫敗或無功而還。為什麼呢？從本書的分析來看，教改現象的發展特性和成敗，往往受制於以下的主要因素及相關課題。

多元持份者的分異：教改涉及多元持份者，例如學生、家長、教師、辦學者、決策者、官員、學者專家、顧主、行業領袖、文教領袖、社區領袖等等。各持份者對教改目標和教育實踐，有不同看法、信念和利益取向，例如有強調融合公平、有重視果效成績、有要求問責監察、有聚焦發展德性等，從而對教改的期望和支持有分歧，影響政策制定的認受性和可行性，甚至演變為社會事件。例如，香港教學語言改革，不同持份者間有極之矛盾的取向，多年來爭持貽誤，影響香港發展甚大，而近年國民教育的風波，也是典型的案例。如何讓多元持份者對教改有理性而全面的識見，放棄成見私利，達成共識？

資源有限的制約：任何教改都需要資源的，愈大的改革，所需的資源愈多。但是資源往往非常有限，特別是珍貴的人手、專家經驗及可用時間。目前大規模課改考改，要在短時期實踐，都需要非常龐大的額外成本，但是誰來支付呢？由於可提供的公共資源有限，教改卻要前線的師生推行多項新舉措，忽略他們時間和能力亦非常有限，往往精力耗盡，無法應付，而教改愈改愈亂。

歷來教改要達成崇高多元目標，包括教育上平等、公平、效率、效能，又滿足個別需要（例如融合教育），卻希望以低成本由師生去實現，顯然不切實際，最後還是由師生付出沉重代價，而教改失敗。第四章所說的教改「樽頸現象」，正是深刻的例證。如何正確處理成本誰付及資源限制，有效管理教改舉措的優先次序，認真保障師生珍貴的教學時間和空間？

智能知識的貧乏：教改涉及複雜系統的改變，需要一個強大而全面的智能系統或知識基礎作為支援，指引方向，審訂優次，發展推行策略。但是在全球化及國際競爭的壓力下，決策者往往要在短時間內完成大規模教改的決定及計劃，無意亦無法組織這樣一個知識基礎，以充分調查研究，提供足夠專業知識，支持教改的討論、規劃及實踐。教改容易成為「無知的革命」，決策質素難免粗疏，教改推行時漏洞百出，在各層面上問題叢生，形成症候群的現象。

香港教改明顯受制於智能的貧乏，在重要教育領域上缺乏足夠的「專家臨

界量」，提供必要的專業知識基礎，以支援教改不同層次的改革和實踐。在決策或諮詢過程中，主要依賴外行領袖或「兼職智能」，缺乏全面的專業識見，難以全盤掌握教改的精髓和大勢。在學校層面上，強調以「校本智能」創新變革，流於「家家煉鋼」，成果零碎薄弱，質素不高，卻浪費師生寶貴時間和精力。如何在系統層面建立一個高效專業智能平台，為教改政策的發展和校本管理的實踐，提供必要的專業技術、知識和其他顧問支援？

多重改革的矛盾：教育系統往往是多層面體制，包含整個系統層面、地區層面、學校層面、課室層面，以至師生個人層面。不同層面上的相關體制（包括機構及人事，例如系統層面有教育局），對教育有不同角色和功能，運作所產生的果效也不一樣。正如第一章指出，目前教改在宏觀（系統）、中觀（地區）、機構（學校）和操作（課室、師生）等層面上，有九大趨勢，而每種趨勢又有不同的改革舉措。換言之，全面教改的廣度和幅度可以非常巨大。

教改應選擇哪一些層面或舉措為焦點，還是進行全面改革？各有優點和缺陷，不易有簡單的解答。一般來說，前者可以集中資源，較易成功，但忽略其他層面的配合，未必長久；後者可促使各層面配合，但若資源或準備不足，推行上難免顧此失彼。由於急於面對內外挑戰，決策者往往不顧現有資源的局限及教改智能的貧乏，傾向全面多層面的改革，在短時間內推出多重多項的變革新舉措，雖各有美好原意，在執行上卻不分優次、互相干擾，學校師生根本沒有足夠時間精力應付，形成樽頸效應。如何管理多重改革的潛在矛盾，使之發揮協同效應（synergy）而非互相干擾？

文化範式的轉變與矛盾：面向新世紀，教改除重視技術／結構的變革（technological/ structural changes）外，更應是文化／範式的變革（cultural/ paradigmatic changes），由第一、第二波範式轉向第三波範式，對教育的內涵、目標、文化價值和實踐方式有根本性的改變，追求教育的「未來效能」，培養有情境多元智能和創造力的新一代，能終身學習及持續發展，創建多元社會。第三波教改的策略性方向轉變，包括「從緊鬆控理論到平台理論」、「整合平台優勢和校本動力」、「從本地化到三重化 」，以及「從單元智能到多元智能」等（第二章）。

過去十多年的香港教改，陷入文化／範式的矛盾（cultural/ paradigmatic conflicts），無法自圓其說，失去方向。一方面強調要追求與第三波相近的新世紀教育。但另一方面，在實踐上卻主力推動各種第二波的新舉措，包括質素保證、學校評估及檢視、家長選擇、市場化、學校競爭、校本管理、家長及社區參與管治等，透過市場機制來驅使學校提供家長滿意的教育。學校教師要花大量時間精力應付這些問責新猷，滿足家長及市場需要，而非第三波的教學改革。諷刺的是，家長學生高度重視而希望有滿意的公開考試成績，卻曾是教改初要針對改變的目標，認為是「高分低能」。如何可以解決這些範式的矛盾，讓學校師生安心進行第三波的教改，而不背道而馳呢？

總言之，教改是複雜動態的社會現象，不僅是理性規劃及執行的技術改變過程，也是多元持份者帶着不同利益的互動過程，其中有爭持有合作，影響着教改的發展。雖然教改往往帶有崇高的理想和多元目標，但在實踐上，卻受制於非常有限的資源，誰來付出巨大的代價完成教改，是經常解決不了的問題，最後，還是由最前線的師生承擔教改的後果。無論怎樣，教改又是複雜巨大的社會工程，實在需要全面而精深的知識基礎，目前教改在專業智能知識的貧乏，蘊藏着頗大的風險，成為教改症候群的因由。急於應對內外挑戰，教改往往多項改革齊上馬，希望短期內帶來根本改變，但後果是互相矛盾，對師生造成很大困擾，事與願違。更值得關注的是，教改需要文化範式的轉變，若以第二波新舉措，追求第三波的教育理想，自然產生文化範式的矛盾，在信念上實踐上難以適從。

教改成敗皆學問，怎樣從香港十多年的教改歷程，找出其中寶貴的實踐經驗和深刻理念，有助將來的發展，更是值得我們思考和珍惜。最後，希望本書對香港教改及相關現象的思考及實踐有些幫助，同時更希望促成香港及其他地區的教改進一步檢討及發展，邁向美好的未來。

註釋

1　Cheng（1996, Ch.1; 2005b, Ch.14）。

參考資料

英文部分

Advisory Committee on Implementation of Target Orientation Curriculum. (1994). *Report on the implementation of TOC*. Hong Kong: Government Printer.

Advisory Committee on Teacher Education and Qualifications. (ACTEQ) (2003). *Towards a learning profession: The teacher competencies framework and the continuing professional development of teachers*. Hong Kong: Government Printer.

Altbach, P., & Knight, J. (2007). The internationalization of higher education: Motivation and realities. *Journal of Studies in International Education, 11* (3/4), 290-305.

Australia Education International. (n. d.). Market information package. http://www.aei.gov.au/AEI/MIP/Default.htm.

Australian Government Department of Education. (2012). International student data. https://aei.gov.au/research/International-Student-Data/PublishingImages/IST_2013/2013Graph_Table3.png.

Australian Government Department of Education and Training. (2012). Student Summary Table. http://docs.education.gov.au/node/35011.

Australian Government Department of Foreign Affairs and Trade. (2014). Australia's top 25 goods and services, 2013-14. Retrieved January 15, 2015, from http://dfat.gov.au/publications/tgs/index.html.

Aziz, M. I. A. & Abdullah, D. (2014). Malaysia: Becoming an Education Hub to Serve National Development. In J. Knight (ed.), *International education Hubs* (pp. 101-119). Springer Netherlands.

Baker, R. (2001, February 14-16). *A challenge for educational transformation: Achieving the aim of "thinking and acting locally, nationally and globally" in a devolved education system*. Plenary speech presented at the International Forum on Education Reforms in the Asia-Pacific Region "Globalization, Localization, and Individualization for the Future", HKSAR, China.

Beaver, C. (2009). The UK's international education strategy. http://www.iienetowrk.org/page/116258.

Becker, G. (2002). The age of human capital. In Lazear, E. P. (ed.), *Education in the Twenty-First Century*. The Hoover Institute. http://www.hoover.org/publications/

books/fulltext/ed21st/.

Board of Education. (1997). *Report on review of 9-year compulsory education.* Hong Kong: Government Printer.

Bohm, A., Davis, T., Meares, D., & Pearce, D. (2002). *Global student mobility 2025: Forecasts of global Demand for international higher education.* Australia: IDP Education.

British Council (2012). The shape of things to come: higher education global trends and emerging opportunities to 2020. Going Global 2012. http://www.britishcouncil.org/education.

British Council Hong Kong. (n. d. a). About Us. http://www.britishcouncil.org/hongkong.

British Council Hong Kong. (n. d. b). The British Chevening Scholarships for Postgraduate Study in the UK. http://www.britishcouncil.org/hongkong-education-scholarships-chevening.htm.

Brown, G. (2004). Gordon Brown's Confederation of British Industry Speech 9 November. http://news.ft.com/cms/s/eb-4dc42a-3239-11d9-8498-00000e2511c8.html.

Brown, G. A. & Lauder, A. H. (2001). *High skills: Globalization, competitiveness and skill formation.* Oxford: Oxford University Press.

Brown, P. & Halsey, A. H. (2006). Globalization, knowledge and the myth of the magnet economy. In Lauder, H., Brown, P., Dillabough, J. & Halsey, A. H. (ed.), *Education, globalization and social change*, Oxford: Oxford University Press.

Buckner, E., & Russell, S. G. (2013). Portraying the global: Cross-national trends in textbooks' portrayal of globalization and global citizenship. *International Studies Quarterly*, 57(4), 738-750.

Camicia, S. & Zhu, J. (2011) Citizenship education under discourses of nationalism, globalization, and cosmopolitanism: Illustrations from China and the United States. *Frontiers of Education in China,* 6(4), 602-619.

Carrington, R., Meek, V. L., & Wood, F. Q. (2007). The role of further government intervention in Australian international education. *Higher Education,* 53, 561-577.

Chabbott, C., & Ramirez, F. O. (2000). Development and education. In M. T. Hallinam (ed.), *Handbook of the sociology of education* (pp. 163-188). New York: Kluwer/Plenum.

Chan, D. & Ng, P. T. (2008). Similar agendas, diverse strategies: The quest for a regional hub of higher education in Hong Kong and Singapore. *Higher Education Policy*, 21(4), 487-503.

Cheng, M., & Berman, S. L. (2012). Globalization and identity development: A Chinese perspective. *New Directions for Child & Adolescent Development*, 2012(138), 103-121.

Cheng, M. Y., Mahmood, A., & Yeap, P. F. (2013). Malaysia as a regional education hub:

a demand-side analysis. *Journal of Higher Education Policy and Management*, 35(5), 523-536.

Cheng, Y.C. (1996). *School effectiveness and school-based management: A mechanism for development*, London, U.K.: The Falmer Press, pp.1-203.

Cheng, Y. C. (1999) (ed.). Recent education developments in South East Asia. Special Issue of *School Effectiveness and School Improvement*. 10(1), 3-124.

Cheng, Y. C. (2000a). Educational change and development in Hong Kong: Effectiveness, quality, and relevance. In Townsend, T & Cheng, Y. C. (eds), *Educational change and development in the Asia-Pacific region: Challenges for the future* (pp.17-56). The Netherlands: Swets and Zeitlinger Publisher.

Cheng, Y. C. (2000b). A CMI-triplization paradigm for reforming education in the new millennium. *International Journal of Educational Management*, 14(4), 156-174.

Cheng, Y. C. (2001a). *Towards the third wave of education reforms in Hong Kong: Triplization in the new millennium*. Plenary speech presented at the International Forum on Education Reforms in the Asia-Pacific Region "Globalization, Localization, and Individualization for the Future", HKSAR, China.

Cheng, Y. C. (2001b). *Paradigm shifts in quality improvement in education: Three waves for the future*. Plenary speech presented at the Second International Forum on Quality Education: Policy, Research and Innovative Practices in Improving Quality of Education, Beijing, China, 12-15 June 2001.

Cheng, Y. C. (2001c). New education and new teacher education: A paradigm shift for the future. In Y. C. Cheng, K. W. Chow, & K. T. Tsui (eds.), *New teacher education for the future: International perspective* (pp. 33-67). Dordrecht, The Netherlands: Kluwer Academic Publishers.

Cheng, Y. C. (2002a). *Linkage between innovative management and student-centred approach: Platform theory for effective learning*. Invited Plenary Speech presented at the Second International Forum on Education Reform: Key Factors in Effective Implementation organized by Office of National Education Commission in collaboration with UNESCO and SEAMEO, Bangkok, Thailand, 2-5 September 2002.

Cheng, Y. C. (2002b). *New paradigm of borderless education: Challenges, strategies, and implications for effective education*. Invited main keynote speaker at the International Conference on Learning and Teaching with the theme "Challenge of Learning and Teaching in a Brave New World: Issues and Opportunities in Borderless Education from 14-16 October 2002, Hatyai, Thailand.

Cheng, Y. C. (2002c). Paradigm shift in school effectiveness: Internal, interface, and future. In Griffith, A. & Reynolds, C. (eds.). *Equity and globalization in education*, (87-117). Calgary, Canada: Temeron Press.

Cheng, Y. C. (2003a). Challenges and research into educational reforms in the Asia-Pacific Region. In Keeves, J. & Watanabe, R. (chief editors). *The handbook on educational research in the Asia-Pacific Region.*(section 8, pp.1315-1330) Dordrecht, The Netherlands: Kluwer Academic Publishers.

Cheng, Y. C. (2003b). Trends in educational reforms in the Asia-Pacific Region. In Keeves, J. & Watanabe, R. (chief editors). *The handbook on educational research in the Asia-Pacific Region* (section 1, pp. 3-16) Dordrecht, The Netherlands: Kluwer Academic Publishers.

Cheng, Y. C. (2003c). New vision of school-based management. In A. Volansky & I. Friedman (eds.). *School-based management: International perspectives* (pp.31-56). Jerusalem, Israel: Ministry of Education. (in both English and Hebrew editions)

Cheng, Y. C. (2003d). The theory and practice of school-based management: International perspectives. In A. Volansky & I. Friedman (eds.). *School-based management: International perspectives* (pp.233-278). Jerusalem, Israel: Ministry of Education. (in both English and Hebrew editions)

Cheng, Y. C. (2005a). Globalization and educational reforms in Hong Kong: Paradigm shift. In J. Zaida, K. Freeman, M. Geo-JaJa, S. Majhanovich, V. Rust, & R. Zajda (eds.) *The international handbook on globalization and education policy research.* (ch. 11, pp.165-187) Dordrecht, The Netherlands: Springer.

Cheng, Y. C. (2005b). *New paradigm for re-engineering education: Globalization, localization and individualization.* Dordrecht, The Netherlands: Springer. (22 Chapters, pp.1-505)

Cheng, Y. C. (2006). New paradigm of learning and teaching in a networked environment: Implications for ICT literacy. In L. W. H. Tan & R. Subramaniam (eds.) *Handbook of research on literacy in technology at the K-12 level.* (pp.1-20) Hershey, USA: Idea Group.

Cheng, Y. C. (2007). Future developments of educational research in the Asia-Pacific Region: Paradigm shifts, reforms and practice. *Educational Research for Policy and Practice.* 6:71-85.

Cheng, Y. C. (2009). Educational reforms in Hong Kong in the last decide: Reform syndrome and new developments. *International Journal of Educational Management.* 23 (1): 65-86.

Cheng, Y. C. (2011). Towards the 3rd wave school leadership. *Revista de Investigacion Educativa,* 29(2), 253-275.

Cheng, Y. C. (2013). Contextualized multiple thinking and creativity. In A. Antonietti, B. Colombo & D. Memmert (eds.). *Psychology of Creativity: Advances in theory, research and application.* (Ch.2, pp.21-52) Hauppauge, NY: Nova Science Publishers.

參考資料

Cheng, Y. C. (2015a). Globalization and Hong Kong educational reforms. In J. Zajda (ed.) *Second international handbook on globalization, education and policy research,* (pp.219-242). Dordrecht, The Netherlands: Springer.

Cheng, Y. C. (2015b). Paradigm shift in education: Towards the third wave research. In L. Hill and F. Levine (eds.), *World Education Research Yearbook 2014.* (pp.5-29) New York. NY: Routledge.

Cheng, Y. C. (2016). Paradigm shift in higher education: Learning, internationalization and development. In J. Zajda (ed.) *Globalization and higher education reforms,* (pp. 115-132). Switzerland: Springer.

Cheng, Y. C. & Chan, M. T. (2000). Implementation of school-based management: A multi-perspective analysis of Hong Kong Case. *International Review of Education,* 46(3-4), 205-232.

Cheng, Y. C., Cheung, A. C. K., & Ng, S. W. (2016a). Internationalization of higher education: Conceptualization, typology and issues. In Cheng, Y. C., Cheung, A. C. K., & Ng, S. W. (eds.). *Internationalization of higher education: The case of Hong Kong.* (pp. 1-20) Singapore, Heidelberg, New York, Dordrecht &London: Springer.

Cheng, Y. C., Cheung, A. C. K., Ng, S. W., Choi, P. L., Tang, S. Y. F., Yuen, C. Y. M., & Yuen, T. W. W. (2008). *Report on the study of promoting Hong Kong's higher education services to markets outside the Chinese Mainland.* Hong Kong: The Hong Kong Institute of Education. (The study was commissioned by the Hong Kong Trade Development Council.)

Cheng, Y. C., Cheung, A. C. K., & Yuen, W. W. (2011). Development of a regional education hub: The case of Hong Kong, *International Journal of Educational Management.* 25 (5): 474-493.

Cheng, Y. C., Cheung, A. C. K., & Yuen, T. W. W. (2016). Developing Hong Kong as a regional education hub: Functions, modes and requirements. In Cheng, Y. C., Cheung, A. C. K., & Ng, S. W. (eds.). *Internationalization of higher education: The case of Hong Kong.* (pp. 21-42) Singapore, Heidelberg, New York, Dordrecht &London: Springer.

Cheng, Y. C., & Cheung, W. M. (1995). A framework for the analysis of educational policy. *International Journal of Educational Management.* 9(6), 10-21.

Cheng, Y. C., & Cheung, W. M. (1999). Towards school-based management: Uncertainty, meaning, opportunity and development. *International Journal of Educational Reform,* 8(1), 25-36.

Cheng, Y. C., Ko, J. & Lee, T. (2016). School autonomy, leadership and learning: A reconceptualization. *International Journal of Educational Management.* 30(2): 177-196.

Cheng, Y. C. & Mok, M. M. C (2008). What effective classroom: Towards a paradigm shift. *School Effectiveness and School Improvement.* 19(4), 365-385.

Cheng, Y. C. & Mok, M. M. C. (2007) School-based management and paradigm shifts in education: An empirical study. *International Journal of Educational Management,* 21(6), 517-542.

Cheng, Y .C., Mok, M. M. C., & Tsui, K. T. (2002). Educational reforms and research in Hong Kong: A request for comprehensive knowledge. *Educational Research for Policy and Practice.* 1(1), 7-21.

Cheng, Y. C., Ng, K. H., & Mok, M. M. C. (2002). Economic considerations in education policy making: A simplified framework. *International Journal of Educational Management,* 16(1):18-39.

Cheng, Y. C., Ng, S. W., Cheung, C. K., Choi, P. L., Tang, Y. F., Yuen, Y. M., Yuen, W. W. (2009). *A technical research report on the development of Hong Kong as a regional education hub.* (pp. 1-125), Hong Kong: The Hong Kong Institute of Education.

Cheng, Y. C. & Townsend, T. (2000). Educational change and development in the Asia-Pacific Region: Trends and issues, In Townsend, T & Cheng, Y. C. (eds), *Educational change and development in the Asia-Pacific Region: Challenges for the future.* (pp.317-344) Lisse, The Netherlands: Swets and Zeitlinger Publisher.

Cheng, Y. C. & Yuen, T. W. W (forthcoming). Broad-based national education in globalization: Conceptualization, multiple functions and management. *International Journal of Educational Management.*

Cheung, A., Yuen, W. W., & Yuen, Y. M. (2008). Exporting Hong Kong's higher education in Asian markets: Strengths, weaknesses, opportunities, and threats. *International Journal of Educational Reform,* 17, 308-326.

Cheung, A. C. K., Yuen, T. W. W., Yuen, C. Y. M., & Cheng, Y. C. (2016). Effective strategies and policies for exporting Hong Kong's higher education to Asian markets: Lessons from other countries. In Cheng, Y.C., Cheung, A.C.K., & Ng, S.W. (eds.). *Internationalization of higher education: The case of Hong Kong.* (pp.125-150) Singapore, Heidelberg, New York, Dordrecht &London: Springer.

Cheung, W. M. & Cheng, Y. C. (1996). A multi-level framework for self-management in school, *International Journal of Educational Management,* 10(1), 17-29.

Chong, E. K. M. (2013). The Controversy over national education and identity: A case study of Hong Kong secondary school teachers. *Asian Education and Development Studies,* 2(3), 241-262.

Chow, P., & Marcus, R. (Winter 2008). International student mobility and the United States: The 2007 Open Doors survey. http://www.bc.edu/bc_org/avp/soe/cihe/newsletter/Number50/p13_Chow_Marcus.htm.

Circular Letter, Education and Manpower Bureau. (2005, 29 July). *School self-evaluation and external school review: Modification of implementation requirements.* Hong Kong: Education and Manpower Bureau.

COTAP. (2015). Committee on Professional Development of Teachers and Principals (COTAP) Progress Report 2015. Hong Kong: Government Printer.

Coulson, A. J. (1999). *Market education: The unknown history.* New Brunswick, N.J.: Transaction Publishers.

Crace, J. (2002, January 15). Life after work. *Education Guardian Weekly.*

Cremonini, L. (2009). In the eye of the beholder? Conceptualizing academic attraction in the global higher education market. *European Education, 41*(2), 52-74.

Curriculum Development Council. (2001, June). *Learning to learn: Life-long learning and whole person development.* Hong Kong: Government Printer

Douglass, J. A., Edelstein, R., & Haoreau, C. (2013). Seeking smart growth: The Idea of a California global higher education Hub. *California Journal of Politics and Policy, 5*(1), 1-29.

Economist Intelligence Unit. (2014). Full time MBA ranking. http://www.economist.com/whichmba/full-time-mba-ranking?page=2&year=2014&term_node_tid_depth=All.

Education (Amendment) Ordinance. (2004). Hong Kong: Government Printer

Education and Manpower Bureau. (1998a). *Information technology for learning in a new era.* Hong Kong: Government Printer.

Education and Manpower Bureau. (1998b). *Review of the Education Department (Consultation document).* Hong Kong: Government Printer.

Education and Manpower Bureau. (2004). *Reforming academic structure of senior secondary education.* Hong Kong: Government Printer.

Education and Manpower Bureau. (2005). *The new academic structure for senior secondary education and higher education—Action plan for investing in the future of Hong Kong.* Hong Kong: Government Printer.

Education Bureau. (2007). Consultation document on the third strategy of information technology in education. Hong Kong: Government printer.

Education Bureau. (2009). Circular No. 6/2009, Fine-tuning the Medium of Instruction for Secondary Schools, 5 June 2009.

Education Bureau. (2014). Secondary Education. http://www.edb.gov.hk/en/about-edb/publications-stat/figures/sec.html.

Education Commission. (1984). *Education Commission Report No. 1.* Hong Kong: Government Printer.

Education Commission. (1986). *Education Commission Report No. 2.* Hong Kong: Government Printer.

222

Education Commission. (1988). *Education Commission Report No. 3: The structure of tertiary education and the future of private schools.* Hong Kong: Government Printer.

Education Commission. (1990). *Education Commission Report No. 4* (ECR4). Hong Kong: Government Printer.

Education Commission. (1992). *Education Commission Report No. 5: The teaching profession.* Hong Kong: Government Printer.

Education Commission. (1993, October 21). *Education Commission sets up working groups.* Press release.

Education Commission. (1996). *Education Commission Report No. 6: Enhancing language proficiency: A comprehensive strategy.* Hong Kong: Government Printer.

Education Commission. (1997). *Education Commission Report No. 7: Quality school education.* Hong Kong: Government Printer.

Education Commission. (1999 January). *Education blueprint for the 21st century: Review of academic system - Aims of education (Consultation Document).* Hong Kong: Government Printer.

Education Commission. (1999 September). *Review of education system: Framework for educational reform: Learning for life (Consultation Document).* Hong Kong: Government Printer.

Education Commission. (2000 May). *Review of education system: Reform proposals* (Consultation document). Hong Kong: Government Printer

Education Commission. (2000 September). *Learning for life, learning through life: Reform proposals for the education system in Hong Kong.* Hong Kong: Government Printer.

Education Department. (1997, September). *Guidance for secondary school on medium of instruction.* Hong Kong: Government Printer.

Education Department. (2002). Continuing professional development for school excellence. Hong Kong: Education Department of Hong Kong SAR Government.

Evans, G. R. (1999). *Calling academia to account: Rights and responsibilities.* Buckingham, Great Britain: Society for Research into Higher Education & Open University Press.

Financial Times. (2014). Executive EMBA Ranking 2014. http://rankings.ft.com/exportranking/executive-mba-ranking-2014/pdf.

Fitz-Gibbon, C. T. (1996). *Monitoring education: Indicators, quality, and effectiveness.* London: Cassell.

Fung, H. H., Ho, Y. W., Zhang, R., Zhang, Z., Noels, K. A., & Tam, K. P.(2016). Age differences in personal values: Universal or cultural specific? *Psychology & Aging,* 31(3), 274-286.

參考資料

Gautier, T (2/1/2013). *Politics is the art of compromise.* Alliances Progress. Available at http://alliancesprogress.com/zeitgeist/politics-is-the-art-of-compromise/

Gibbs, P. & Knapp, M. (2002). *Marketing Higher and Further Education.* Kogan Page, London.

Global Education Futures. (2015). Towards learner-centered lifelong learning: Results of global education futures. Presentation in 1-3 April 2015, Menlo Park, California, USA. http://www.educationengland.org.uk/documents/rumbold/rumbold1990.html.

Goertz, M. E., & Duffy, M. C. (2001). *Assessment and accountability systems in the 50 States, 1999-2000.* CPRE Research Report Series.

Goldring, E. B. & Sullivan, A. V. (1996). Beyond the boundries: Principals, parents, and communities shaping the school environment. In K. Leithwood, J. Chapman, D. Corson, P. Hallinger, and A. Hart, (eds.) *International handbook of educational leadership and administration.* (pp.195-222), Dordrecht, The Netherlands: Kluwer Academic Publishers.

Gopinathan, S. & Ho, W. K. (2000). Educational change and development in Singapore. In T. Townsend, & Y. C. Cheng, (2000) (eds.), *Educational change and development in the Asia-Pacific region: Challenges for the future* (pp. 163-184). Lisse, The Netherlands: Swets & Zeitlinger.

Headington, R. (2000). *Monitoring, assessment, recording, reporting and accountability: Meeting the standards.* London: David Fulton.

Heater, D. (1990). *Citizenship: The civic ideal in world history, politics and education.* London: Longman.

Heller, D. E. (Ed.). (2001). *The states and public higher education policy: Affordable, access, and accountability.* Baltimore: John Hopkins University Press.

Higher Education Statistics Agency. (2012). Headline Statistics. https://www.hesa.ac.uk/.

Hong Kong Government. (2007). Report on Economic Summit on China's 11th Five-Year Plan and the Development of Hong Kong. http://www.info.gov.hk/info/econ_summit/eng/pdf/tb_aa.pdf.

Hong Kong Government. (2014). Hong Kong: The Facts- Population. http://www.gov.hk/en/about/abouthk/factsheets/docs/population.pdf.

Ibnouf, A., Dou, L., & Knight, J. (2014). The Evolution of Qatar as an Education Hub: Moving to a Knowledge Economy. In J. Knight (ed.), *International education Hubs* (pp. 43-61). Springer Netherlands.

Jiang, X. (2002). Hong Kong's universities see the mainland as fertile ground for recruiting students. *The Chronicle of Higher Education*, 48(22), A41.

Kan, K. (2012). Lessons in Patriotism: Producing national subjects and the de-Sinicisation debate in China's post-colonial city. *China Perspectives*, 2012(4), 63-69.

Kaufman, K. J. (2013). 21 Ways to 21st century skills: Why students need them and ideas for practical implementation. *Kappa Delta Pi Record*, 49(2), 78-83.

Kehm, B. M., & Teichler, U. (2007). Research on Internationalization in Higher Education. *Journal of Studies in International Education,* 11(3-4), 260-273.

Kim, Y. H. (2000). Recent changes and developments in Korean school education. *Educational change and development in the Asia-Pacific region: Challenges for the future,* 83-106.

Klein, J. I. & Rice, C. (Chairs), Levy, J. (Project Director) (2012). *U.S. Education Reform and National Security,* Independent Task Force Report No. 68, Council on Foreign Relations, New York.

Knight, J. (2014a). Understanding education hubs within the context of cross border education. In J. Knight (ed.), *International education Hubs* (pp. 13-27). Springer Netherlands.

Knight, J. (2014b). International education hubs: collaboration for competitiveness and sustainability. *New Directions for Higher Education*, 168, (83-96).

Knight, J. & Lee, J. (2014). An Analytical Framework for Education Hubs. In J. Knight (Ed.), *International education Hubs* (pp. 29-42). Springer Netherlands.

Ko, J., Cheng, Y. C. & Lee, T. (2016, forthcoming). The development of school autonomy in Hong Kong: Multiple changes in governance, work, curriculum, and learning. *International Journal of Educational Management.* 30(6).

Lai, A., & Maclean, R. (2011). Managing human capital in world cities: The development of Hong Kong into an education hub. *Asia Pacific Journal of Education*, 31(3), 249-262.

Law, W. W. (2013). Globalization, national identity, and citizenship education: China's search for modernization and modern Chinese citizenry. *Frontier Education China,* 8(4), 596-627.

Lee, J. (2014). Education hubs and talent development: Policymaking and implementation challenges. *Higher Education*, 68(6), 807-823.

Lee, M. (2008). University restructuring in Singapore: Amazing or a maze? *Policy Futures in Education,* 6(5), 569-588.

Lee, M. N. N. (2000). The politics of educational change in Malaysia: National context and global influences. In T. Townsend, & Y. C. Cheng, (2000) (eds.), *Educational change and development in the Asia-Pacific region: Challenges for the future* (pp. 107-132). Lisse, The Netherlands: Swets and Zeilinger Publishers

Levin, H. M. (1997). *Accelerated education for an accelerating economy.* Hong Kong: Hong Kong Institute of Educational Research, the Chinese University of Hong Kong.

Luke, C. (2005). Capital and knowledge flows: Global higher education markets. *Asia Pacific Journal of Education*, 25(2), 159-174.

參考資料

Mahony, P., & Hextall, I. (2000). *Reconstructing teaching: Standards, performance and accountability*. London: Routledge.

Marginson, S. (2006). Dynamics of national and global competition in higher education. *Higher Education,* 52, 1-39.

Marginson, S. (2007). Global position and position taking: The case of Australia. *Journal of Studies in International Education,* 11(1), 5-32.

Marginson, S. (2011). It's a long way down: The underlying tensions in the education export industry. *Australian Universities' Review*, 53(2), 21-33.

McKinsey & Co. (2007). *How the world's best-performing school systems come out on top.* (www.mckinsey.com/clientservice/socialsector/resources/pdf/Worlds_ School_systems_final.pdf)

Mcneill, D. (2008). South Korea seeks a new role as a higher-education hub. *Chronicle of Higher Education*, 54(28), A1.

Mohandas, R., Meng, H. W., & Keeves, J. P. (2003). Evaluation and accountability in Asian and Pacific countries. In J. P. Keeves & R. Watanabe (eds.), *International handbook of educational research in the Asia-Pacific region* (pp. 107-122). The Netherlands: Kluwer Academic Publishers.

Mok, K. H. (2008). Positioning as regional hub of higher education: Changing governance and regulatory reforms in Singapore and Malaysia. *International Journal of Educational Reform,* 17(3), 230-250.

Mok, K. H., & Bodycott, P. (2014). Hong Kong: The quest for regional education hub status. In J. Knight (Ed.), *International education hubs* (pp. 81-99). Springer Netherlands.

Mok, K. H., & Yu, K. M. (2011). The quest for regional education hub status and transnational higher education: challenges for managing human capital in Asia. *Asia Pacific Journal of Education*, 31(3), 229-248.

Mok, M. M. C., Gurr, D., Izawa, E., Knipprath, H., Lee, I., Mel, M. A., Palmer, T., Shan, W., & Zhang, Y. (2003). Quality assurance and school monitoring. In J. P. Keeves & R. Watanabe (eds.), *International handbook of educational research in the Asia-Pacific region* (pp. 945-958). The Netherlands: Kluwer Academic Publishers.

Mukhopadhyay, M. (2001). *Total quality management in education*. New Delhi: National Institute of Educational Planning and Administration.

Ngai, S. K., Leung, Y. W. & Yuen, W.W. (2014). The turmoil of implementing national education in Hong Kong: An overview and analysis. *Social Educator,* 32(1), 5-15.

Noweski, C., Scheer, A., Büttner, N., von Thienen, J., Erdmann, J., & Meinel, C. (2012). Towards a paradigm shift in education practice: Developing twenty-first century skills with design thinking. In *Design Thinking Research* (pp. 71-94). Berlin, Heidelberg: Springer.

Nye, J. S. Jr. (2004). *Soft Power: The means to success in world politics*. New York, NY: PublicAffair.

Obst, D. (2008). National policies for international education. http://www.iienetwork.org/page/116248.

OECD. (2006). *Education at a glance: Indicator 2006*. Paris: OECD.

OECD. (2013). Education Indicators In focus 2013. http://www.oecd.org/education/skills-beyond-school/EDIF%202013--N%C2%B014%20(eng)-Final.pdf.

OECD. (2014). Education at a glance: OECD indicators, Paris: OECD. http://dx.doi.org/10.1787/eag-2014-e.

OECD-PISA. (2006, 2009, and 2012). Programmes for International Student Assessment (PISA). http://www.oecd.org/pisa/.

Osler, A. (2011). Teacher interpretations of citizenship education: national identity, cosmopolitan ideals, and political realities. *Journal of Curriculum Studies*, 43(1), 1-24.

Osler, A., & Lybaek, L. (2014). Educating 'the new Norwegian we': an examination of national and cosmopolitan education policy discourses in the context of extremism and Islamophobia. *Oxford Review of Education*, 40(5), 543-566.

Pang, I., Isawa, E., Kim, A., Knipprath, H., Mel, M. A., & Palmer, T. (2003). Family and community participation in education. In J. P. Keeves & R. Watanabe (eds.), *International handbook of educational research in the Asia-Pacific region* (pp. 1063-1080). The Netherlands: Kluwer Academic Publishers.

Parson, T. (1966). *Societies*, Englewood Cliffs, NJ: Prentice-Hall.

Plowden Report. (1967). Children and their Primary Schools: A Report of the Central Advisory Council for Education (England), London: Her Majesty's Stationery Office 1967. Cited from http://www.educationengland.org.uk/documents/plowden/plowden1967-1.html

QS University Rankings: Asia. (2016). http://www.topuniversities.com/university-rankings/asian-university-rankings/2016#sorting=rank+region=+country=+faculty=+stars=false+search=

Quality Education Fund. (1998). *Introduction to quality education fund*. Hong Kong: Author.

Reynolds, D. (2010). *Failure-free education?* London & New York: Routledge.

Rumbold Report. (1990). Starting with Quality: The Report of the Committee of Inquiry into the Quality of the Educational Experience offered to 3 and 4 year olds, London: Her Majesty's Stationery Office 1990. http://www.educationengland.org.uk/documents/rumbold/rumbold1990.htm

Salas-Pilco, S. Z. (2013). Evolution of the framework for 21st century competencies. *Knowledge Management & e-Learning: An International Journal (KM&EL)*, 5(1), 10-24.

參
考
資
料

Senge, P., Cambron-McCabe, N., Lucas, T., Smith, B., Dutton, J. & Kleiner, A. (2000). *Schools that Learn*. New York: Doubleday/Currency.

Sewell, W. H., & Shah, V. P. (1968). Parents' education and children's educational aspirations and achievements. *American Sociological Review*, 33, 191-209. http://www.ssc.wisc.edu/wlsresearch/publications/files/public/Sewell-Shah_Social.Class.P.E.E.A.pdf

Singapore Department of Statistics. (2014). 2014 Population in brief. http://www.nptd.gov.sg/portals/0/homepage/highlights/population-in-brief-2014.pdf.

Singapore Education. (n. d.). Roles and responsibilities of education services division. http://www.singaporeedu.gov.sg/htm/abo/abo01.htm.

Singapore Ministry of Education. (2008). Expansion and diversification. retrieved April 3, 2008, http://www.moe.gov.sg/media/press/2008/03/expansion-and-diversification.php.

Singapore Ministry of Education. (2014). Education statistics digest 2014 (p. 47). http://www.moe.gov.sg/education/education-statistics-digest/files/esd-2014.pdf .

South China Morning Post. (2008, 15 March). *Research casts doubts on mother-tongue education*. Hong Kong: South China Morning Post.

Splitter, L. (2011). Identity, citizenship and moral education. *Educational Philosophy & Theory*, 43(5), 484-505.

Suzuki, S. (2000). Japanese education for the 21st century: Educational issues, policy choice, and perspectives. In Townsend, T. & Cheng, Y. C. (2000) (eds.), *Educational change and development in the Asia-Pacific region: Challenges for the future* (pp. 57-82). Lisse, The Netherlands: Swets & Zeitlinger.

Tang, X. & Wu X. (2000). Educational change and development in the People's Republic of China: Challenges for the future. In T. Townsend, & Y. C. Cheng, (2000) (eds.), *Educational change and development in the Asia-Pacific region: Challenges for the future* (pp. 133-162). Lisse, The Netherlands: Swets & Zeitlinger.

Task Force on Economic Challenges. (2009, April). Six economic areas identified by Task Force on Economic Challenges for further development. http://www.fso.gov.hk/tfec/eng/press.html.

Task Group on Training and Development of School Heads. (1999, June). *Leadership training program for principals (Consultation paper)*. Hong Kong: Education Department.

The Future of American Democracy Foundation. (n. d.). available at http://thefutureofamericandemocracyfoundation.org/Project3.html.

Times Higher Education. (2014-15). World University Rankings 2014-2015. http://www.timeshighereducation.co.uk/world-university-rankings/2014-15/world-ranking.

Tonge, J., Mycock, A., & Jeffery, B. (2012). Does citizenship education make young people better-engaged citizens? *Political Studies*, 60(3), 578-602.

Townsend, T. (1996). The self managing school: Miracle or myth, *Leading and Managing,* 2(3), 171-194.

Townsend, T. (2000). The challenge to change: Opportunities and dangers for education reform in Australia. In T. Townsend, & Y. C. Cheng, (2000) (eds.), *Educational change and development in the Asia-Pacific region: Challenges for the future* (pp. 229-266). Lisse, The Netherlands: Swets & Zeitlinger.

Townsend, T. & Cheng, Y. C. (eds.) (2000). *Educational change and development in the Asia-Pacific Region: Challenges for the future*. Lisse, The Netherlands: Swets and Zeitlinger Publisher. pp. 1-357.

Tung, C. H. (1997a, July 1). *A future of excellence and prosperity for all*. Speech delivered at the ceremony to celebrate the establishment of the Hong Kong Special Administrative Region, Hong Kong.

Tung, C. H. (1997b, October 8). *Building Hong Kong for a new era.* Address delivered by the Chief Executive at the provisional Legislative Council meeting.

UK Council for International Student Affairs. (2014). International student statistics: UK higher education. http://www.ukcisa.org.uk/Info-for-universities-colleges--schools/Policy-research--statistics/Research--statistics/International-students-in-UK-HE/#.

UNESCO, Institute of Statistics. (2009). Global education digest 2009. Montreal, Canada.

UNESCO, Institute of Statistics. (2014). Higher Education in Asia: Expanding Out, Expanding Up. http://www.uis.unesco.org/Library/Documents/higher-education-asia-graduate-university-research-2014-en.pdf.

University Grants Committee. (2002, March). *Hong Kong higher education: Report of the University Grants Committee*. Hong Kong: Government Printer.

University Grant Committee. (2004, Jan). *Hong Kong higher education: To make a difference, To move with the times*. Hong Kong: Government Printer.

University Grants Committee. (2004, March). *Hong Kong higher education: Integration matters*, Hong Kong: Government Printer.

University Grants Committee. (2010). Aspirations for the Higher Education System in Hong Kong: Report of the University Grants Committee, Hong Kong: Government Printer

University Grants Committee. (2011). *Key Statistics on UGC-funded Institutions*. Hong Kong: Government Printer. http://www.ugc.edu.hk/big5/ugc/publication/report/figure2011/pdf/table00.pdf.

University Grants Committee. (2013). *Key Statistics on UGC-funded Institutions*. Hong Kong: Government Printer. http://www.ugc.edu.hk/eng/doc/ugc/publication/report/AnnualRpt1213/11.pdf.

參考資料

University Grants Committee. (2014). *Student Enrolment (Headcount) of UGC-funded Programmes by Institution, Level of Study, Mode of Study and Sex.* Hong Kong: Government Printer. http://cdcf.ugc.edu.hk/cdcf/searchStatSiteReport.do.

Wang, Y. (ed.) (2000). *Public-private partnership in the social sector.* Tokyo, Japan: Asian Development Bank Institute.

Weaver, T. R. (1970). *Unity and diversity in education.* UK, London: Department of Education and Science.

Working Group, Education Commission. (2005). *Review of secondary school places allocation and medium of instruction for secondary schools,* Hong Kong: Government Printer.

World Bank. (2014). Research and development expenditure (% of GDP) . http://data.worldbank.org/indicator/GB.XPD.RSDV.GD.ZS/countries/1W?display=default.

Yonezawa, A. (2007). Strategies for the emerging global higher education market in East Asia: A comparative study of Singapore, Malaysia and Japan. *Globalization, Societies and Education,* 5(1), 125-136.

Yuen W. W. T. & Leung Y. W. (2010). Engaging students in school governance: A case study of the challenges and the way forward. *International Studies in Educational Administration,* 38(3), 57-79.

Yuen, T. W. W., Leung, Y. W. & Lu, S. J. Q. (2016). Liberal Studies' role in civic education: An exploratory study. *Asian Education and Development Studies,* 5(1), 59-70.

中文部分

《大公網》（2016）。〈教改三不足家長最難搞〉。4 月 26 日。http://news.takungpao.com.hk/paper/q/2016/0426/3311004.html。

《文匯報》（2016）。〈專家解讀：要把國家安全納國民教育〉。4 月 17 日。http://paper.wenweipo.com/2016/04/17/CH1604170003.htm。

《有線寬頻》（2016a）。〈教改拆牆鬆綁後考試壓力有增無減〉，2016/03/28 06:44。http://cablenews.i-cable.com/ci/videopage/program/12238595/ 新聞刺針 / 教改拆牆鬆綁後考試壓力有增無減 /。

《有線寬頻》（2016b）。〈教改為學生「拆牆鬆綁」？（一）至（六）〉，2016/04/05 17:51。http://cablenews.i-cable.com/ci/videopage/program/12239177/Sunday 有理講 / 教改為學生「拆牆鬆綁」？

吳國珍、過偉瑜（2003）。〈為教師專業化爭取時間和創造時間——港澳京滬四地教師活動時間及特點比較研究〉，《教育研究學報》。卷 18，期 1，頁 113－132。

陸秀霞、鄭佩芸（2009）。〈應用「三層支援模式」幫助有特殊學習 困難的學生：
　　與實踐〉。《基礎教育學報》，卷 19，期 2，頁 87 － 102。

立法會（2015，11 月 25 日）。《會議過程正式紀錄》。http://www.legco.gov.hk/
　　yr15-16/chinese/counmtg/hansard/cm20151125-translate-c.pdf。

考試及評核局 (2006，2015)。《全港性系統評估報告》。www.bca.hkeaa.edu.hk/
　　web/TSA/zh/PriTsaReport.html。

考試及評核局（2015）。《2015 年香港中學文憑考試成績統計》。http://www.
　　hkeaa.edu.hk/DocLibrary/HKDSE/Exam_Report/Examination_Statistics/dseex-
　　amstat15_7.pdf。

考試及評核局（2016）。《香港中學文憑考試歷年報考情況及成績統計》。

周祝瑛（2003）。《誰捉弄了台灣教改？》。台北：心理出版社。

政府統計處（2001）。〈在香港以外地方就讀的香港學生〉。《主題性住戶統計調
　　查第九號報告書》。香港：香港特區政府。

政府統計處（2011）。〈在香港以外地方就讀的香港學生〉。《主題性住戶統計調
　　查第 四十 號報告書》。香港：香港特區政府。

《美通社》（2013）。〈英語能力指標顯示香港英語能力有下降趨勢〉，新聞稿
　　2013-11-05 09:30，http://hk.prnasia.com/story/88536-2.shtml。

香港小童群益會、香港教育專業人員協會、及教育學院畢業同學會（2014）。《「香
　　港學童餘暇生活調查 2014」調查報告》。http://www.bgca.org.hk/news.
　　aspx?id=ad559c0c-8202-4ef9-83b3-d840a34b793c。

香港中文大學香港健康情緒中心（2004）。《教師壓力與情緒病調查報告》。6 月
　　29 日。

香港中學校長會（2015）。〈誰來擔起教改的歷史責任？〉。致教育統籌委員會的
　　公開信，5 月 6 日。

香港青年協會（2013 年 3 月）。《「香港中、小學生補習現象」調查報告》，青
　　年議題點評系列（一）。

香港特別行政區立法會教育事務委員會（2014，9 月）。《融合教育小組委員會
　　報告》。http://www.legco.gov.hk/yr13-14/chinese/panels/ed/ed_ie/reports/ed_
　　iecb4-1087-1-c.pdf。

香港教育工作者聯會（2004）。《教師壓力與工作量調查報告》。2004 年 6 月 9 日。

香港教育工作者聯會（2016）。《「教師對融合教育的意見」問卷調查》。
　　2016 年 5 月 5 日。http://www.hkfew.org.hk/ckfinder/userfiles/files/20160505_
　　press_1.pdf。

香港教育專業人員協會（2003）。《教師工作壓力調查報告》。11 月 3 日。

香港教育專業人員協會（2014）。《教協會就融合教育教師支援及培訓提交的意
　　見書》，1 月 14 日。http://www.legco.gov.hk/yr13-14/chinese/panels/ed/ed_ie/
　　papers/ed_ie0114cb4-312-1-c.pdf。

香港教育學院策略規劃處（2011）。《中小學教師工作量調查報告》。http://www.

ied.edu.hk/saap/publications/Digest/issue3.pdf。

香港研究協會（2014 年 4 月）。《香港學生時間分配型態調查報告》。http://www.rahk.org/research/1162/1162chart.pdf 及 http://www.rahk.org/research/1162/1162newsX.pdf。

香港環宇物理治療中心及澳門環宇康怡醫療復康中心（港澳）（2004）。《小學教師健康調查報告》。2004 年 5 月 7 日。

凌友詩（2016）。〈回歸後一場挫傷根本的教育革命〉。《明報》，5 月 29 日。

徐國棟、謝宗義、余煊、冼權鋒、黃婉冰、容家駒（2006）。《融合教育在香港小學推行的情況》。香港：香港初等教育研究學會及香港特殊教育學會。

張國樑（2016）。〈香港教育詬病已久〉。《明報》，7 月 29 日。

教育局（2015）。通告第 12/2015 號，照顧有特殊教育需要學生教師專業發展。http://applications.edb.gov.hk/circular/upload/EDBC/EDBC15012C.pdf。

許為天（2016）。〈教育 2.1 已回應現實〉。《信報》，7 月 30 日。

黃家樑（2016）。〈為教育再改革鬆綁〉。《信報》，7 月 16 日。

新加坡留學聯盟（2013）。〈淺析新加坡的分流教育制度〉。2013 年 9 月 30 日。http://www.edusg.com.cn/news/20130930_00096437.html。

維基百科－《新加坡教育》。2014/1/13，https://zh.wikipedia.org/wiki/ 新加坡教育。

課程發展議會（2008）。《新修訂德育及公民教育課程架構》。政府印刷局。

課程發展議會（2012，4 月）。《德育及國民教育科 課程指引（小一至中六）》。政府印刷局。

課程發展議會、考試及評核局、教育局（2013，10 月）。《新學制檢討進展報告：新高中學習旅程－穩步邁進》（增訂版）。http://334.edb.hkedcity.net/doc/chi/ReviewProgress/Report_Extended_c.pdf。

課程發展議會、考試及評核局、教育局（2015，11 月）。《新學制中期檢討與前瞻報告：持續優化 不斷進步》。http://334.edb.hkedcity.net/doc/chi/MTR_Report_c.pdf。

鄭燕祥（2002a）。〈香港高等教育發展的新思維與戰略平台〉〔本文主要內容修訂自明報月刊（2002 年 9 月號）及明報論壇（2002 年 8 月 14 日）上曾發表的文稿〕http://home.ied.edu.hk/~yccheng/doc/articles/14aug02.pdf。

鄭燕祥（2002b）：〈香港教育的明天：改革與教學〉〔本文是修改自作者在明報論壇（2002 年 7 月 4 － 8 日）連載的文章而成〕http://home.ied.edu.hk/~yccheng/doc/articles/4-8jul02.pdf。

鄭燕祥（2003）。《教育領導與改革：新範式》，第 1 － 18 章。台北：高等教育出版社。

鄭燕祥（2004a）。〈香港教育改革的大圖像〉〔第一屆香港校長研討會 2004 年 3 月 19 日教育政策論壇上發表的論文，及在明報論壇版 3 月 29 日至 4 月 5 日連載的文章〕http://home.ied.edu.hk/~yccheng/doc/articles/29mar04.pdf。

鄭燕祥（2004b）。〈學制改革成敗的條件〉〔作者在明報論壇（2004 年 11 月 24

日至 12 日 1 日）三三四評析系列連載的文章而成的〕http://home.ied.edu.
hk/~yccheng/doc/articles/24nov04.pdf。

鄭燕祥（2004c）。〈小班教學：研究誤用及評論不公〉〔作者在明報論壇（2004
年 12 月 22 日至 23 日）系列連載的文章而成的〕http://home.ied.edu.
hk/~yccheng/doc/articles/22-23dec04.pdf。

鄭燕祥（2005a）。〈三三四諮詢後的六點總結建議〉〔作者在明報論壇（2005 年
1 月 24 日）〕。

鄭燕祥（2005b）。〈教學語言政策的分析與建議〉〔作者在明報論壇（2005 年 2
月 22 日至 26 日）系列連載的文章而成的〕http://home.ied.edu.hk/~yccheng/
doc/articles/22-26feb05.pdf。

鄭燕祥（2005c）。〈升中機制的分析與建議〉〔作者在明報論壇（6 月 28 日至 29
日）系列連載的文章而成的〕http://home.ied.edu.hk/~yccheng/doc/articles/28-
29jun05.pdf。

鄭燕祥（2005d）。〈教學語言諮詢後的四項總結建議〉〔作者在明報論壇
（2005 年 7 月 13 日）發表的文章〕http://home.ied.edu.hk/~yccheng/doc/
articles/13july05.pdf。

鄭燕祥（2005e）。〈母語教學的危機：英文會考成績的沒落〉〔作者在明報
論壇（2005 年 8 月 17 日）所發表的文章而成的〕http://home.ied.edu.
hk/~yccheng/doc/articles/17aug05.pdf。

鄭燕祥（2005f）。〈教學語言政策的強迫性及認受性〉〔作者在明報論壇（2005
年 8 月 27 日）所發表的文章而成的〕http://home.ied.edu.hk/~yccheng/doc/
articles/27aug05.pdf。

鄭燕祥（2005g）。〈話說亞太區教育改革趨勢〉。《上海教育》，04B，頁 42 －
44。

鄭燕祥（2005h）。〈九問亞太區教育政策制訂〉。《上海教育》，05A，頁 41 －
43。

鄭燕祥（2006a）。〈教改三浪潮：範式轉變〉。蔣凱、沈文欽編：《北大講座》，
教育卷第一輯，頁 315 － 323。北京：北京大學出版社。

鄭燕祥（2006b）。《教育範式轉變：效能保證》，第 1 － 9 章。台北：高等教育
出版社。

鄭燕祥（2006c）。〈亞太區教育改革的新趨勢〉。《教育範式轉變：效能保證》，
第 8 章。台北：高等教育出版社。

鄭燕祥（2006d）。〈邁向第三波：香港教改個案〉。《教育範式轉變：效能保證》，
第 9 章。台北：高等教育出版社。

鄭燕祥（2006e）。〈香港教育改革的觀察：大躍進、樽頸危機、前路〉〔作者
在 2006 年 3 月 4 日教協減輕教師壓力申訴大會作的報告及在 2006 年 2
月 11 日中央政策組會議作的報告〕http://home.ied.edu.hk/~yccheng/doc/
articles/16mar06.pdf。

鄭燕祥（2006f）。〈教改八年的成敗〉〔作者在明報論壇（2006 年 11 月 7 - 8 日）所發表的文章而成的〕http://home.ied.edu.hk/~yccheng/doc/articles/7-8nov06.pdf。

鄭燕祥（2007）。〈香港成為區域教育樞紐的條件〉〔作者在明報論壇（2007 年 1 月 9 - 11 日）刊登的系列文章及在資本雜誌（2007 年 1 月號）接受訪問的內容〕http://home.ied.edu.hk/~yccheng/doc/articles/070109.pdf。

鄭燕祥（2009a）。〈政策總結：一刀切、外控微調與校本微調？〉〔作者在明報（2009 年 5 月 6 - 7 日）及香港教育學院主辦的微調教學語言政策公開研討會（2009 年 2 月 28 日）發表的文章〕http://home.ied.edu.hk/~yccheng/doc/articles/Policysummary-5-09.pdf。

鄭燕祥（2009b）。〈發展教育樞紐與產業：大圖像、功能、條件〉〔作者在信報月刊 2009 年 12 月，393 期，頁 46 - 55，刊登的文章的原稿〕http://home.ied.edu.hk/~yccheng/doc/articles/EduHub&Industry11-09.pdf。

鄭燕祥（2011）。〈多元人文素養：通識、思維轉移、創造力〉。《明報月刊》，2011 年 12 月期，頁 66 - 71。

鄭燕祥（2013a）。〈新學制檢討：進展、挑戰、對策〉，在香港中學校長會及香港津貼中學議會主辦的新學制檢討報告 討會上作的主題演講，2013 年 6 月 20 日，香港。

鄭燕祥（2013b）。〈廣義的國民教育：功能與實踐〉〔刊登在香港教育學院學生會編：我們的公民教育：從道德與國民教育爭議出發（頁 1 - 16）的文章原稿〕http://home.ied.edu.hk/~yccheng/doc/articles/nationaleducation-2-2013.pdf。

鄭燕祥（2013c）。〈融合教育的效能：可融合性、教育公平、及師資培訓〉〔刊登在香港特殊教育論壇（15 期，頁 68 - 78）的文章原稿〕http://home.ied.edu.hk/~yccheng/doc/articles/SpecialandInclusiveEducation-7-2014.pdf。

鄭燕祥（2014）。〈全球視野下香港教育改革的發展、檢視與前瞻〉，「共建香港教育藍圖」香港教育政策圓桌研討會，香港教育學院管治與公民教育中心、香港政策研究所及 Roundtable Education 合辦，2014 年 12 月 12 日，香港。

鄭燕祥、譚偉明、張永明（1996a）。〈家長參與學校教育：管理與實施〉。徐惠儀編：《學校家庭新趨勢》，頁 48 - 70，香港：突破。

鄭燕祥、譚偉明、張永明（1996b）。〈整全性家庭與學校合作的理念〉。《亞洲輔導學報》，第 4 卷（2 期），頁 27 - 42。

謝均才（1998）。〈教育機會差異在香港：現狀與研究議題評述〉。香港中文大學香港教育研究所，論文系列，101 頁。http://www.fed.cuhk.edu.hk/hkier/content/document/OP/OP14.pdf。

羅耀珍（2008）。〈發展校本融合課程的挑戰〉。《教育曙光》，卷 56，期 2：https://www.ln.edu.hk/osl/newhorizon/abstract/v56n2/5.pdf。

譚偉明、梁昌文（2008）。〈知識樽頸：香港主流學校推行融合教育面對的制約〉，《教育研究學報》，卷 23，期 1，頁 135 - 155。